JN193480

Republic of Trinidad and Tobago

鈴木美香

Mika Suzuki

トリニダード・トバゴ

カリブの多文化社会

論創社

はじめに

皆さんは、「トリニダード・トバゴ（以下、本書ではＴＴと記す）」と聞いて何を思い浮かべるだろうか。

ダンスや音楽好きの方であれば、スティール・パンの発祥地、リオデジャネイロやベネチアと並びカーニバルで有名な国という知識をお持ちかもしれない。スポーツが好きな方は、陸上種目で活躍するＴＴ人選手が印象に残っていらっしゃるかもしれない。また、エネルギー関連の仕事をされている方は、世界有数の産油国であるベネズエラと国境を接するＴＴもまたエネルギー産業を主な経済基盤としていることをご存じかもしれない。文学好きの方であれば、ノーベル賞作家のヴィディアダハル・スラヤプラサド・ナイポール（Ｖ・Ｓ・ナイポール）の名前を耳にされたことがあるかもしれしれない。

しかし残念ながら、一般の日本人の間ではＴＴの存在はあまりよく知られていない。ＴＴは、本書の地図でも示したとおり、カリブ地域の東側に位置する小さな島国である。１９６２年に英国から独立した。隣国のベネズエラとは言語も政治体制も異なっている。だが、ＴＴをはじめとするカリブの小さな島国は、「ラテンアメリカ」または「中南米」という括りの中では、メキシコやブラジル、アルゼンチンやキューバなどのような大国、政治的プレゼンスが大きな国の陰に隠れがちである。カリブの国々といっても、元スペイン領の国だけではなく、元英領、元仏領、元蘭領などバラエティに富んでいるが、TTはしばしばキューバなどのスペイン語圏の国々と同じ言語を話す国々、同じ文化を持つ国々といった誤解を受けやすい。また、TTは、主にトリニダード島とトバゴ島の2つの島から成るという事実も知られていないことが多い。

実際のところ、日本語でTTの情報を収集するのは簡単ではない。情報の多くはスティール・パンやカーニバルに関するものが中心である。日本国内でTTの文化に触れ合える場所も限られている。日本語の単行本でTTはおろか、周辺のカリブの小国を単体で扱ったものはほとんど存在しない。同じカリブでも次々と新しい著作が発表されるスペイン語圏のキューバとの差は歴然としている。学術界ではTTに焦点を当てた研究が発表されているが、歴史や文学、人種やエスニックに関するものがほとんどで、これらはある程度TTの社会情勢に関する知識がないと読みこなせないため、一般の読者向きではない。

日本においてTTの知名度が低い背景には、長い間TTと日本の関係が希薄だったことが挙げられる。TTを訪れる日本人観光客は年間数百人程度で、ほとんどが毎年2月ないし3月に開催されるカーニバル目当てである。エネルギー関連の商社マンが出張ベースで訪問することがあっても、駐在員としてTTに滞在する日本人は僅かである。また、TTには、ブラジルやペルーのような日系人社会は存在せず、永住者や長期滞在者の数は50人程度に過ぎない。このほかTTは、ラテンアメリカ・カリブ諸国の一員でありながらも、目まぐるしく政治・経済情勢が変化するキューバやベネズエラ、ブラジルやメキシコといった国々の影に隠れてしまい、日本にとっては外交的な優先度がそれほど高くなかったと思われる。TT側から見ても、自動車や電化製品で日本のブランドの名前を耳にしたり、日本製のアニメを観たり、寿司を口にしたりすることがあっても、日本がどこにあるのか、日本人がどのような生活を送りどのような問題を抱えているかまで把握しているTT人はそれほど多くない。日本と中国、韓国を混同しているケースも多い。

こうした流れに変化が見え始めたのは2013年以降のことである。同年5月末にバイデン米副大統領（当時）がTTを訪問、6月には習近平中国国家主席も中国の国家主席として初めてTTを訪問するなど、相次ぐ大国の首脳訪問が地元でも国際社会でも大きな話題となった。2014年7月には、安倍晋三氏が日本の首相として初めてTTを訪問し、安倍氏や日本の政務レベルがTTが加盟するカリブ共同体（カリコム）の14か国の首脳・閣僚と会談した。日本はその後もカリコム諸国への政務レベルの派遣、防災や気候変動、水産分野などへの支援を継続したほか、交換留学生の派遣や受け入れ、日本語教育の普及を通じた学術交流にも一層力を入れるようになった。2016年2月のカーニバル最終日には、日本人女性が悲劇的な死を迎え、本事件については、地元だけではなく日本でも大きく取り上げられた。突然日本のテレビや新聞で「トリニダード・トバゴ」というキーワードを多く目にするようになり、「一体どんな国なのだろう」と疑問に感じた方も多かったはずである。

私は、2010年10月下旬から2016年12月下旬まで、TTにある日本大使館で専門調査員として勤務した。カリコム加盟国14か国1地域のうち、当時同大使館が管轄していた10か国の政治や外交の担当として、政府のプレスリリースや地元紙に目を通すとともに、閣僚や経済界関係者、有識者から話を聞き、これら10か国に対する知識を深めた。また、職場の外でも習い事などを通じ、積極的に地元の人々、TT在住の外国人と交流した。そこでは、大使館員や大企業関係者、閣僚や政治家などのいわゆる特権階級や富裕層が集まる場では耳にすることがない情報を得ることができた。さらに、地元の人々と同じ生活トラブルを体験し、複雑な人間関係のトラブルにも巻き込まれ、良い意味でも悪い意味でもTTを取り巻く問題、TT人の国民性やメンタリティを学んだ。

本書は、その6年2か月にわたるTT生活で得た知識や経験を基に、TTを彩る多様な人種やエスニック、宗教のほか、これまで日本ではあまり注目されてこなかった、政治や経済、外交や日本とのつながり、現在TTが抱える問題についても取り上げる。スティール・パンやカーニバルだけではない、多彩な魅力と複雑な問題を併せ持つ同国について紹介することを目的としている。日本におけるTTへの理解、日本とTTの交流促進に少しでも寄与できれば幸いである。

目次

目　次

目　次

目　次

目　次

目　次

本書に掲載した情報は、本文や注に断りがある場合を除き執筆段階のもので、参照したデータ、ウェブサイトのアドレスはすでに変更されている可能性があります。

トリニダード・トバゴ全土地図

シャーロットビル
スペイサイド
リトル・トバゴ
マウント・アーヴァン
ピジョン・ポイント
スカボロー
ANRロビンソン国際空港
トバゴ島
カリブ海
ラス・クエバス・ビーチ
マラカス・ビーチ
グランド・リヴィエール
トコ
チャガラマス
ベネズエラ
セント・ジョセフ
ロピノ
マトゥーラ
トリニダード島
セント・オーガスティン
ポート・オブ・スペイン
アリマ
カロニ湿地帯
ピアルコ国際空港
サングレ・グランデ
大西洋
チャグアナス
マッサニージャ・ビーチ
パリア湾
クーバ
ナリバ湿地帯
リオ・クラーロ
サン・フェルナンド
マヤロ・ビーチ
ラ・ブレー（ピッチレイク）
ポイント・フォーティン
イカコス
米国
メキシコ湾
北大西洋
メキシコ
キューバ
ジャマイカ
ハイチ
ドミニカ共和国
カリブ海
トリニダード・トバゴ
南太平洋
パナマ
ベネズエラ
ガイアナ
コロンビア
ブラジル

第1章 多民族国家トリニダード・トバゴの歴史

世界銀行の統計によれば、2016年のトリニダード・トバゴ共和国（TT）の人口は約136万人である。[*1] 日本でいえば、京都市よりもやや少ない人口である。

トリニダード島とトバゴ島の2つの大きな島、その他複数の島から成るTTは、5128平方キロメートルの面積を持つ。これは千葉県とほぼ同程度である。

ショッピングモールやイベント、学校など人が集まる場所では、TTの人種やエスニシティの多様性を認識させられる。二大エスニック集団のアフリカ系やインド系に加え、中国系や白人系、中東系や先住民系、そして混血の人々を目にするほか、肌の色もバリエーションに富んでいる。人や街、通りの名前も欧米系やインド系、中国系や中東系、ラテン系のものまで多種多様である。

2011年の調査によれば、人種・エスニシティの構成は、アフリカ系34・22パーセント、インド系35・43パーセント、アフリカ系及びインド系の混血7・66パーセント、その他の混血15・16パーセント、白人系0・59パーセント、中国系0・3パーセント、先住民系0・11パーセント、シリア・レバノン系0・08パーセント、その他0・17パーセント、不明6・22パーセントである。[*2] これだけを見ても、人口が少ない割には、人種やエスニシティが多様であることが分かる。

トリニダード・トバゴの人々——多様な人種・エスニシティ

［上段］①中国系、ポルトガル系、アフリカ系、白人系の混血　②アフリカ系、中国系、ベネズエラ系の混血　③インド系、スコットランド系の混血　④ベネズエラ系、カリブ族、中国系、アフリカ系、ポルトガル系の混血
［下段］⑤アフリカ系、カリブ族の混血　⑥北アイルランド系　⑦ベネズエラ系、スコットランド系、カリブ族、インド系、アイルランド系、クレオール系の混血　⑧ポルトガル系、ラテンアメリカ系、アフリカ系の混血

本章では、歴史的経緯に触れながら、ＴＴがどのような人々から成り立ち発展してきたのかを明らかにする。また、ＴＴが先進国に移民を送り出しながらも、一方で周辺のカリブの島々、南米諸国、アジアからも移民を受け入れるというユニークな特徴を持つ国であることも紹介する。

1　列強による統治時代と奴隷制・年季奉公人制[*3]

(1) 列強によるトリニダード島とトバゴ島の争奪戦

英国に完全に支配される1889年まで、トリニダード島とトバゴ島は、それぞれヨーロッパの別々の国々に支配されていた。トリニダード島では、紀元前に南米からやってきた先住民アラワク族が暮らしていたが（アラワク族は、トリニダード島をハチドリを意味する「ルア」と呼んでいたという）、1498年にコロンブスの第3回目の航海で「発見」されると、スペイン領になった。17世紀には、英国、オランダ、フランスがトリニダード島を巡って争いを繰り広げたが、1802年のアミアン条約によって同島が英領になることが決定した。

一方、トバゴ島においては、コロンブスが訪問した1498年当時、先住民のカリブ族が暮らしていた（「トバゴ」という名称は、タバコのパイプを意味する「タバコ（Tavaco）」に由来するという）。しかし、その後やって来たオランダ人入植者が先住民を虐殺、1632年までにはトバゴ島の先住民が絶滅したと言われている。以降約2世紀にわたり、オランダ、英国、フランスと目まぐるしくトバゴ島の宗主国が変わり、1763年のパリ条約によって正式に英領になったが、その後も列強間の争いは続き、最終的に落ち着くには1814年まで待たねばならなかった。1889年4月になると、トバゴ島がトリニダード島に併合された。

⑵ 砂糖産業の発展とアフリカからの奴隷連行

トリニダード島もトバゴ島も他のカリブの島々と同様砂糖産業で発展し、砂糖農園経営のために、多数のアフリカ人が奴隷として連行された。トリニダード島の人口は1780年頃までは僅かであったが、それ以降は人口増加策の一環としてフランス人の農園主の受け入れが奨励された。これにハイチにおける革命や他のカリブの仏領の島々での政情不安も加わり、これらの地域出身のフランス人が続々と奴隷を引き連れてトリニダード島に移住した。その際彼らは、綿やココア、コーヒー栽培を導入した。19世紀初めにトリニダード島が英国の植民地になると、同島の主要産業は発展の一途を辿った。

当初トリニダード島では、カリブ地域生まれのアフリカ系奴隷を受け入れていた。ヨーロッパにおける砂糖価格が著しく上昇し砂糖の需要が高まると、奴隷の需要が増し、最終的にはアフリカから直接奴隷を受け入れるようになった。アフリカからの奴隷の多くは、西アフリカ、中央アフリカのヨルバ族、ハウサ族、コンゴ族、イボ族、ラダ族、マンディンゴ族、クロマンティ族、テムネ族などの出身者であった。トリニダード島におけるアフリカ人奴隷の数は、1797年には1万人強であったのが、その5年後の1802年には2万人にまで増加した。

トバゴ島では、英国統治下の1793年に砂糖農園が設立され、トリニダード島と同様多数の奴隷がアフリカから連れてこられた。トリニダード島では、英国人のほか、フランス人やオランダ人の農園主もいたのに対し、トバゴ島にヨーロッパ人が住み着くことは稀で、これによりトバゴ島の人口の大多数がアフリカ系によって占められることになった。

両島の奴隷を取り巻く環境は、他国の奴隷と同様劣悪で、しばしば奴隷による反乱や逃亡が発生した。これに対し農園主は、彼らを拷問し、時には死に追いやることで報復措置を取った。

1838年8月1日に奴隷制が完全に廃止されると、トリニダード島の元奴隷は、農園の外に出て、現在のベルモントやアルーカ、ラバンティルといった北部の街を形成した。土地を購入、あるいは借り農園を築く者もいれば、首都ポート・オブ・スペインや南部のサン・フェルナンドといった都市に流れ、職人や建設労働者、メイドになった者もいた。

(3) 年季奉公人制を通じたインド人・中国人の流入

奴隷制に取って代わったのが年季奉公人制であった。1845年5月になると、当時の英領インドからの第1波の契約労働者213人がトリニダード島に到着した。以降、1917年までに14万3939人の契約労働者がトリニダード島に到着した。大半が現在のインド北部のウッタル・プラデーシュ州やビハール州の出身者であった。彼らもアフリカからの奴隷と同様、農園労働者として劣悪な環境に置かれ、また新しい言語や習慣に適応する上で大変な苦労を背負った。その一方で、故郷から持ってきた伝統や習慣を保持するとともに、子弟に対する土地相続や教育に力を入れ、徐々にトリニダード島社会を形成する一集団になっていった。現在インド系は、政界や経済界だけではなく、医療や学術分野などあらゆる分野で人材を輩出している。

1806年10月には、英領インドからの年季奉公人に先立って、マカオやペナン島、広東省出身の中国人192人がトリニダード島に降り立った。彼らもまたアフリカからの奴隷に代わる労働力として受け入れられ、小作人や農園労働者として働いた。このうちトリニダード島への残留を決定したのは23人のみであった。

1853年から1866年の間には、英領インドからの契約労働者の受け入れと並行して、第2波の中国人移民が到着した。

辛亥革命が勃発した1911年から今日の中国が建国した1949年までに第3波の移民がトリニダード島に上陸、特に1920年代から1940年代がピークであった。この時期の移民の大半は先にトリニダード・トバゴ（TT）に移住した中国人の家族や友人で、移住後は、農園労働者としてではなく、商人や貿易業者、小売店主として働いた。また、南米ガイアナ（現ガイアナ共和国）からの中国人の流入も顕著であった。

中国系団体の事務所（2013年9月10日、ポート・オブ・スペイン、筆者撮影）

1970年代後半以降の移民は、第4派として区分けされている。現在、かつての中国系移民及びその子孫の多くが製造業、銀行業、デザイナー、薬剤師などとして活躍している。一方、近年の移民は、中華レストランや中国系スーパーマーケットの従業員として勤務している者が多い。

(4) その他の移民と現在の人種・エスニシティの人口分布

20世紀初頭には、現在のイラク、シリア、パレスチナ及びレバノンに該当する地域の出身者が、宗教的・経済的理由によりトリニダード・トバゴ（TT）に移住、首都ポート・オブ・スペイン一帯に住み着き、他のエスニック集団との関わりをほとんど持たない生活を維持しながら、経済界で頭角を現していった。現在、ＴＴの大企業の多くはシリア・レバノン系で、シリア・レバノン系には裕福な住民が多いことで知られている。

このほか19世紀末から20世紀初期にかけては、現在のセントビンセント及びグレナディーン諸島、セントルシア及びガイアナといった周辺のカリブ地域、ポルトガルやベネズエラ、コロンビアからの移民も主に経済的理由でＴＴに移り住んだ。

今日のＴＴにおける人種やエスニシティの人口の分布を大まかに見ると、アフリカ系はトバゴ島で大半を占める。トリニダード島では、北部や南部のサン・フェルナンド、南西部のポイント・フォーティンに多い。これに対し、インド系はトバゴ島では僅かであり、トリニダード島では北東部や中部、南部に固まる傾向が強い。中国系はトリニダード島の各地に散らばっており、特定の地域への集中は見られない。シリア・レバノン系、ベネズエラ系の大半は、ポート・オブ・スペイン周辺に固まっている。先住民系は混血が進んでいるものの、トリニダード島東部に末裔が残っている。

2　英国からの独立、頭脳流出と移民の受け入れ

(1) 止まらぬ英語圏先進国への頭脳流出

トリニダード・トバゴ（ＴＴ）は、１９６２年8月31日に英国から独立した。

独立以前は、英国本国への移住は国内移動の一環として見なされていたため、ＴＴをはじめとするカリブ海地域の住民は、英国内の工場や公共交通機関、医療分野などの労働者として活躍してい

TTやガイアナからの移民が済む地域（2015年10月19日、米国ニューヨーク州サウス・オゾン・パーク、筆者撮影）

た。しかし、ＴＴや他のカリブの島々が独立を果たすと、英国政府はカリブ海地域からの移民の受け入れを制限するようになった。これに伴い英国に移住するＴＴ人の数は減少の一途を辿った。

他方、米国とカナダは１９６０年代半ばから１９７０年代半ばにかけて移民法を改正した。これにより、カリブ海地域出身の移民にも門戸が開かれ、その後は米国とカナダに移住する者が増加した。両国がＴＴから近い英語圏の先進国であること、両国の賃金がＴＴの賃金よりも高いことなどが誘因になっている。同時に、ＴＴを取り巻く困難な状況も両国への移住が増えた背景にあることが知られている。

ＴＴでは、総合大学の数が少なく学べる分野に偏りが見られる。学士号や修士号、博士号を取得しても、自分の専門分野を活かせる職を見つけることは容易でなく、待遇面で折り合いがつかないことも多い。このため、より機会に恵まれ賃金も高い米国やカナダで職探しをした方が良いと考える人が多いのである。実際、私の周りでも米国やカナダ、英国に親族がいると答えるＴＴ人は非常に多い。同国に滞在した6年の間にも、友人や知人、職場の同僚のうち少なくとも5人が米国に移住した。

また、米国・カナダ・英国の複数の大学は、ＴＴ人学生に奨学金を提供している。奨学生は、留

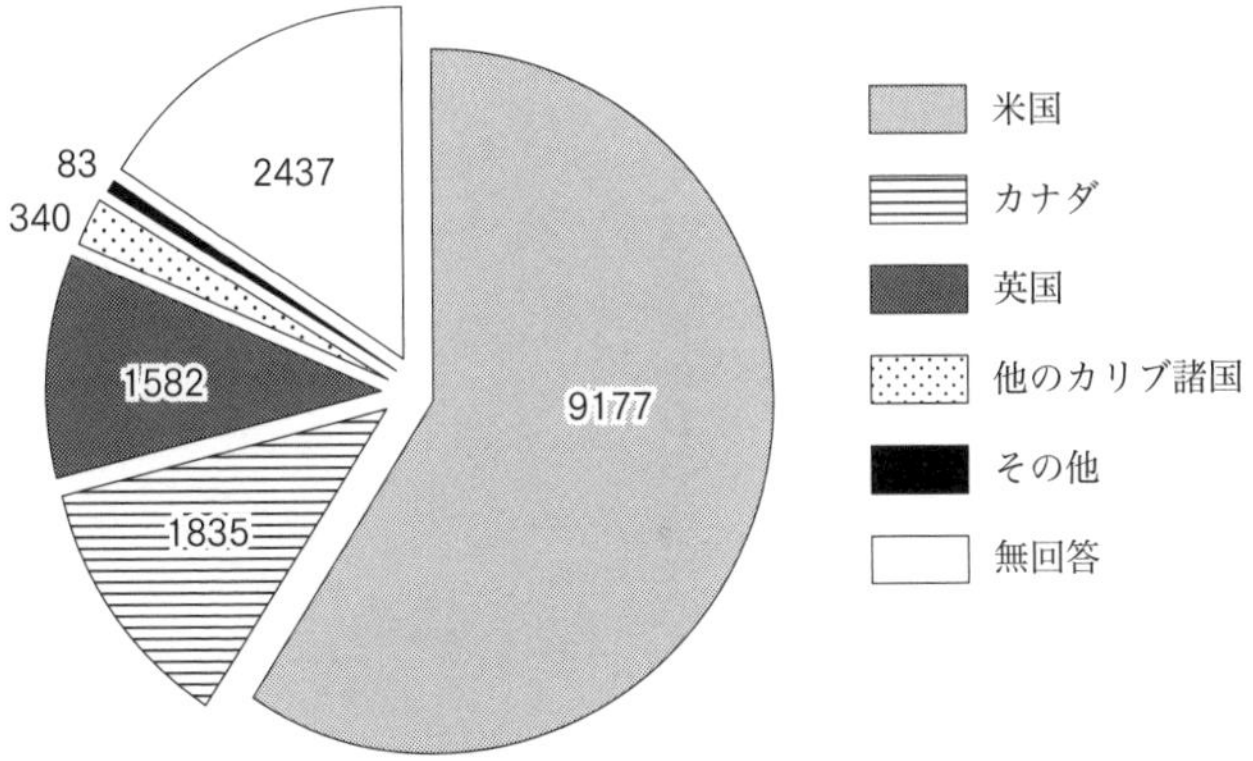

図1　TTから海外への移住者（2000〜2011年）

出典：TT経済・持続可能な開発省中央統計局(2011), *Trinidad and Tobago 2011 Population and housing census demographic report,* https://guardian.co.tt/sites/default/files/story/2011_DemographicReport.pdf, p.20を基に筆者作成。

学した後にホスト国で職を見つけ定住するケースが多いため、TT人の中には、「3か国の大学は、我々の優秀な学生を引き抜くために奨学金を提供している」と皮肉を言う人もいる。例えば、私の知人は、カナダの大学から奨学金を得て4年間の勉学に励んだ後、そのまま同大学に正職員として就職した。

現在では、高等教育修了者の約80パーセントが海外に移住していると言われており、頭脳流出はTTの深刻な社会問題として受け止められている。

TT政府の資料によれば、2000〜2011年の間にTTから他国に移住した者は、1万5455人に上った。[*4] これは、TTの総人口の約80人に1人に相当する。主な移住先は、**図1**のとおり、米国、カナダ、英国といった英語圏の先進国で、これに他のカリブ諸国が続いている。

米国には、2009年現在、キューバやド

ミニカ共和国などを含めたカリブ諸国出身の移民が約350万人在住し、このうちTT人の割合は6・4パーセントに上る。[*5] 単純計算すると、22万4000人に相当する。カリブ諸国出身の移民のうち69パーセントがフロリダ州あるいはニューヨーク州に居住しており、TT人移民にも同様の傾向が見られる。[*6] カナダについては、約10万人がトロント都市圏に居住している。[*7] 英国には2010年現在、約2万3000人のTT出身者が主にロンドン都市圏に在住していると見積もられている。[*8] このほか帰化した者も含めると、これら3か国には、TTに出自を持つ移民が、本国の人口の4分の1近く在住していると考えられる。

こうして見ると、TT人が米国やカナダ、英国に留学、移住するのは、日本の地方出身者が進学や就職などで上京するのと同様の感覚ではないかと思う。

(2) カリブ域内外からの移民の受け入れ

トリニダード・トバゴ（TT）は、英国からの独立後順調に発展を遂げた。しかし、国民の高学歴化が進む一方で、彼らの多くに活躍の場を提供できるほど国内の労働環境・条件は改善されず、結果として高学歴保持者の国外移住につながった。これにより、医療分野や建設業、農業で人材不足が深刻化した。

現在TTは、カリブ域内の地域機構であるカリブ共同体（カリコム）の統合プロセスの深化、加盟国間の労働力の自由な移動を目的とし、2006年に設立されたカリブ単一市場・経済（CSME）を活用し、①賃金労働者、②一時的にサービスの提供を行う自営業者、③居住権を行使する自営業者の3つのカテゴリーのいずれかに当てはまるCSME加盟国の国民に対し、TTに居住・労働する権利を与えている。[*9] カリコム諸国の中では、ガイアナ、グレナダ、セントビンセント及びグレナディーン諸島は、ＴＴへの主要な移民送り出し国として知られている。

医療分野に関し、ＴＴ政府は、医療人材不足を解消すべく、２０００年代半ばにキューバやフィリピンからの労働者の受け入れを開始した。キューバについては、ラテンアメリカやアフリカで実績を挙げた「白衣外交」をカリブ地域でも展開している。ＴＴはカリコムの中では最大のキューバ人看護師受け入れ国である。これまで数年のローテーション方式で５００人以上が受け入れられてきた。

世界有数の移民労働者派遣国であるフィリピンも医療人材派遣を突破口として、ＴＴの労働市場に参入している。看護師や薬剤師に加え、エンジニア、建設作業員など職種が多様化しつつある。ＴＴ人と結婚し、永住者になるフィリピン人も増えている。

最近ＴＴに来る移民の中で急増しているのは中国人で、その多くが中国政府や中国国営企業が絡む大型インフラ・プロジェクトの建設労働者、中国系商店・レストランの従業員である。ＴＴでは、19世紀から20世紀にかけて年季奉公人として来た中国人の子孫が社会の一員として受け入れられているが、最近中国から来た移民はこれらの中国系ＴＴ人とも一般のＴＴ人ともほとんど交流のない生活を送っているとされている。また、一般のＴＴ人は、中国や東洋に関する情報をほとんど持ち合わせていないことから、中国人に地元の雇用やビジネスが脅かされていると危機感を抱きがちである。

ＴＴに在留する外国人数を見ると、２０１１年時点における在留者数は４万８７８１人であり、２０００年の４万１７５３人から７０２８名（16・8パーセント）増加した。[*10] 出身国別の割合を見ると、

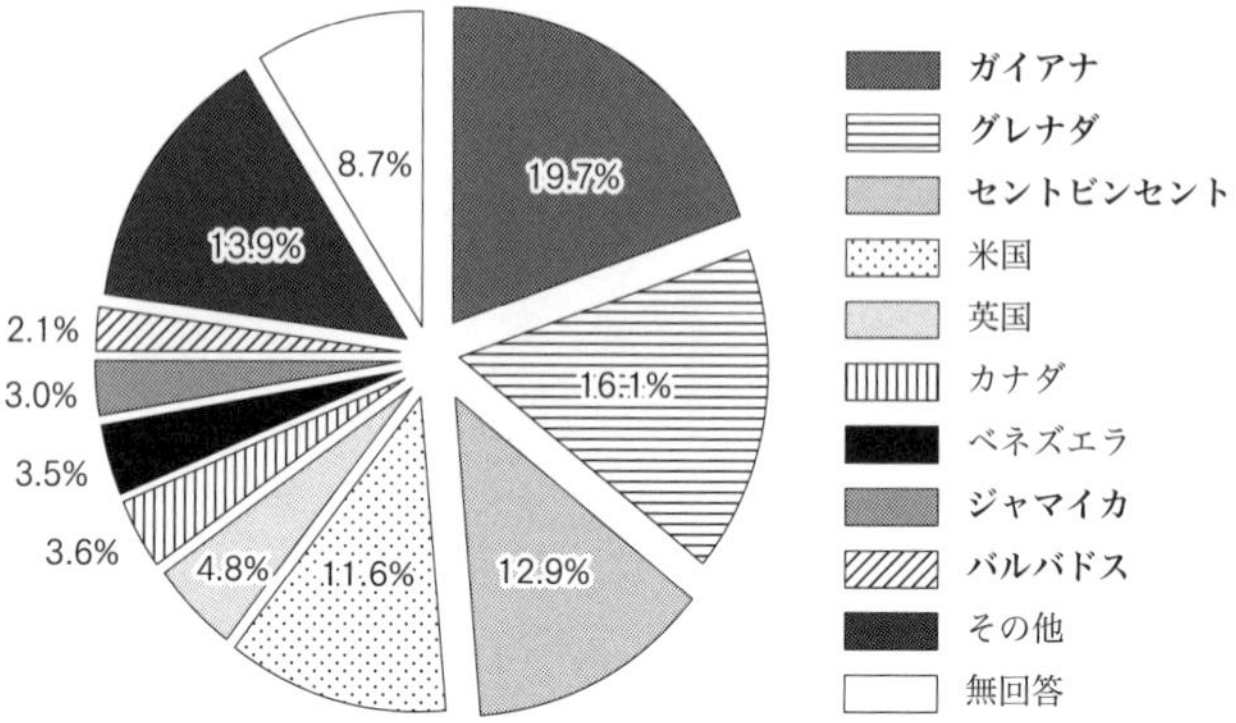

図2　TT国内の在留外国人の出身国割合（2011年）

注：太字はカリコム加盟国。
出典：TT経済・持続可能な開発省中央統計局(2011), *Trinidad and Tobago 2011 Population and housing census demographic report,* https://guardian.co.tt/sites/default/files/story/2011_DemographicReport.pdf, p.20 を基に筆者作成。

表1　出身国別労働許可証の発行状況（2004〜2010年）

（単位：件）

	2004年	2005年	2006年	2007年	2008年	2009年	2010年
米国	685	985	601	444	623	482	310
英国	462	534	460	278	330	261	120
インド	248	302	478	359	420	369	170
中国	178	125	387	857	1,235	787	415
カナダ	159	219	216	141	156	151	65
ベネズエラ	116	154	193	203	220	144	96
ナイジェリア	68	98	139	160	209	180	60
メキシコ	54	76	75	167	124	84	46
コロンビア	49	115	115	204	212	156	130
フィリピン	46	265	165	190	520	335	154
カリコム諸国	243	104	163	240	306	316	113
その他	1,103	1,572	1,457	2,139	3,116	3,277	1,469
計	3,411	4,549	4,449	5,382	7,471	6,542	3,148

出典：A-Z Information Jamaica Limited（2010）*A Consultancy to Access the Impact of Free Movement of Persons and Other Forms of Migration on Member States,* Programme- Caribbean Integration Support Programme（CISP）Result 1.5, Ref: CISP/CSME/1.5.1.4（b)/ SER09.10, p.230を基に筆者作成。

カリコム諸国出身者が全体の5割以上を占めている（図2）。英語圏先進国出身者の割合は20パーセントに上る。アジア系は、その他（13・9パーセント）に含まれていると考えられる。

また、表1のとおり、TT政府が外国人に発行した労働許可証の発行件数を国別に見ると、上位3か国の米国、英国、インドが減少傾向にあるのに対し、中国については、2004年から2010年の間に2倍以上に増加している。

このように、TTは英語圏の先進国に移民を送り出しつつも、周辺のカリブ諸国や南米諸国、中国やフィリピンからの移民を受け入れるというユニークな特徴を持つ。TTが東カリブ地域の大国でありかつ域内では雇用機会に恵まれていることが最大のプル要因になっている。と同時に、北米やヨーロッパの英語圏への移住を視野に入れている者は、TTでの経験は先進国への移住に有利に働くと計算している。TTには移民に関わる問題を専門とする政府機関、移民労働者を保護する法的枠組みが存在しないが、逆に他国のような厳しい規制がなく、比較的容易に労働市場に入り込みやすいことも、外からの移民を引き付ける要因となっている。

〔注〕

＊1　世界銀行、http://data.worldbank.org/country/trinidad-and-tobago?view=chart

＊2　TT経済・持続可能な開発省中央統計局（2011）*Trinidad and Tobago 2011 Population and Housing Census Demographic Report*, https://guardian.co.tt/sites/default/files/story/2011_DemographicReport.pdf, p.15. なお、本書では便宜上「インド系」としたが、統計上では、「東インド系（East Indian）」となっている。「東インド系」は、アメリカ大陸の先住民を指すインディアン（Amerindian）と区別するために使われている用語で、主にインド亜大陸から移動してきた人々のことを指す。

＊3　年季奉公人制は、雇用者との契約の下に一定期間働く雇用制度の一形態。カリブ海地域では、奴隷制廃止後に同制度に取って代わられた。年季奉公人は契約期間満了後に自由とともに、しばしば土地を与えられたが、人権侵害を受けることも多かった。日本の年季奉公とは異なるため注意が必要である。

＊4　TT経済・持続可能な開発省中央統計局（2011）同報告書、pp.20-23.

＊5　McCabe, Kristen (2011), *Caribbean Immigrants in the Unites States*, Migration Information Source. http://www.migrationpolicy.org/article/caribbean-immigrants-united-states-0

＊6　同ウェブサイト。

＊7　在TTカナダ高等弁務官事務所、"Tapping into the Trinbagonian diaspora", http://www.canadainternational.gc.ca/trinidad_and_tobago-trinite_et_tobago/eyes_abroad-coupdoeil/diaspora.aspx?lang=eng

＊8　Rutherford, Tom (2010), "Country of Birth Statistics", Briefing Papers, Parliament UK. http://www.parliament.uk/briefing-papers/sn02076.pdf&rct=j&frm=1&q=&esrc=s&sa=U&ei=2nEQVaigE4b_ggS0kYKgAQ&ved=0CC0QFjAE&usg=AFQjCNEkjQBmxUqFne2KGSiod6V3pf_Sng

＊9　TT外務・カリコム問題省、"CSME Overview", http://www.foreign.gov.tt/csme/, "CSME: CARICOM Single Market and Economy", TT国家安全保障省出入国管理局、http://www.immigration.gov.tt/Services/CSME.aspx

＊10　TT経済・持続可能な開発省中央統計局（2011）同報告書、p.23.

コラム1 筆者が観たトリニダード・トバゴ人

人見知りで保守的な国民性

「カリブの人々」というと一般的には陽気なイメージがある。トリニダード・トバゴ（TT）は、日本では「ラテンアメリカ」または「中南米」として、スペイン語圏の国々と同一視される傾向にある。TT人に対してもまた、いわゆるアミーゴ精神に溢れフレンドリーなラテン系の人々と同じような気質を持つというイメージを抱きやすい。

しかし、実際には、初対面の人間に対し無表情あるいは不愛想なTT人が少なくない。

米国やカナダ、ヨーロッパでは、初対面の相手に対して微笑むことが多い。メキシコや中米、キューバやドミニカ共和国といったラテンの国々では、出会って間もないのにまるで昔から知人のように話しかけられ、あっという間に相手との距離が縮まることも少なくない。こうしたホスピタリティを期待していた私にとって、TT人の応対は衝撃的だった。しばらくの間、自分が何か失礼なことをしたのだろうか、自分は嫌われているのだろうかと悩んだほどである。

仕事やプライベートで出会った人々と連絡先を交換しても、こちらから連絡しない限り連絡がくることはほとんどなく、「また今度連絡するね」、「今度会おう」という言葉が、ただの社交辞令であったことを知る。逆にすぐに連絡がきた場合は、急用か下心がある可能性が高い。自分から行動、縁をつなげる努力をしない限り、人間関係が広がりにくいのである。

私は、そのうち、彼らが初対面の人々になかなか心を開かない、他人を簡単に信用しない人見知り、それも極度の人見知りであることを悟った。特に、自分とは別の人種やエスニック集団の人々、外国人に対する警戒心はなかなか解けない。これは、日本人に似ている気質かもしれない。

当初は、TT人の無愛想な態度に気分を害することも多かったが、現地の歴史を学ぶにつれ、こうした極度な人見知り、そして時には保守的な態度が奴隷制や年季奉公人制、複雑な人種やエスニック関係に由来するものではないかと考えるようになった。農園主・白人をはじめとする支配者や富裕層による搾取や差別、人種やエスニック間の複雑な関係が国民の意識に大きく影響してきたのではないか。自分や家族を守るために簡単に他人を信用しないという考えが広がり、それがTT人の国民性になっていったのではないか、というものである。

他方、不思議なのは、彼らがとっつきにくい面を持つ一方で、SNSの友達申請にはさほど抵抗がない点である。日本人の場合は、プライバシー上の理由、不必要な人間関係のトラブルやストレスを避けるために、友達申請には慎重で、SNS上でも礼儀をわきまえることが当然とされる。

TT人の場合は、職場の同僚に限らず、学校や習い事、パーティーなどで顔を合わせるのみの知人にも友達申請をすることが多いが、その後実際面と向かって会った時に挨拶や雑談をするかというとそうではない。

地元の友人によれば、TT人は自国民同士に対しても人見知りで排他的なところがあり、別のグループに所属している者同士が仲良くなるのは簡単ではないそうだ。

コラム②筆者が観たトリニダード・トバゴ人

「トリニ・タイム」
──トリニダード・トバゴ人特有の時間管理

カリブ全般に共通することだが、トリニダード・トバゴ（TT）人はのんびりしており、急かされることを嫌う。

スーパーマーケットでは、レジの前に長蛇の列ができてもレジ担当の店員がスピードを上げることはない。レストランでは、混雑していなくても注文した料理が出てくるまでに30分程度かかるのが普通で、最悪の場合1時間近く待たされることもある。逆に10分以内で出てきた場合は驚いてしまうほどだ。ファーストフード店でも場所によっては30分以上待たされることがあり、「ファーストフード」の意味がない。銀行では、基本的には硬化・紙幣計数機がなく、手作業で現金を数える。通帳記入やその他の手続きも全て手書きである。店内が混みあっても行員は自分のペースを貫いている。

インターネットや配管に不具合が生じ業者を呼んでも、希望した日時に来る確率は3割といったところで、大抵予定変更になる。作業自体にも時間がかかるため、大がかりな修理になると半日以上要することもある。

また、約束の時間に間に合わないことは普通で、「あと10分で着く」と言ったにかかわらず、1時間近く遅刻することもある。「あと5分」「あと30分」と言われても真に受けず、その3倍以上の時間がかかると見積もった方がいい。

当然ながら会議もイベントも時間通りには始まらない。時間通りに始まるのは、テレビ生中継のイベント、海外の要人との会議ぐらいである。皆、時間通りに始まらないことを承知しており、「トリニ・タイム（トリニダード・トバゴの時間）」と言って、余裕を見せる。開始予定時間の10分前ぐらいになってから少しずつ人が集まり、開始から1時間ほど経過した頃に7割ぐらいの出席が確認できるようになる。

日本の都会に住む人々は多忙な日常に慣れているため、短時間で支度をし、複数の用事を短時間で手際良く処理する。これは、TT人が最も苦手とすることの一つである。彼らの場合、朝の渋滞ラッシュに巻き込まれる可能性が高いことに加え、身支度にも朝食の支度にも時間をかけるため、まだ夜が明けていないうちから起床する者が多い。女性の場合、夜遊びやイベントには着飾って出席することが常識とされているため、衣装選びやヘアメイクのセットに時間をかける。

商談の場では、依頼事項に対する回答が締め切りまでに返ってくることを期待してはいけない。先方が依頼を受けていることを忘れていることも多いため、辛抱強く待つとともに、タイミングを見計らって根気よく催促し続けることが必要になる。

TTの生活では、辛抱強さと、時には諦めの気持ちが求められる。他方、こののんびりした生活に慣れると、日本や先進国に行った時に、物事がスピーディーに進みすぎて、逆に新鮮な気持ちになる。

第2章 一般のトリニダード・トバゴ人の暮らし

1 「高所得国」にもかかわらず不便な生活

(1) 一人当たり国民総所得（GNI）と都市の発展ぶり

意外と知られていないが、トリニダード・トバゴ（TT）は、ラテンアメリカ・カリブ地域では人口一人当たり国民総所得（GNI）がバハマに次いで高く、世界銀行の基準では、日本や米国が属する「高所得国」のカテゴリーに入れられている。2016年の人口一人当たりのGNIは、バハマが2万6490米ドルであるのに対し、TTは1万6240米ドルである。[*1] ちなみに、ラテンアメリカ・カリブ諸国の平均は8260米ドルとなっている。[*2] 域外国でTTと同レベルの水準に達しているのは、東欧のスロバキア（1万6810米ドル）である。[*3] 私が赴任した直後の2010年末においては、TTは、「高位中所得国」として位置付けられていたので、この5年の間に「高所得国」に格上げされたということである。

TTに初めて足を踏み入れた外国人は、「意外と発展しているので驚いた」と口にすることが多い。

ポート・オブ・スペインの街並み（2017年8月17日、ポート・オブ・スペイン、筆者撮影）

確かに、ピアルコ国際空港からポート・オブ・スペインに向かう途中車窓から外を眺めると、主要高速道路は整備されており、ポート・オブ・スペイン中心部に近づくにつれ、近代的なビルが目の前に迫ってくるので、発展している印象を受ける。富裕層や外国人駐在員が集まるエリアには、豪華なタウンアパートが立ち並び、高級レストランや輸入食材店にもアクセスしやすい環境にある。大型ショッピングモールには、デザイン性の高い衣料品やアクセサリーを陳列した店のほか、マクドナルドやハーゲンダッツ、米国発のカジュアル・レストランTGIフライデーズといった日本でもお馴染みの飲食店が並び多くの人で賑わっている。映画館は日本や米国のものと同様の造りで、新作映画が米国とほぼ同時タイミングで封切られている。

TTを「遅れた国」と思っていると、その思い込みとのギャップを認識させられる。

(2) 欠陥が目立つインフラ

トリニダード・トバゴ（ＴＴ）の大都市にいると思ったよりも発展しているので、短期間の滞在では大きなトラブルに直面することはあまりない。

しかし、実際に現地で生活してみると、「高所得国」であるにもかかわらず、不便なこと、物事が思い通りにいかないことがあまりにも多いことに気が付く。

主要高速道路は整備されていても、その他の道路は穴だらけで、注意して運転しなければならない。修復されている箇所はパッチワークのように見える。水道や排水溝が十分に整備されていない地域もある。地方や開発が遅れた地域では、相当以前に壊れたと思われる道路や橋が放置されている様子、政権交代により前政権が進めていた大型インフラ・プロジェクトの工事が放棄され荒れ地となっている様子も目にする。富裕層と貧困層の住む地域の格差は歴然としている。後者に一般のＴＴ人が近づくことはほとんどない。完全に周囲から取り残された世界が広がっている。

光熱費が安価でも、停電・断水が頻繁に発生する。それも無計画停電・断水があまりにも多い。自然災害が原因の場合もあるが、大半は国営の電気会社や水道会社による人的ミスや怠慢による。富裕層が多い地域に住んでいても安心はできない。

私もこの断水・停電に散々悩まされてきた。数時間で復旧すればまだ良い方で、時には何日も不自由な思いを強いられることもある。ＴＴのほとんどの家庭が断水時に備えて水タンクを設置しているのだが、タンクの水も足りなくなるような断水が続くことも珍しくない。用心深い人は、水タンクのほかにあらかじめ市販の巨大水ボトルを何本か購入したり、空のボトルに水を貯めておいたりと万が一に備えている。

また、外見は立派とはいえ、欠陥がある、アクセスが不便な建物も多い。地元の気候や現地の地形に合った建物なのか、利便性を考慮しているのかといった点について疑問を抱かずにはいられないものが少なくない。

私は、6年間に3つのアパートで暮らしたが、その間突然床の複数のタイルが大きな音を立てて割れる、上階から大量の水漏れが発生し私の部屋の天井の一部が崩れ落ちる、壁紙が剝がれるといった被害に見舞われた。

私の元上司や元同僚も停電・断水に加え、配管トラブルや部屋のカビ発生など様々なトラブルを体験してきた。

このほか、公的機関やスーパーマーケット、教育機関や銀行における非効率性や劣悪なカスタマーサービスもまたTTの生活を不便と感じる大きな要因となっている。これについては8章3で述べることとする。

2　物価は高いが低品質

(1) 日本よりも物価高

トリニダード・トバゴ（TT）の生活で悩みとなるのは、物価の高さである。物資の大半を米国やカナダから輸入しているため、日本での購入価格を上回る物ばかりなのだが、質と価格の両方を重視する日本人からすると首をかしげたくなるような粗悪品も少なくない。これに加えて、

2018年現在、基本的には地元産以外のものには12・5パーセントの付加価値税（VAT：日本の消費税に相当）が加算される。

野菜・果物の値段は高く、例えばほうれん草（葉だけを袋詰めした加工品）は日本円にして500円、苺は1パック1000円といったところである。輸入品であるため、当然ながら鮮度が落ちる。苺やアメリカンチェリーは腐っていても、値引きすることなく販売されている。エノキ茸や舞茸は外国人向けの高級食材店で入手可能だが、一袋1000円近くに上る。キュウリ、ジャガイモやタマネギ、レタスなどの地元産の野菜も決して安くはなく、日本であれば店頭に並ぶことのない品質のものも陳列されている。肉や魚介類は輸入品、冷凍品が大半を占める。海に囲まれ、農地に適した土地が広がっているにもかかわらず、農業や漁業は盛んでなく、食料を輸入に依存していることが分かる。

詳しくは5章で述べるが、かつてTTでは農業が盛んであったが、エネルギー部門の発展に伴い、エネルギー部門の労働者や公務員の人口が増え、農業人口が減少した。また、漁業に関しては、例えば今日の日本がカリブの島国に行っているような技術の移転が植民地時代も独立後も海外からほとんど行わ

チャグアナスの市場（2013年4月13日、トリニダード島チャグアナス、筆者撮影）

れなかったと考えられる。農民、漁民の人口が減り、農業・漁業に対する関心が低下していく中、国としてこれらの産業の推進を図るよりも、莫大なエネルギー収入で得た富で海外から食料を輸入した方が手っ取り早いと考えたのであろう。

外食をすると、ファーストフードでも日本円で1000円かかることがある。500円前後で食べられる場所もあるが、フライドチキンやフライドポテトといったように、栄養に偏りがあり、毎日口にすると健康面に悪影響が出そうなものばかりになる。昼間でもそれなりにサービスの行き届いたレストランで食事すると、2000~3000円を負担することになる。夜は5000円以上に達することもある。これにチップやサービス料も加わるので、1回当たりの食事代は高額になる。外食中心の生活を送っていると、食費が月10万円に達することもある。

衣料品や靴もやはり高く、日本や米国のファースト・ファッション店で売られているようなトップスが1枚5000円以上で販売されていることもある。結婚式やパーティーでは、ロングドレスを着ることも多いのだが、豪華なドレスの購入には、数万円の出費を覚悟しなければならない。

TTは常夏のため、服も靴も夏物で乗り切ることが可能である。同じ服・靴を一年中使用していると当然ながら傷みが早い。洗濯機や乾燥機の性能も悪いためますます衣料品が傷んでいく。

車に関しては、ガソリン代が安価というプラス面はあるが、車本体は新車も中古車も日本からの輸入品のシェアが高く高額である。新車の場合、日産のティーダのような普通車で200万円代後半から300万円台に上る。中古車に関しては、日本では廃車同然の10年ものの車が100万円以上の価値になる。車のパーツも基本的に日本から取り寄せているため高い。車の購入・維持費に相当の額を費やさなければならない。

東南アジアや南米の生活をイメージしてTTに来ると、カルチャーショックを受けることになる。実際、私が出会った外国人は皆「こんなにお金がかかる国だとは思わなかった」という感想を述べている。

(2) 利用者が多いオンライン・ショッピング

最近、トリニダード・トバゴ（TT）人の間では、オンライン・ショッピングでの買い物が人気を博している。オンライン・ビジネスを展開している米国の企業は、米国国内とカナダ向けにしか商品を発送しない場合が多い。そのため、米国にある荷物受け取り代行業者の住所に注文した商品を送り、その後同業者からTTの住所に発送してもらうことで、TT人も米国やカナダの企業のオンライン・ショッピングを利用できる仕組みが整っている。登録料や関税はかかるものの、国内で海外からの輸入品を買うよりも安いという。

しかし、政府はこのオンライン・ショッピングの利用者が多いことに目をつけ、オンライン・ショッピング税7パーセントの導入を決めた。同措置は、2016年10月から施行されている。

3　10代前半で人生が決まる教育事情

(1) 教育制度

トリニダード・トバゴ（TT）の教育制度は、大まかに分けると、①幼児教育（2年間）、②初等教育（6年間）、③中等教育（3年ないしは5年、日本の中学校・高校レベル）、④高等教育の4段階に分かれる。このうち、初等教育及び中等教育が義務教育で授業料は無料だが、制服や教科書代は自己負担である。私立や政府の支援を受けていない宗教関係の学校に通った場合は、授業料も含めて自己負担しなければならない。多くの家庭では、子供が3歳になった時点で幼稚園に通わせている。

TT人にとって、最もストレスになるのが、小学校最終学年の5月頃に受験する中等教育入学評価試験（SEA）である。SEAの点数によって、準中学校（3年）か中高一貫校（5年）か、問題校か名門校か、中等教育の進学先が決められる。試験は一発勝負である。準中学校や問題校に進学した場合、教師の質、施設は劣悪で、同級生は問題児の可能性が高い。奨学金やその他の機会にも恵まれず、大学への進学が難しくなる。これとは逆に、中高一貫校の名門校に進学した場合は、質の高い教育を受けられ大学に進学しやすいほか、海外の大学から奨学金のオファーがあったり、政治家や富裕層の子弟である同級生とのつながりを活かしたりして就職やビジネスで便宜を図ってもらえる可能性が高くなる。TTでは、人種やエスニシティだけでなく、学歴や階級での差別も根強いため、本人だけではなく親世代も、少しでも社会・経済的地位を高めるためにSEAで高得点を取得し名門校に入学しなくてはというプレッシャーを感じている。また、SEAの結果（本人の名前と進学先）は、三大主要紙（エクスプレス、ガーディアン、ニュースデイ）で公表されるので、これもまたプレッシャーとしてのしかかる。このため、小学校低学年の時から家庭教師を雇ってSEAに備える家庭も多い。

SEAで希望校、特に名門校に入ることができた場合は、親子共々「勝ち組」の気分を味わい、親はご褒美として、子供からリクエストされていたものを買い与えたり、新学期（9月）開始前の夏休み期間中に子供をテーマパークがある米国のオーランドに連れて行ったりする。これに対し、

SEAの点数が低く希望校に行けなかった、あるいは治安が劣悪な問題校への進学を命じられた生徒とその親は、「負け組」として絶望的な気分に陥る。中には、うつ状態になってしまう親子もいるという。

稀に準中学校で優秀な成績を収め、中高一貫校に転校させてもらえるケースもあるようで、私の元同僚もその一人に含まれる。彼女は、準中学校の教師に恵まれ成績が伸び、中高一貫校への転校のチャンスを手にすることになったが、転校前後には転校先の同級生やその親、同校関係者からの反発に遭ったという。しかし、彼女はそうした否定の声に屈することなく勉学に励み中高一貫校を卒業、その後は大学で国際関係学を学び米国に留学、社会人になった後はTT外務省勤務を経て在TT日本大使館に就職、とキャリアを積み上げてきた。彼女が中高一貫校に転校していなかったら、私と彼女が会うことはなかったかもしれない。

中高一貫校の場合は、最終年にカリブ試験委員会（CXC）がカリブ共同体（カリコム）加盟国を対象に実施しているカリブ中等教育修了証書（CSEC）取得のための試験を受ける。CSEC取得は、英国の一般教育修了証書（GCE）の普通レベルに該当する。高等教育機関への進学を希望する者は、CSECに加え、カリブ上級技能教育（CAPE）も受験する必要がある。

(2) 高等教育機関と政府による支援

トリニダード・トバゴ（TT）には、カリブの地域大学である西インド諸島大学（UWI）のセント・オーガスティン校キャンパスと国立TT大学（UTT）の2つしか総合大学がない。UWIが日本の一般的な大学と同じ系統の学校であるのに対し、UTTは実務に役立つ学問により重点を置

上：中高一貫校クイーンズ・ローヤル・カレッジ(2013年4月14日、ポート・オブ・スペイン、筆者撮影)、下：UWIセント・オーガスティン校（2014年4月29日、トリニダード島セント・オーガスティン、筆者撮影）

いており、大学と職業訓練学校の間と言った方が分かりやすいだろうか。UTTは国内各地にキャンパスを設置している。

UWIは、ジャマイカのモナ校、バルバドスのケーブ・ヒル校、TTのセント・オーガスティン校の３つのキャンパスから成り、セント・オーガスティン校では、医学や農学、工学や国際関係学、教育学や社会学などを教えている。このうち最も難関とされているのは、医学部と工学部のようだ。私の知人にもＵＷＩ医学部の学生が何人かいたが、在学中は常に課題に追われ多忙に見えた。

成績優秀者、経済的に余裕がある学生は、奨学金や自費で欧米の大学に進学することが多い。

このほかに、ＵＷＩの大学院、法科大学院などの高等教育機関がある。

最近は、政府授業料支援プログラム（ＧＡＴＥ）の恩恵を受け、大学や大学院に進学する若者が増えているが、エネルギー収入の低下に伴いＴＴの国家収入が減る中で、これまでと同じ基準で

GATEを維持していくには無理があるという見方が広まっている。このため、現ローリー政権は、GATEの基準見直しを発表した。

また、UWIやUTTもTT政府から財政面で支援を受けているが、特にUWIに関しては経営状態に問題があり、教職員の給与遅延などの問題が度々発生している。教職員の入れ替わりの早さも目立つ。

4　独特のアクセント・語彙を持つトリニダード・トバゴ英語

(1) ネイティブ・スピーカーでも聞き取りに苦労

トリニダード・トバゴ（TT）の公用語は英語である。TT人は、米国、英国の英語に慣れている日本人には聞き慣れない英語を話すため、初めてTT英語に触れると、相手が何を話しているのか聞き取ることは非常に難しい。しかし、TT英語が聞き取れないのは、日本人に限ったことではない。米国やカナダ、英国といった英語を公用語とする国から来ている人々もTT人が話す英語の聞き取りに苦労しているという。

TTの英語は、「トリニ・イングリッシュ（Trini English）」[*4]と呼ばれており、英国人が話す英語にフランス語やその他の言語の要素が混じり土着化したものである。訛りが強く早口で尻上がりなのが特徴である。全て疑問形で話しているような感じと言った方が分かりやすいだろうか。

TT人は、一般的に相手が非ネイティブ・スピーカーだからといって、話すスピードを落としたり、簡単な表現に言い換えたりすることはない。地元住民によれば、国内でも地域によってアクセントや話すスピードが異なる。トリニダード島出身者によれば、トバゴ島出身者は「歌うように話す」とのことである。トリニダード島北西部出身者は、南部出身者は早口だと感じているようである。

(2) 独特の語彙・表現

TT人が使う単語や表現もまた米国人や英国人と異なることが多い。米国では「怒る」を表現する時に「angry《アングリー》」や「piss off《ピス オフ》」を使うことが多いが、TTでは「vex《ヴェックス》」が一般的である。噂話やスキャンダルについては、「gossip《ゴシップ》」や「scandal《スキャンダル》」よりも、「bacchanal《バッカナル》」(本来はバカ騒ぎの意味)をよく使っている。

このほか、文法上の違いも見られる。標準英語においては、正しくないとされる文法を使っている。例えば、TT人は、「You does」、「She do」といった言い方をすることが多い(本来は「You do」、「She does」が正しい)。

「質問する」「依頼する」を意味する「ask《アスク》」は「aks《アクス》」と発音されている。これは、アフリカから来て奴隷にされた人々がこのように発音していたことに由来し、米国のアフリカ系の間でも見られるという。

また、TTでは、「You」を「Yuh」、「Me」を「Meh」と書くことが一般的なので、文字だけを見ると他の言語が書かれているかのような錯覚に陥る。

TT英語は、外国人には難易度が高いため、専門のウェブサイトや辞書まで出ている。ただ、階級や教育レベルによっても語彙や訛りに違いが見られる。海外との接点が多い富裕層、高学歴保持者は比較的標準英語に近い英語を話すが、中卒以下の学歴保持者、海外との接点が少ない層が話す英語は、ＴＴ独特の語彙や表現をふんだんに盛り込んだものなので、実際に彼らとコミュニケーションを取って慣れていくしかない。

私も最初は、職場の同僚以外のＴＴ人の英語がほとんど分からず、まるで自分が全く英語が話せない人間であるかのように感じた。しかし、６年の滞在の中で、他のＴＴ在住の日本人と比べると地元住民との交流の機会が多かったこともあり、すっかりＴＴ訛りが染みついたようである。アンティグア・バーブーダ出身の知人に「君の英語はすっかりＴＴ訛りになっている」と指摘されたこともある。

5　アフターファイブや週末の過ごし方

(1) 自分磨きや習い事に励む

一般的に、トリニダード・トバゴ（ＴＴ）人は、大体定時で仕事を終え職場を去る。サービス残業という概念は彼らにはない。では、実際彼らはアフターファイブや週末に何をしているのだろうか。

家事や育児、ペットの世話に追われている者もいるが、多くの家庭では家族との同居が基本であるため、分担すればそれぞれの家事の負担はそれほど大きくない。家にこもってテレビを観ている訳にはいかないが、物価高のＴＴにおいては米国人のように頻繁にショッピングを楽しむことは容易ではない。

そこで、ＴＴ人の多くは学校や習い事で自分の付加価値を高める努力をしている。社会人になった後でも時間の融通が利きやすく、政府授業料支援プログラム（ＧＡＴＥ）のおかげで金銭的な負担は小さいため、大学や大学院に行ったり、海外の大学の通信講座を受講したりしている者が多い。エネルギー部門で働いている労働者の割合が高いため、エネルギー関係のコースが人気である。経営学修士（ＭＢＡ）取得を目指す者も多い。

このほかには、ジムや習い事に行く者が多い。ＴＴの主要な街には必ずと行っていいほどジムがある。毎年、肌の露出が必須のカーニバルが開催されるため、カーニバル命の人々は必死に体作りに励んでいる。また、地元では、マチョな男性が好まれる傾向が強く、男性は筋肉をつけるためにウェイトトレーニングをしている。ジムに行かない者でも、バーベルやダンベル、ランニングマシーンを購入し自宅で運動していることが多い。

週末のハイキングも人気である。治安が比較的良好なエリアでは公園でウォーキングやジョギングをしている人々を見かける。森林地帯を数時間歩くハイキングの参加率も高い。

ヨガやラテン系エアロビクスのズンバの受講生も多い。ヨガの場合は、普通のヨガのほか、ヒンドゥー教の要素が強いものもある。後者は、ヒンドゥー教徒が多いトリニダード中西部で体験できる。ズンバは、ここ5年ほどの間に急速に拡大しており、認定資格を持ったインストラクターがジムや公民館の一室などでクラスを開いている。

そして、運動系で圧倒的な人気を誇るのがダンスである。生まれた時から音楽とダンスに囲まれた生活を送っている彼らにとっては、身近な習い事の一つなのであろう。種類もバレエ、ヒップホップ、ラテン系、アフリカ系、インド系、モダンと多種多様で、中には複数のダンス教室を掛け持ちしている者もいる。

また、柔道や空手の道場に通っている者も少なくない。

文化系では、ピアノやスティール・パン、写真やネイルアート、マッサージなどのクラスが開講されているが、圧倒的に運動系の方が人気である。

(2) 地元で好まれる「ライミング」

学校やジム、習い事以外では、友人とバーやナイトクラブに出かけたり、自宅あるいは友人宅の庭先で椅子を並べて飲み会をしたりすることが多い。トリニダード・トバゴ（TT）では、友人や恋人とお茶したり、遊びに行くことを「Lime《ライム》」と言う。標準英語の「hang out《ハング アウト》」にあたる表現である。

バーやクラブなどでドリンクと軽いおつまみを頼みながら、取り留めもなく何時間も「Liming《ライミング》」するのが基本パターンであるが、店内では大音量で音楽が流れているため、込み入った会話は期待できない。

「Liming スポット」として最も有名なのが、ポート・オブ・スペインのアリアピタ通りで、週末には大勢の人で混み合う。バーやクラブで何時間か過ごした後、帰り間際に屋台のハンバーガーやTT名物ダブルス（3章4）、コーンスープ（3章4）を食べるのが常識となっている。

他に人気のアクティビティとしては、映画鑑賞が挙げられる。TTでは、米国の大作映画の上映が中心になるが、新作映画の回転が早いため、新作が出るたびに映画館に駆けつけかなりの頻度で通っている者が多い。主要都市には、ショッピングモールに併設したシネコンがあり、近年トリニ

ポート・オブ・スペインの映画館（2013年4月30日、ポート・オブ・スペイン、筆者撮影）

ダード島ではその数が増えていることから、映画鑑賞が地元の人々に一層身近なものになっている。

日本では、平日は仕事に専念し土日に外出する者が多いが、ＴＴでは、金曜・土曜に外出する者が多い。金曜は仕事を終えた後、夜遅くまで遊び、翌日はいつもより遅めに起きて家事や買い物を済ませる。夕方になるとまた外出し、そのまま夜更かしするというパターンである。日曜は、基本的には自宅でくつろいだり、キリスト教徒の場合は教会に通ったりする日である。日曜になると、ほとんどのスーパーマーケットとレストランが閉まる。日曜にしっかり一週間の疲れを取り、早寝早起きが求められる平日に備える。

6　趣味を活かした副業

(1) 副業は当たり前

トリニダード・トバゴ（ＴＴ）人には副業している者が相当数いる。使用していない車や家の一角、実家とは別に購入したアパートや別荘を他人に貸して収入を得ることも一般的だが、それ以上に自分の趣味をビジネスにして稼いでいる人が多いのである。私が通っていたラテンダンス教室のインストラクターの本業は保険会社の課長だが、プライベートの時間になると、ダンス・インストラクター兼ダンサーに変身する。他のダンス教室のインストラクターも昼間はシステム・エンジニア（SE）やレストラン経営者、保険会社の社員として活躍している。航空管制官を務めながらプロの歌手として活躍している友人もいる。日本のIT企業の現地法人に勤務している知人は、ズンバのインストラクターとしても活躍しており、最近では地元のテレビにも出演している。また、趣味で作ったスイーツを販売して、料理の腕前を存分に発揮している者もいる。

日本では、株やインターネットでの小遣い稼ぎで収入を増やそうと努力している者は多いが、ヨガやダンス・インストラクターなど、資格やプロとしてのある程度の実績が求められる職業を副業にしようと考える者は少ない。特に、アーティスト系や運動系のインストラクターの場合は、その道一本で生きて初めて教える立場に立てるという認識が一般的である。料理に関して言えば、趣味で作ったスイーツを周りに買ってもらって儲けられるようになるまでには、プロ並みのレベルにまで腕を磨く必要があり、せいぜい友人に無料でお裾分けするのみというのが普通であろう。

TTでは、多くの物資が米国やカナダ、その他の国々から輸入されており、物価は日本と同等かそれ以上であることは本章2でも述べた。エネルギー関連企業など羽振りのいい企業に勤務している、それなりに上の役職に就いている、または元々裕福な家に生まれたといった事情でない限り、家や車を買いそれらを維持したり、高品質の食料やその他日用品、衣類や娯楽関連用品を購入したりすることは難しい。そのため、共働き家庭が多いのだが、それでも一定の生活水準を維持しつつ多少の贅沢をするためには、本業以外からの収入も必要になる。

幸いにもＴＴの職場では、一部を除き長時間残業を求められることは稀なため、定時に上がってその後自分のしたい活動に専念することができる。また、副業禁止規定を設けているところもそれほど多くないと見受けられる。スポーツ・ジムの一室や公民館、タウンアパートの公共スペースを借りて週に何回かダンスやヨガのクラスを受け持つ程度の場合、役所に届け出を提出したり税金を払ったりしている可能性は低い。

⑵ 副業はするけれども広報活動には不熱心

副業することのメリットは、収入アップに限ったことではない。職場とは別の世界の人々と交流することで人間関係を広げることができる。職場では発揮できない自分の才能を全面に押し出すことで自分の付加価値を高めることもできる。

収入アップが目的と言っても、どの教室、習い事も生徒集めの広報活動に必死とは言い難い。中には、素性の知れない人間、自分より低い階級の出身者、貧困地域・治安が悪い地域の出身者には、自分のクラスには来てほしくないと考える講師もいる。頼みの綱は既存の生徒で、彼らに家族や知人を連れてきてほしいと頼むことが多い。しかし、市場が小さいＴＴでは、知り合い依存型ビジネスには限界がある。特に、私が関わっていたラテンダンス界に関しては、この6年で教室数が急増し、生徒の奪い合い状態になっている。

さらに、運動系や野外で行うクラスの場合は、天気が悪い、その日に出席出来る生徒が少ないなどの理由で直前になって中止になるということも頻繁に起こる。講師の個人的な都合や気分に振り回されることもある。最悪の場合には休講に追い込まれることもある。

7　ショッピングが第一目的の海外旅行

(1) 近隣諸国よりも米国・カナダへの旅行の方が一般的

娯楽が少なく観光資源が他国ほど開発されていないトリニダード島では、自分から新たな場所を発掘していかない限り単調な生活を送りがちである。

トリニダード島在住の場合、数日の休みであれば、同島のピアルコ空港から飛行機で20分、ポート・オブ・スペインの港からフェリーで2時間半でリゾート地のトバゴ島に出かけることが可能だが、毎回トバゴ島に行くといずれ飽きてしまう。トバゴ島の住民にとっては、自分たちが住んでいる場所の海の景色に見慣れているため、同島内の観光地に行っても全く新鮮な感じはしないであろう。

このため、TT人の多くは、夏休みやクリスマス休暇、イースター休暇など比較的長い休暇になると、海外に出かけている。最も人気の観光地は米国。特にフロリダとニューヨークに行く人が多い。どちらの州にもTT人コミュニティがあり、現地に家族や知人がいる者の割合が高い。また、両州とも世界的に有名な観光地で、ニューヨークでは最先端の流行に包まれ世界中の文化が混じり合った大都会、フロリダではテーマパークや豪華なリゾート地、ラテン色が強い街並みを楽しむことができる。

TTからは、ニューヨークやマイアミ行きのフライトが一日に複数飛んでおり、早期割引で予約した場合は100米ドル台でチケットを購入することも可能である。他方、意外なことに、隣国で移動時間が1時間しかかからない近隣のグレナダやバルバドス、セントルシアやセントビンセント、ガイアナ行きの便の方が高額となる。これらの国々ではTT以上に物価高であるため、数日滞在するだけでも相当の出費を覚悟しなければならない。また、TTと景色が似ているため、TT人にとっては新鮮味に欠ける。米国に行った方が安い上に、現地で思う存分娯楽と買い物を満喫することができる。それ故、TT人の中には、米国には行ったことがあっても他のカリブの島には行ったことがないという者が意外に多い。

日本人の旅行は、概して短期間で、現地滞在中は買い物を楽しみつつ、地元料理も味わい、自然や歴史的建造物も楽しみたいという詰め込み型が特徴的であるが、TT人は基本的に買い物やテーマパーク訪問を目的としていることが多く、地元の人々との交流、歴史的建造物や美術館の見学にはさほど興味がないようだ。

加えて、日本人や欧米人のような一人旅をするTT人はほとんどいない。これは、TT人が単独行動を嫌い、集団行動を好むため（コラム3）、自分でホテルや航空券を手配したり、旅先で電車やバスを乗りこなし散策したりすることに慣れていないためである。

(2) ベネズエラで見たトリニダード・トバゴ人観光客

私は、2014年4月のイースター休暇中にトリニダード島から飛行機で30分の距離のベネズエラのマルガリータ島を訪問した。イースター休暇ということで、キリスト教の影響が強い同島では当然ながら閉店中の店舗が多かった。イースター休暇期間中は、ラテン系の国では皆休暇に入ることは承知していたので、私にとっては想定内であった。むしろ、その期間中も日曜でなければ開いている店があると聞いて驚いたほどである。

しかし、同じツアーに参加していたトリニダード・トバゴ（TT）人の中高年女性軍団は黙っていなかった。ベネズエラ人の女性ガイドが「今はイースター休暇中ですし、今日は日曜日なのであまり開いている店はありません。民芸品市場であれば開いています。今日は民芸品市場あるいは別の場所に行って、別の日にショッピングモールに行くということでどうでしょうか」と代替案を出したところ、女性たちが猛反発したのだ。「自分たちは買い物するために来たのに、店が閉まっているとはどういうことだ！　民芸品市場なんかには行きたくない！」と大声でわめき散らし、女性ガイドが困惑していた。結局、その日は何軒か開店していたダウンタウンのショッピング・エリアを訪問することで落ち着いたが、現地の事情を無視した女性たちの自分勝手で迷惑な行動には呆れてしまった。

私はダウンタウンの後に、昔のマルガリータ島の住民の家や生活用品を展示した博物館や高台の要塞、漁村を訪問するオプショナル・ツアーに参加した。買い物も楽しんだが、それ以上に地元の文化を見てみたかった。このようなツアーに参加したのは、私だけであった。

同行したベネズエラ人の男性ガイドは、「TT人は、空のスーツケースを持ってきて買い物だけして帰って行く。地元の文化を知ろう、地元の人と交流しようとしない。だから、あなたが地元の文化を学びたい、地元のものを見たいと言ってくれて嬉しかった」と漏らしていた。ベネズエラを取り巻く状況が厳しい中、外貨を落としてくれるTT人観光客は大事な客ではあるものの、買い物だけを目的に来て、時には傲慢な態度を取る彼らに対して複雑な感情を抱いていることが窺えた瞬間であった。

8　住宅事情

(1) マイホーム所有が目標

トリニダード・トバゴ（TT）人の大半は、家を所有することを人生の目標としている。特に、インド系住民の間では家や土地に対する思い入れが強い。トバゴ島の住民の間でも家や土地を子孫に引き継ぐことが重視されている。奴隷制や年季奉公人制を経て、教育だけではなく、家や土地も自分と家族の財産、社会・経済的上昇を果たすのに役立つという考えが広まったためと考えられる。また、一般的にTT人は、海外に移住しない限り、生まれ育った地域から離れることはなく、遠くに引っ越しすることは滅多にないため、このことも影響していると思われる。

トリニダード島の場合、最も富裕層が多い地域として知られているのは、北西部のウエストモーリングスである。日本では滅多に見かけることのない大豪邸が海を見下ろす高台に並んでいる。価格は日本円にして最低でも億単位であろう。

このほか、トリニダード島では、中西部チャグアナスのランジ・パーク、南部サン・フェルナンドにあるセント・ジョセフ・ビレッジやベル・エアーが富裕層の集まる地域として知られている。トバゴ島では、南中央部バコレット周辺が富裕層が多い地域である。

首都ポート・オブ・スペインは、政府機関や企業、娯楽施設が集中しているため、人口密度が高く、当然ながら土地・家価格も高い。最近は、人口が増加している中西部チャグアナスやクーバでも土地・家価格が上昇しつつある。中部一帯は、昔はサトウキビ畑であったが、サトウキビ産業が衰退した後は、畑をつぶして家を建てる動きが拡大している。同地域では、土地と家を合わせて最大で日本円にして数千万円が相場であると思われる。

過疎地域のトリニダード北東部・南部の土地・家価格は安価だが、アクセスが悪い、基本的なインフラが整っていないといった問題もつきまとう。

トバゴ島の場合は、トリニダード島と比較すると、海に近く治安が良いため、ヨーロッパのリタイア組が土地・家を購入し、半年ごとに故郷とトバゴを往復している。

(2) 家の完成までは数年かかることも

日本と比較するとマイホームの所有は比較的簡単なものの、家を建てるまでのプロセスは長い。役所での手続きに時間がかかる上に、工事がなかなか進まないのである。早く工事を済ませたいのであれば、コスト増を覚悟しなければならない。私の友人の中には、マイホームを建てたり、家を改修したりしている者が多いが、開始から数年経つにもかかわらず未だに作業が完了していない。マイホームを建てている友人に関しては、着工から既に3年以上の月日が流れたが、工

ポート・オブ・スペインの高級マンション
(2013年8月14日、ポート・オブ・スペイン、筆者撮影)

事費を節約するために質の悪い労働者を雇い、作業の一部を自分と家族で担当していることもあり、効率的に進まないようである。日本の場合は、作業だけではなく建設資材の調達も業者任せだが、TTでは建設資材全てを自分で調達しなければならない。サイズが合わない、業者の不注意で破損といった問題が起きたとしても、補償は期待できない。

アパートやマンションも数多くあるが、TT人は、一軒家を持つことを最終目標としているため、アパートやマンション住まいは仮住まい的な意味が強い。余裕がある層は、実家のほかに別途購入したアパートや別荘を他者に貸し家賃収入を得ている。

9　車に対するこだわりと交通事情

(1) 車好きが多いトリニダード・トバゴ人

車社会のトリニダード・トバゴ（TT）では、車に対する関心が高い。日本と同じ左側通行のため日本車のシェアが高いのだが、自動車産業を通じた日本とのつながりについては7章7で説明し、ここでは一般国民と車との関係、交通事情について述べたい。

車は、TT人にとって、必要不可欠な移動手段であるとともに、重要な資産、自分のステータスを示す道具としても捉えられている。特に、男性の間では「相手がどのような車に乗っているのか」を気にする傾向が強い。

TTでは17歳になると運転免許証を取得することが可能になるため、大体の若者が家族から借りたり買ってもらったりして、車を乗り回すようになる。

修理には時間もお金もかかるため、中流より下の階級では、自分で車を修理する、あるいは友人に修理を頼むことが多い。趣味が転じて、洗車や修理工場、車のパーツ販売店のビジネスを始める者も少なくない。TTでは至る所に、洗車やタイヤ交換を専門とする店、車のパーツ販売店を見つけることができる。日本の自動車整備士のような資格を有していなくても、修理工場の設立はさほど困難でないと思われる。日本にもカーマニアは多いが、実際に家の庭や空き地で車いじりをしている者を見かけることは少ない。よほど車に詳しい者でない限り、車に異常が生じた場合や改良を要する場合は、専門の業者に頼むのが一般的である。

TT人の男性は、できるだけ速く走れる車、見た目が優れた車を好み、かなりの頻度でタイヤやエンジン・パーツを換えている。これに加えて、大音量のスピーカーを搭載することも人気で、大衆音楽のソカ（3章2(3)）やダンスミュージックを大音量でかけながら車を乗り回すことが若者の間で一種の流行となっている。近隣の住民にとっては、騒音以外の何ものでもない。日本人の知人が、「日本の田舎の暴走族のようだ」と言っていたが、そのとおりである。

車関連のイベントも大人気で、トリニダード島の場合中西部のクーバや東部アリマでは定期的にドラッグレース（直線路で行われる自動車レース）が開催され、国内各地から参加者が集まっている。レースといえば、高速道路でレースに興じる人々もいるので、高速道路上での運転には注意が必要である。

(2) 注意が必要な地元住民の交通マナー

トリニダード・トバゴ（TT）人の運転マナーは良いとは言いがたく、現地の事情に精通していないと思わぬ事故につながる恐れもある。明らかに大量の排気ガスを排出している車、方向指示器やランプが壊れた車、車体の一部あるいは半分がへこんだ車など、日本であれば警察官に呼び止められる車が普通に走行している。方向指示器が壊れた車の運転手は手信号で合図してくるため、前方の車の運転席から腕が出ている場合は注意しなければならない。信号無視や急な車線変更も日常茶飯事である。

また、高速道路を除くと、道路は概して狭く路上駐車も多い。通勤時間帯や雨天時にはさらに混み合い、事故に巻き込まれるリスクも高くなる。

一般道路は穴だらけで、地域によっては舗装されていないところもある。山道は急カーブや坂が多い。住宅街では、スピードの出し過ぎを防ぐため、ハンプと呼ばれる障害が設けられていることが多い。

高速道路の制限速度は80キロメートルだが、通常は80～100キロメートルで走行しており、中には120～140キロメートルで走行する者もいるため、危険な運転をしている車、追い立ててくる車を見かけたら、なるべく近寄らない、すぐに追い越させるなどした方がいい。このほか、渋滞の最中には、路肩を突進するせっかちな運転手もいる。

スピード違反による大事故も多く、新聞を見ると、スピードの出し過ぎが原因の死亡事故の記事が頻繁に掲載されている。警察は、2016年頃からスピード違反の取締りを強化しており、最近は以前ほど暴走車を見かけることはなくなったが、それでも日本やほかの先進国と比べるとスピード違反や飲酒運転に対する意識は高くない。

TTの道路では、Pあるいは Tのナンバーから始まる自家用車、大型バス、「マクシタクシー」と呼ばれる乗り合いバス（白い車体に緑、赤、黄色などのストライプが入っている）のほか、Hのナンバーから始まるタクシー、バイクや業務用トラックが走っている。マクシタクシーやタクシーは基本的に一番左の車線を走ることになっており、乗客の乗り降りの際に突然停止するので注意しなければならない。

厄介なのが、Pナンバーの白タクである。一般の自家用車と思っていると、急に停止し乗客が乗り降りするのでギョッとさせられることがある。私はこれまでの経験を経て、①古いタイプの車、②後部座席に3人乗っている車、③運転速度が遅く不安定な走り方をする車、④運転手が窓から腕を出している車、のいずれかに当てはまる場合は、Pナンバーでも白タクの可能性が高いと考えている。

(3) 深刻化する渋滞と駐車場不足

トリニダード・トバゴ（TT）でも、米国やラテンアメリカでも見られるように公共交通機関の利用者の多くは貧困層という認識があり、自家用車を持つ世帯が増えているのだが、そのせいで年々渋滞はひどくなっている。特に、学校がある時期は、子供の送り迎えをしなければならないため、午前・午後の大渋滞を覚悟しなくてはいけない。ポート・オブ・スペインには政府機関や企業が集中しているため、朝は各地からポート・オブ・スペインに向かう車が、夕方にはポート・オブ・スペインから各地に向かう車が多く、場所によっては片道2時間を覚悟しなければならないこともある。

また、自動車を所有する者が増えている一方、道路や駐車場の数がそれに追いついていない。渋滞や通行止めになった場合の迂回路が少ないのだ。平日のショッピングモールやスーパーマーケットの駐車場は常に満車状態で、誘導係もいないため、自分の勘を頼りに駐車場を見つけにいくしかない。給料日当日やその直後、クリスマスや母の日などのイベントの直前は大混雑で、すぐに駐車場が見つけられた場合は幸運だったと思った方がいい。利用者の都合を全く考慮せずに駐車場を設計したところも少なくなく、「これはうまく駐車できそうにもない」と思ったら、潔く諦めてほかの場所を見つけるか、運転に慣れている人に代わってもらった方がいい。

10　頻繁に開催されるパーティーと冠婚葬祭

(1) 大人になっても大規模な誕生会を開催

トリニダード・トバゴ（TT）人は、パーティーが大好きである。自分や家族、友人の誕生日には必ず誕生会を開いている。日本では、年齢を聞かれるのを嫌がる者が多く、社会人になると自分の誕生日だからといって浮かれるのは大人げないという見方をする者もいる。これに対しTTでは、誕生日は自分が主役になれる特別な日、自分が健康に生きてきたことに感謝する日として捉えられている。誕生日が近づくとテンションが上がる人が多く、当日に休暇を取ることは当たり前となっている。

他方、誕生会を開いて最も大変な思いをするのは主役のことが多いのも事実である。パーティーは大抵自宅の庭で開催されるため、準備段階で食材や食器の買い出し、飾り付け、料理（あるいはケータリングの手配）といった作業が必要になる。余裕がある場合は、友人やプロのアーティストに音楽演奏やダンス・パフォーマンスを依頼したり、ＤＪを雇ったりすることもある。大勢の人間を招待することが基本であるため、開催案内するだけでも相当な手間になる。当日は、ゲストの接待、料理のサーブなどで追われ、落ち着いてゲストと歓談したり食事をしたりする余裕がない場合も多い。

私は、これまで数え切れないほど誕生会に招待されたが、どれも大体同じような雰囲気である。開始時間は決まっているが、遅刻したり早めに帰ったりしても文句を言われることはない。とにかく顔を出してくれればいいという感じである。

日本や韓国、東南アジアの一部の国では、ギブ＆テイクの精神が根付いており、例えば誕生日プレゼントをもらったら、お返しにその相手の誕生日にプレゼントをあげるのが常識とされている。しかし、ＴＴでは、自分が誕生会や関連イベントを開催してゲストを招待しない限り、お返しにプレゼントをもらうことはあまりない。

友人だけではなく、知り合って間もない知人からも誕生会に招待されること、友人の子供や親の誕生会に招かれることは頻繁にあり、全てに出席していると時間的にも金銭的にも負担になる。基本的には高価なものでなくてもプレゼントを渡すことは一般的であるが、負担が大きい、乗り気にならないという場合には、適当な理由をつけて誕生会を欠席することもあるようだ。

誕生日以外にも、妊娠を祝う「ベビー・シャワー」のほか、ボートを貸し切ってのパーティー、ハロウィンの仮装パーティー、年末前に忘年会的意味合いで行われるパーティー（大抵は豪華なディナーでドレスコードはフォーマル）、クリスマス前のチャリティを目的としたパーティーなど様々なパーティーがある。どのイベントでも皆気合いを入れて着飾って行くため、女性の場合は、カジュアル仕様の服はもちろん、エレガント・カジュアルやフォーマル用のドレスも揃えておく必要がある。

(2) ゲストへの謝礼や配慮で頭を悩ますことのない結婚式

結婚式に関しては、日本の結婚式よりも宗教色が強く、ゲストを数百人招待するのが常識とされている。日本では、招待を受けた本人しか出席できないが、トリニダード・トバゴ（TT）ではパートナー単位で出席するのが基本で、新郎新婦とは全くつながりのない友人や恋人に同伴を依頼することが普通である。

キリスト教の結婚式の場合は、日本でも馴染みのあるスタイル、米国の映画に出てくるようなものであることがほとんどだが、ヒンドゥー教徒の場合は、自宅開催が基本で、複数の儀式があり全体で3日ほどかかるという。そのうち一般ゲストが参加するものだけでも、まる1日はかかる。私は、ヒンドゥー教徒の職場の元同僚の結婚式に招待され、上司・同僚とともに出席したことがあるが、朝から晩まで続いていたことを覚えている。ゲストの中には、早めに会場を後にしたり、遅刻したりしていた者も多かった。招待者の数に制限はなく、見知らぬ人が紛れ込んでも分からない。

イスラム教の結婚式には参加したことがないため、具体的にどうなっているのかは分からないが、キリスト教徒の結婚式にもヒンドゥー教徒の結婚式にも共通しているのは、音楽とダンスが欠かせないという点である。キリスト教の結婚式の場合は、披露宴で新郎新婦がカップルダンスを踊るのが基本である。結婚式が近づくと、カップルダンスの練習のために、プライベート・レッスンでダンスを習うカップルも多い。どちらの宗教の結婚式でもゲストが音楽に合わせて思い思いに踊る時間があり、ヒンドゥー教徒の結婚式では、米国のポップミュージックやソカ（3章2(3)）に加え、インド系トリニダード人の間で人気のチャットニー・ソカ（3章2(4)）やインドのポップスをかけて盛り上がる。

日本では、結婚式の二次会には、基本的に新郎新婦と同年代の友人が集まり、親や親戚、上司が出てくることは滅多にないが、そのような世代の分断はTTの結婚式では見られない。服装のマナーも結婚式の進行も日本のように堅苦しくない。よほど非常識な格好でなければ、肌の露出が多かろうと、色合いが派手であろうと誰も気に止めない。子供から高齢者まで思い思いに楽しみ、最後は自分の都合のいい時間に帰っていく。新郎新婦もゲストの反応や好みに神経質になって演出プランを練る必要はない。スピーチをしてくれた上司や友人、遠方から来たゲストに謝金や交通費・宿泊費を払うこともない。

日本人にとって羨ましいのは、TTの結婚式では祝儀を出す必要がない点である。祝儀の代わりに、新郎・新婦が新生活で使うことになるであろう家電や食器、その他の生活必需品を贈る風習はあるが、日本のように、「友人や同僚は3万円」、「上司は5万円」といった額を負担する必要はない。日本では月に何度も結婚式に招待され、「ご祝儀貧乏」になってしまうようなこともあるが、そのようなことはTTでは起こらない。

(3) 格式よりも故人との思い出を重視する葬儀

結婚式と同様、葬儀も大規模に執り行われることが多い。私はトリニダード・トバゴ（TT）滞在中にダンス関係で知り合った友人2人と、トリニダード島在住のフィリピン人2人の知人を亡くした。全員キリスト教徒だったため、ヒンドゥー教やイスラム教の葬儀には出席したことがないのだが、キリスト教の葬儀は、平日の昼間に執り行われることもあり、最低半日はかかる。神父あるいは牧師が説教するほか、家族や友人がスピーチするのが基本で、ユーモアや冗談を交えてのことも多く、会場が笑いに包まれることもある。日本のように皆が暗い顔して、堅苦しい雰囲気が漂うことはない。故人との思い出により焦点を当てたものになっている。

服装は黒いものを羽織るのが基本だが、喪服のようなものはなく、平日の場合は仕事帰りに仕事着で出席する者もいる。黒い服を着ていても、スカートの丈や肌の露出、身につけるアクセサリーの種類に関しては細かくは定められていない。結婚式で着るようなワンピース姿で現れる女性も多い。涙や化粧崩れを隠すために、サングラスをしたままの女性も多い。基本的には、欧米の葬儀と同じである。

また、最近はキリスト教徒の間でも遺体を荼毘に付すのが一般的になっているという。確かに、TTでは、墓地の数がそれほど多くない。ヒンドゥー教徒は基本的に遺灰を海やその他の場所に撒くので墓を必要としない。墓の維持にはコストも労力もかかるため、荼毘に付した方が楽だという考えが広まっているようだ。

結婚式で祝儀を出さないのと同様、葬儀でも香典や花料を出すことはない。お悔やみのカードを出す程度に留まる。

亡くなった後は、1周年や故人の誕生日、キリスト教徒の場合は11月初旬の死者の日に故人を偲ぶことはあっても、日本の仏教徒の四十九日や一周忌の法要のような決まった儀式をすることはあまりない。

〔注〕

＊1　世界銀行、https://data.worldbank.org/indicator/NY.GNP.PCAP.CD

＊2　同ウェブサイト。

＊3　前掲ウェブサイト。

＊4　英語で「トリニダードの」「トリニダード人の」を表す形容詞としては、「Trinidadian」が一般的であるが、「Trini」も広く使われている。

コラム3 筆者が観たトリニダード・トバゴ人

単独行動よりも集団行動

トリニダード・トバゴ（TT）では、映画館やレストランに単独で行くと、周囲から好奇の視線を浴びることがある。一人でいることを気にせずいられるのは、買い物をしている時ぐらいである。TT人を観察すると、映画もショッピングも食事も家族や友人、職場の同僚と連れだって行く者が多く、単独行動は目立つ。特に、女性の単独行動は奇異な目で見られる。

職場においても、TT人の大半は、内輪で固まって食事することが一般的で、日本の学校や日本の職場の女性グループと似ている。

TTでは、社会人になっても家族と同居することが一般的である。結婚しても比較的実家から近い場所に新居を構えるか、配偶者の親や兄弟と同居するケースが多い。本当の意味で自立しているのは、海外に留学、移住した人々に限られていると言っても過言ではない。

また、日本の都会と比べると、TTでは、叔父や叔母、従兄弟や従姉妹との付き合いも密で、結婚式や法事に限らず、誕生日パーティーやクリスマスには親族一同で集まる。これらに加え、ヒンドゥー教徒の場合はディバリ、イスラム教徒の場合はラマダン明けの祭りにも親戚と顔を合わせる。

学校や職場が実家から遠いという理由でアパートで一人暮らしをすることもあるが、それでも単独でレストランや映画館に足を運んだり、一人旅に出たりすることはほとんどない。コラム1で述べたTT人の国民性である人見知りとは矛盾するが、知人の知人も誘い大集団で映画を観に行ったり、旅行に行くことも少なくない。これに対し、日本では、映画や旅行は、それなりに気心の知れた人間とする活動であって、知り合って間もない人間と好みが合うかどうか分からない映画を大勢で鑑賞したり、日常生活から離れた場所で何日も共に寝泊りするのは気疲れするので嫌だと考えるのが普通であろう。

私はTTで一人暮らしをし、買い物だけではなく映画館やコンサートなどのイベントにも一人で足を運ぶことが多かった。単独で自宅から遠い場所での習い事、地方への日帰り旅行に出かけることも頻繁にあった。職場では、執務室が個室であったことに加え、弁当持参の日が多かったため、大抵一人で昼食を食べていた。大型連休が来ると、TT国外に一人旅をしていた。こうしたことは、現代の日本人女性にとってはよくある話だと思うが、集団行動を基本とするTT人にとって、私の行動は非常に理解に苦しむ部分が大きかったようだ。そこまで関係の深くない職場の同僚や知人に奇異な目で見られる、親しい友人にでさえも心配されるといったことが少なくなかった。

単独行動が好まれない背景には、まず治安上の問題が挙げられる。TTでは、窃盗や強盗事件が多発しており、女性に対する性的暴行も頻繁に発生している。車社会であるため、特に夜間の一人歩きには危険が伴う。

TTの物価は高く、一般庶民の平均的な給料ではローンを組んでも新築の一軒家や新車の購入は容易なことではない。これに加えて、TTでは、頻繁に停電や断水といった生活トラブルが発生する。車や子供の教育関係の面倒事に巻き込まれたり、公的機関での手続きが思うように進まず立ち往生したりすることも少なくない。業者に過剰請求を受けることも日常茶飯事である。このような状況のもとでは、いくら自分がしっかりしていたとしても、全てを一人で対処することは難しい。家族や友人からの助けが必要になる。こうしてみると、TT人は、日本人以上に集団行動を取る国なのである。

他方、常に集団行動を取ること、他人の助けを借りることに慣れてしまっているがゆえに、他人に依存的な面があるというマイナス点も指摘しておきたい。

コラム4 筆者が観たトリニダード・トバゴ人

本音と建前の使い分けと体裁重視

意外に感じるかもしれないが、トリニダード・トバゴ（TT）人は世間体を非常に重んじる国民である。しばしば、日本人の「本音と建前」の使い分けのような行動を取る。学歴や肩書き、住んでいる家や所有する車に対するこだわりも強く、非常にプライドが高い。自分の欠点や失敗を指摘されること、周りと異なる言動を取って浮くことを嫌う人が多い。

建設的な意見であっても、問題点を指摘されたり注意を受けたりすることに慣れておらず、意外と打たれ弱い面が見られる。周りで起きている問題を認識していても、自分や家族に直接被害がなければわざわざそれを指摘したり問題提起したりすることはない。

このため、ディスカッション文化が根付き自分とは異なる考えや価値観を受け止めることに慣れている欧米諸国の人々とは異なり、TT人の間では学校の授業でも職場の会議でも積極的に発言したり、問題点や疑問点を率直にぶつけたりするようなことは稀である。よほど待遇に不満を感じたり、不当な目に遭ったりしない限りは声を上げない。

彼らは、プライベートの人間関係においても、よほど相手と深い関係にならない限り本音を見せない。自分にとって都合の悪いこと、相手との関係悪化につながりかねない一言は口にしたがらない。特に女性の場合は、「フレネミー（友人を装う敵）」的関係も多く見られる。

体裁重視は、インド系社会、特にヒンドゥー教徒の間で強く見られる。インド系住民の間では、結婚して子供を産み家を所有することへのこだわりが強い。このため、年頃の若者に対する周囲からの結婚への圧力は相当なものになる。焦りがピークに達すると、自分や家族に問題があっても、相手が本当の意味で自分に合った人でなくても、とにかく結婚せねばという思いに駆られる。結婚した後に相手の浮気やアルコール問題、金遣いの荒さ、DVといった問題が発生しても、既婚というステータスを維持させるために、本人も家族も問題に蓋をしてしまい、外部にはあたかも幸せで何もかもが順調にいっている家族であるかのように装う面が見られる。

私は、友人のつてでTTで著名な経済評論家とその家族と知り合った（全員インド系のキリスト教徒）。その直後に家に招待されたのだが、実はその目的は、私とその家の長男ブライアン（仮名）の見合いであった。私は出来る限り普通に振る舞うよう努めたが、内心逃げ出したい気分であった。その後もブライアンからのアプローチは止まず、何度もデートの誘いやメッセージが届き、ますます私は困惑した。最後はブライアンの家族と距離を置かざるを得なくなった。

ところが、1年ほど経った頃、ブライアンの母親（評論家の妻）から勤務時間中に電話があった。「息子が未だに結婚できなくて心配だ。あなたは大使館勤務で身分もしっかりしているし、真面目な子だということはよく分かっている。絶対息子とうまくいくと思うし、家族一同歓迎するから、是非息子と結婚前提に付き合ってほしい」と懇願された。何度も丁重に断ったが、先方は全く諦めず、当方の気持ちを理解してもらうまでに20分以上要した。やっとのことで電話を切った時は疲労困憊していた。

今となっては笑い話であるが、インド系の家族にとって、いかに未婚であることが恥と認識されているかを物語るエピソードである。

第3章 多文化社会トリニダード・トバゴの文化

1 「史上最大のショー」のカーニバル

(1) トリニダード・トバゴ人にとっての社交場「フェテ」

トリニダード・トバゴ（TT）のカーニバルは、キリスト教の灰の水曜日の直前の月曜日と火曜日の2日間にわたって行われる。これらは、イースター（春分の日の次の満月の後に訪れる最初の日曜日）の日にちによって変わり、毎年2月ないし3月になる。

毎年年明けからカーニバル直後までは、全国各地で「フェテ（fete）」と呼ばれる野外パーティーが開催される。基本的には、複数のアーティストによるライブ・パフォーマンスが繰り広げられ、ステージの周りに食事や飲み物を販売あるいは提供するテントが並ぶ。英国の音楽フェスに近いイベントと言えば分かりやすいだろうか。

イベント会社のほかに、学校やNGOなどが主催しているものもあり、学校の場合は機材・備品の購入費、NGOの場合は活動費を集めることを目的としている。費用は、最低でも250TTドル（日本円にして約4000円）で、大物アーティストや海外のアーティストが出演するイベント、食べ放題・飲み放題のイベントになると料金が高額になる。毎週のようにフェテに繰り出していると、数万円の出費に達する。

アーティストのライブを楽しむこともフェテの醍醐味だが、異性との出会いもまたフェテに足を運ぶ動機となっている。車社会のTTでは、日本やヨーロッパのように街歩きをする習慣がないため、外で他人と出会う機会は多くない。フェテでは、一定のセキュリティが確保されている上に、大勢の人間が一つの場所に密集するため、異性と出会うチャンスが高まる。実際、フェテに行くと、日本では目のやり場に困るような露出度の高い服をまとった女性、日常生活で出会うことのない絶世の美女を目にすることが多い。また、ショートパンツ姿の女性が多く、ロングスカートやフルレングスのジーンズ姿は逆に目立つ。TT人男性は、一般的にヒップが大きい女性が魅力的と考えているため、女性側も男性の好みに合わせ、ヒップや太もも周辺を強調したショートパンツを選ぶ。

富裕層を対象とした高額イベントとなると話は別であるが、一般のフェテには中の下から上流まで様々な階級の人間が出入りしており、異性との出会い、新たな知人や友人作りを通じた社会的地位上昇を狙う人々にとっては格好の社交場と捉えられている。また、恋人や友人だけでなく、赤の他人とも腰をくねらせる「ワイン（wine）」などの卑猥な動きをして思い切り羽目を外しても誰にも咎められない。この時期、主要紙は、カーニバル関連イベントの記事ばかりを掲載するのだが、中でもフェテ関連の記事はワインの写真で埋め尽くされる。

アーティストにとっても、フェテは稼ぎ時である。カーニバルのオフ・シーズンは、イベントに出演する機会が減り当然ながら収入も下がる。自分の生活を安定させるためには、できるだけ多くのフェテでパフォーマンスする必要がある。一晩で2つや3つのフェテに出演するアーティストもいる。中には、歌いすぎて喉を痛め擦れ声になったり、ワインの踊りすぎで腰を痛めたりする者もいる。

フェテ参加はコストだけでなく体力も要し、毎週のように夜中まで遊んでいると、生活が乱れる。この時期には、仕事に遅刻したりドタキャン休みしたりする者が増えるが、フェテが原因と考えてまず間違いない。

(2) トリニダード・トバゴ版紅白歌合戦「国際ソカ・モナーク」

カーニバル直前の金曜日は、「ファンタスティック・フライデー」と呼ばれる。毎年、この日にポート・オブ・スペインの国立競技場で「国際ソカ・モナーク」と呼ばれるソカ（本章2(3)）の大会が開催される。

同大会は、スローテンポでメロディを重視した「グルービー・ソカ（Groovy Soca）」、アップテンポでパワフルな「パワー・ソカ（Power Soca）」の2部門から成り、予選や準決勝を勝ち抜いたアーティスト約20組（各部門10組程度）が、それぞれの部門の王者の座を巡って争いを繰り広げる。その年にヒットした曲、人気を博したアーティストのパフォーマンスを一度に楽しむことができる。トリニダード・トバゴ（TT）版「紅白歌合戦」と言ってもいいであろう。

とはいえ、国際大会であるため、TT以外の国出身の出場者もいる。最近は、グレナダやセントビンセント及びグレナディーン諸島のアーティストの活躍も目覚ましい。

また、日本のアーティストもはるばる日本からやって来て大健闘している。2007年には、レゲエ歌手のMINMI《ミンミ》が「シャナナ☆」で総合第8位、女性としては第3位に輝いた。MINMIの「シャナナ☆」のビデオクリップには、ソカ・モナークのパフォーマンスのほか、彼女がカーニバルに参加している様子も収録されており、日本人がTTのカーニバルやソカについて理解を深めるには、分かりやすいものとなっている。MINMIのほかには、２０１４年に日米ハーフのAnn-G《アンジー》が「ウィー・ラブ・カーニバル」でパワー・ソカ部門への出場を果たした。

国際ソカ・モナーク（2013年2月8日、ポート・オブ・スペイン、筆者撮影）

　ソカ・モナークのライブもほかのイベントと同様長丁場で、前半はグルービー・ソカ、後半はパワー・ソカの時間となる。アーティスト1組の演奏時間は10分にも満たないが、舞台セットの組み立てに時間を要するため、次のアーティストの出番になるまで時間がかかる。グルービー・ソカが大体午後9時から深夜1時頃、パワー・ソカが深夜1時頃から早朝の5時頃まで続く。ステージを間近で見るためには、長時間の立ち見覚悟でステージ前のスタンド席に行く必要があるが、時間が遅くなればなるほど大混雑し抜け出しにくくなる。当然ながら治安面のリスクも増す。私は、毎年最後の方は睡魔や周囲で大暴れする大群衆と闘いながら鑑賞していた。

　一年に一度の晴れ舞台ということで、アーティスト側もかなり気合いを入れており、衣装やセット、バックダンサー、ゲスト・アーティスト、その他の演出等、観客の度肝を抜くようなアイデア満載のパフォーマンスを繰り広げる。資金に余裕があるアーティストの中には、花火を打ち上げたり、ジップライン（木々などの間に張られたワイヤーロープを滑車を使って滑り降りるアクティビティ）やその他の乗り物を使って観客席後方まで行ったりするなどのサービスをすることもある。

勝敗の行方は、審査員による審査のほか、テレビの生中継を観ている視聴者からの投票にも左右される。当然ながら、ラジオのリクエスト数が多く国民に馴染みの多い曲、メロディが覚えやすいあるいはインパクトの強い曲、人気アーティストの曲が上位になることが多い。

国際ソカ・モナークは、その年のソカのヒット曲、迫力満点のステージを堪能できるという点で、カーニバルを代表するイベントとなっている。

(3) その他のカーニバル直前の関連イベント

トリニダード・トバゴ（TT）のカーニバル関連イベントは種類が多く、1年で全てのイベントに顔を出すことは不可能である。カーニバル・マンデーの早朝、ジュベ（本章1(4)と同じ時間帯には、トリニダード島北西部のパラミンで「パラミン・ジャブ大会」が開催される。「ジャブ」とは、クレオール語（異なる言語を話す商人らなどの間で自然に作り上げられた言語（ピジン言語）で、その話者達の子供達の世代で母語として話されるようになった言語。TTの場合は、英語にアフリカの言語にフランス語の要素が混ざっている）で「悪魔」を意味する。

全身に青いペンキやタールや泥を塗り、悪魔のような出で立ちをした「ブルー・デビル」が腰に鎖などを巻き付け、熊手を引きずりながら街を練り歩く。中には、口から火を噴くパフォーマンスで観客の注意を引こうとする者もいる。ブルー・デビルはTTのカーニバルの名物となっている。

キッズ・カーニバル（2016年1月30日、ポート・オブ・スペイン、筆者撮影）

カーニバルの数週間前には、子供の仮装大会「キッズ・カーニバル」も開催される。カラフルな衣装に身を包んだ愛らしい子供たちに癒やされるのは間違いない。観客も家族連れが多いので、治安面の心配なく楽しむことができる。

衣装は、皆母親や家族の手作りで、材料費と衣装作りに相当な時間がかかっていることは一目瞭然である。だが、かなりの重量の衣装を背負いあるいは引きずらなければならない子供達も多い。会場のサバンナは屋外で、イベントは昼間に開催されるため、炎天下の中で延々と自分の出番を待たなくてはいけない。そのため、ステージに上がった途端、衣装の重さに耐えきれず半ば倒れそうになりながら歩かざるを得ない子供、体力が持たず失神してしまう子供も少なくない。私が見学した時も、3人ほどの子供が救急車で搬送されていた。

大人を対象とした仮装大会は「ディマンシュ・グラ」と呼ばれ、カーニバル直前の日曜日に開催される。

ディマンシュ・グラの優勝者（2011年3月12日、ポート・オブ・スペイン、筆者撮影）

「キッズ・カーニバル」よりも大がかりで、より洗練されている。かつての紅白歌合戦の小林幸子と美川憲一の衣装をさらに豪華にしたものをまとった人々が登場すると言えば分かりやすいだろうか。重く手の込んだ衣装とともにステージに進んで行かなければならないため、入場から退場まで時間がかかる上に、衣装によっては人手が必要になる。

最後には、女性部門の優勝者であるクイーンと男性部門の優勝者であるキングが選ばれる。選ばれたクイーンとキングは、他のイベントの優勝者とともにその年のカーニバルの顔になる。

このほか、カリプソの大会「カリプソ・モナーク」や「スティック・ファイト」（棒を使ったスポーツ。奴隷制時代に起源を持つ）」、「チャットニー・ソカ・モナーク」（本章2(4)）などがTTのカーニバルを代表するイベントとして知られている。

(4)「カーニバル・マンデー」の始まりを象徴するジュベ

カーニバルの初日「カーニバル・マンデー」は早朝から始まる。トリニダード島北西部パラミンでジャブ大会が開始されるのと同じ時間帯に、ポート・オブ・スペイン中心部、中西部チャグアナス中心部、南部サン・フェルナンド中心部で「ジュベ(J'ourvet)」と呼ばれるイベントが開催される。

ジュベは、フランス語で日を意味する「jour」と開くを意味する「ouvert」を合わせた言葉で夜明けを意味する。18世紀末にフランス人入植者が持ち込んだ祭りを起源とし、その後にアフリカ系の音楽や儀式が混ぜ合わされ現在の形となった。

現代の一般的なジュベは、大音量のスピーカーを搭載したトラックの周りをお揃いの衣装や小道具に身を包んだ参加者が飲み物を片手に練り歩き、その際参加者同士で泥やペンキ、チョコレートなどを掛け合うというものである。このほか、政治的な意味合いを込めたプラカードを掲げながら実施するジュベもある。

ジュベ（2013年2月10日、ポート・オブ・スペイン、筆者撮影）

一般的なジュベの場合は、バンドに所属し、同じ色のTシャツを着た集団で決められたルートを回る。あらかじめ申し込みをすると、当日の1週間前頃に指定の場所でTシャツやマグカップ、ウィッグなどの小道具、その他備品（医薬品や避妊具）が支給される。費用は大体300トリニダード・トバゴ（TT）ドル（約5000円）程度。当日には、軽食とドリンク（アルコール含む）が支給され、ドリンクについては在庫切れになるまで飲むことができる。有名なバンドは、ポート・オブ・スペインの「レッド・アンツ（Red Ants）」、「ココア・デビル（Cocoa Devil）」などで年末頃から申し込みを開始するが、早めに申し込みしないと定員に達し締め切られる。

当日は、午前4時頃に指定の場所に集合するよう指示があるため、2時台あるいは3時台には起床しなくてはいけない。ポート・オブ・スペインの場合は、ダウンタウンやセント・ジェームス、市内中心部の公園のサバンナ周辺が集合場所となることが多い。集合場所には、大音量のスピーカーを搭載したトラック、朝食やドリンクを提供するトラックが待ち構えており、参加者は開始前から踊ったり、泥やペンキ、チョコレートなど（バンドによって何を使うかは異なる）を体に擦りつけたりして準備する。女性の場合は、支給されたTシャツをあらかじめ短く切ったり結んだり、と自己流にアレンジしオシャレを楽しんでいる。

時間になると、トラックとともにバンド全体が進みだす。規模が大きなバンドになると参加者数は数千人にも達するのではぐれることはまずない。また、バンドの周りにはロープを持った警備員が配置されており、部外者が入れないようになっている。基本的には、この集団とともに大音量のソカ（本章2⑶）を聞きながら、飲み物片手に前進していく。酒に酔った参加者は当然ながら気分が高揚するため、周りの参加者と腰を擦りつける動きであるワインを楽しんだり、泥やペンキ、チョコレートなどをほかの参加者にかけたりと、無邪気にはしゃぎ出す。突然ほかの参加者から泥やペンキなどをかけられることもあるが、汚れることは当たり前、むしろ思い切って汚れてしまおうといった開き直りの心が必要である。同じようなルートを回るほかのバンドの中にもいたずら心に溢れた参加者がおり、他のバンドの参加者や見物人をめがけて泥やペンキを投げつける。何種類ものペンキやチョコレート、泥などにまみれる者、自ら進んで汚れに行く者もいる。中には、ビールやその他のドリンクを掛け合う参加者もいる。全身が汚れ、体からアルコール臭をさせ、大笑いしながらひたすら歩き続ける。

こうしているうちに夜明けが訪れ、急に日差しが強くなる。ジュベは午前9時頃まで続くが、日が出てくると離脱者が増え始める。

ジュベのルートにある道路や建築物、車は、泥やペンキ、チョコレートなどで汚れる。泥やチョコレートであればすぐに落ちるが、ペンキはなかなか落ちないので厄介である。ポート・オブ・スペインの場合、在外公館や政府庁舎、高級住宅街が並ぶセント・クレアがジュベの通り道あるいは集合場所になることが多いため、ジュベの後はペンキや泥で汚れている。私の元職場の外壁も毎年ペンキで汚されていた。

ジュベはまだ日が出ていない時間帯に行われる。参加費用はカーニバルのパレードと比較すると一桁近くも異なる。体を絞ったり、化粧をしたり、アクセサリーやブーツを買ったりといった面倒もないため、カーニバルのパレードよりも参加しやすい。

最も参加者数が多いのは、ポート・オブ・スペインのジュベであり、外国人観光客の割合が高い。地元住民によれば、チャグアナスやサン・フェルナンドのジュベの方がよりワイルドで面白いとのことだが、セキュリティ面に問題があるため、現地事情に不慣れな外国人が参加することは勧められないようだ。

⑸　2日続くカーニバルのパレード

①　お金も手間もかかるカーニバル衣装

「カーニバル・マンデー」と「カーニバル・チューズデイ」の2日にわたって行われるカーニバ

ル・バンドのパレードは、カーニバルのクライマックスを構成する一大イベントである。当日は、全国の主要都市でパレードが開催されるが、最も参加者数が多く盛り上がるのはポート・オブ・スペインのパレードである。

パレードに向けた準備は半年以上前から始まる。翌年のパレードに参加することに決めた人々は、カーニバル・バンドに申し込み、体作りのためジム通いに力を入れ出す。

カーニバル・マンデイのパレードでワインをするカップル（2012年2月20日、ポート・オブ・スペイン、筆者撮影）

有名なバンドは、「アイランド・ピープル（Island People）」、「トライブ（Tribe）」、「ユマ（Yuma）」、「ファンタジー（Fantasy）」、「ハーツ（Harts）」、「ブリス（Bliss）」であり、参加者数が多く、サービスも充実しているため、地元民だけではなく外国人からも人気が高い。

カーニバル・バンドの参加料は、バンドによって異なるが、前記の有名どころのバンドの場合、最低3500トリニダード・トバゴ（TT）ドル（約6万円）はかかるため、決して安い買い物ではない。カーニバル前後の複数のフェテに足を運びパレードにも参加するとなると、最低でも合計で10万円近くに達する。このため、金融機関ではカーニバル・ローンを用意している。例えば、イースタン信用組合の2014年の広告を見ると、5000TTドル（約8万5000円）から2万5000TTドル（約42万5000円）までのカーニバル・ローンのパッケージを用意している。手軽に融資を受けられることを売り物にしているが、利子は高額で年率2ケタに上ることもある。

毎年カーニバル・ローンを借りるような生活を送ると、借金の返済で苦しむことは目に見えている。とはいえ、普段の生活で娯楽に乏しく、自己顕示欲、自己承認欲求を満たしたり、うっ憤を晴らしたりする機会が少ないTT人にとって、カーニバル期間中は自分の魅力をアピールし、音楽や踊りに身を任せて弾けることができる貴重な機会である。

カーニバル・パレードの参加料は、衣装の飾りが複雑で縫製にも手間がかかる女性の方が高額になる。凝った衣装で、背中に大きな羽を背負ったり、きらびやかなヘッド・ピースをつけたりするフロント・ライン、ビキニあるいはモノキニ・タイプのシンプルな衣装で、頭や背中の飾りが少ないバック・ラインの二種類があり、後者の方が安い。フロント・ラインの衣装は、バンドによっては、20万円近くするもの、一点もののこともある。バンド側から依頼を受けたモデルや容姿に恵まれた女性、金銭的に余裕がある女性がフロント・ラインの衣装を選ぶことが多い。大規模バンドの場合は、衣装のバリエーションが豊富で、ポッチャリ型の女性、肌の露出をできるだけ控えたい女性にも合うような衣装が揃っている。

申し込みの際にサイズを測り、頭金を払う。キャンセル・変更は不可なため、サイズを測った後は絶対に太れない。万が一キャンセルすることになった場合は、同じ体型の人に買い取ってもらうか、寄付したつもりで断念するしかない。

これに対し、男性の衣装は、短パンが基本で、これにヘッド・ピースや腕輪をするというシンプルなもので、サイズに頭を悩ますことはない。

私は、２０１４年に友人に誘われて初めてカーニバルのパレードに参加した。登録したバンドは、先述の大御所よりも格下だがそれなりに知名度を誇る「パッション（Passion）」。半年前に頭金を支払い、サイズを測定した。当日の1週間前に衣装の引き渡しというスケジュールだったが、衣装の縫製が間に合わず二度三度と延期になり、やっとのことで衣装を手にしたのは前日であった。衣装は作りが雑な上に寸法が全く合っておらず、その場で大急ぎで縫い直しを依頼せねばならなかった。私と同じ色の衣装を選んだ知人も同じ目に遭っていたほか、他の色の衣装を選んだ友人はオプションで頼んだ背中の羽が届かないなど、出だしからトラブル続きであった。

また、女性の場合は、衣装に合うアクセサリーやブーツ、化粧品を自分で調達しなくてはならない。ブーツを販売している靴屋は限られているため、変わった色の衣装を頼むとブーツ探しに苦労する。

② 熱狂に包まれる参加型カーニバル

前述のとおりパレードは、カーニバル・マンデーとカーニバル・チューズデイの2日間にわたって行われる。前者は予行練習のようなもので、衣装をフル装備しないのに対し（大抵はバンドから支給されたTシャツやタンクトップを着用）、後者ではきらびやかな衣装を着て、カーニバルの熱狂ぶりを思う存分堪能できるという違いがある。参加者も見物客も楽しめるのは後者であることは言うまでもない。実際、後者の方が見物客が圧倒的に多い。

チームとしての一体感や芸術性が問われるリオやベネチアのカーニバルとは異なり、トリニダード・トバゴ（TT）のカーニバルは参加型カーニバルと言われている。自分の所属バンド単位で行動することが基本であるものの、決められた振り付けや立ち位置はなく、それぞれ飲み物片手に思い思いに踊ったり騒いだりしている。疲れたらスピーカーを搭載するバンドのトラックの上や道端で休憩することも可能で、万が一自分が所属するバンドのメンバーとはぐれたとしても集団はゆっくり進んでいくため、後で追いつくことが簡単である。両日とも午前7時頃から午後9時頃までパレードが開催されるが、途中で疲れたり帰宅したくなったりした場合は、いつでも離脱可能である。

カーニバル当日は晴天のことが多く、炎天下の中長時間立ちっぱなしでパレードを見るのはよほど体力に自信がない限り厳しい。バンドに所属している者には簡易便所も食事も用意されているが、見物客は当然ながら自分で見つけなければならない。パレードに参加している友人や知人を発見したり、セクシーな衣装をまとった美女との写真を撮影したり、数バンドのパレードを見学したりした後は帰宅する者が多い。

カーニバル・チューズデイのパレード（2015年2月17日、ポート・オブ・スペイン、筆者撮影）

パレードのルートでは大音量のスピーカーを乗せたトラックが次々と通り、鼓膜が破れそうなほどの爆音が鳴り響いている。車や建造物の窓やドアが爆音で揺れるほどである。私の元上司や元同僚は、カーニバル当日に出勤していたこともあったが、あまりにも外がうるさすぎで仕事にならないと、途中で作業を中断し帰宅していた。見物客には子供も多いが、爆音やバンド参加者の卑猥な動きは子供の健康や教育に良くないと考える者は少なくない。また、カーニバル期間中、カーニバルを嫌う層は、海外に旅行したり、ビーチなどで静かに過ごしたりする。

ポート・オブ・スペインのカーニバルの場合、両日とも午前7時頃にダウンタウンに集合し、最初の審査会場になるサバンナのステージに上がるまで整列したまま待機する。一つのバンドの審査時間は短時間だが、大規模バンドになると参加者が揃い整列するまでに時間を要する。各バンドがステージに立つ時間帯は読めず、大体数時間は待機する羽目になる。その間サバンナの入口近辺にカメラを構えた見物客やメディア関係者が待ち構えているため、写真撮影に応じるというのが恒例になっている。

私はステージに上がる前までの待機時間が長時間に及ぶことを承知しておらず、当日は待ちくたびれてしまった。日差しが増す時間帯であるため、この数時間だけでもかなりの日焼けをする。ステージにはバンドのリーダーや係員の合図で皆一斉に駆け上がる。スタンド席では審査員のほか、有料のチケットで入場した観客がステージを眺めている。審査の間参加者は思いっきり飛んだり跳ねたりと無邪気にはしゃぎ回っている。この間テレビ生中継されており、目立つ動きをする参加者はすぐにカメラに捉えられる。

サバンナのステージでの審査が終わると、各バンドに割り当てられたルートに沿って前進する。以降は、飲む・騒ぐ・踊るの繰り返しである。昼食時だけ公園で休憩し、バンドから支給された弁当を食べ、化粧直しする。

サバンナ、ウッドブルック、ダウンタウン、アリアピタ通りは見物客で溢れ大混雑する。車社会のTTでは、普段各都市の中心部以外で群集を見ることはないため、あまりの人間の多さに圧倒され、そこにいるだけで疲労困憊する。参加者にも見物客にも地元民だけではなく、外国人が多く混じっており、米国人や英国人、カナダ人やベネズエラ人のほか、日本人もいる。

見物客としてパレードを鑑賞していると、工夫とデザインを凝らした色鮮やかな衣装を多く目にすることができるので、それだけでも気分が高揚する。自分の魅力を引き出してくれる華やかな衣装を身にまとい勝ち誇ったような態度で思う存分楽しんでいる参加者の姿を目にすると羨望感が沸き、いつか自分もカーニバルに出たいと思うようである。

昼食終了後は、第2の審査ポイントのアリアピタ通りの会場を目指して進むが、そこに辿りつくまでも時間がかかる。アルコールが入り陽気になった参加者は、パワー全開で踊ったり跳ねたりしているが、あまりの日差しの強さに疲れを隠せなくなる者も出てくる。

最近では、ビキニタイプで露出の多い衣装がカーニバルの衣装として定着しているが、英領時代を髣髴とさせる衣装、中国風の衣装、先住民系の衣装も目にすることができる。

パレードの参加者は、事前にダイエットに励むものの、実際には、年輩でポッチャリ型の参加者も大勢参加している。日本であれば、既婚者や中高年、体型が崩れた者が露出度の高い衣装をまとって公共の場に出ると、「自分の立場や年齢をわきまえていない」「恥知らず」と批判や嘲笑の的になる。しかし、このような見方はTTのカーニバルでは通じない。美女や完璧なスタイルを持つ参加者にさえ、完璧に衣装とメイクを施しても、汗や激しい動きでメイクが落ち、衣装が外れ、ストッキングが破れるなどのハプニングは付き物である。

カーニバルの狂乱は深夜まで続く。この頃には既に大半のカーニバル・バンドが解散しているが、体力の有り余った参加者は通りでストリート・パーティーを繰り広げる。これに、スティールパン・バンドを乗せたトラックも加わり、スピーカーから流れるソカとスティール・パンの音色が同時に町中に鳴り響く。

③ 狂乱から明けた翌日以降の様子

カーニバル・チューズデイ翌日の「灰の水曜日」には仕事も学校も再開するが、カーニバル参加者にとってはそれまでの疲れがどっと出てきて燃え尽きてしまう日でもある。この日にも休暇を取り、ビーチで静かに過ごす者が多い。

驚くことに、カーニバル期間中に町中に散らばっていたごみがこの日には跡形もなく消えている。これは、深夜の間に政府の失業対策プログラムで雇用されている掃除人が一斉に清掃していることを意味する。

カーニバル翌日からしばらくは新聞紙面でカーニバル・パレードの模様が写真付きで特集される。また、カーニバル関連イベント全てを回想する冊子が付録として付く。政治や経済、治安に関するニュースよりもカーニバルに関するニュースの方が多くなる。

カーニバル・パレード中に審査ポイントで一番多く曲がかけられたアーティストには「ロード・マーチ（Road March）」が、審査の結果高評価を得たカーニバル・バンドには「バンド・オブ・イヤー（Band of Year）」と呼ばれる最優秀バンド賞が贈られる。

大規模なカーニバル・バンドは、自身のバンドの雑誌を発行し、参加者の写真を掲載する。イベント・サイトも各カーニバル・イベントの写真を一斉公表する。トリニダード・トバゴ（TT）のイベント全般に言えることだが、同国では肖像権の概念が定着しておらず、メディアに撮られた写真は、ネットや新聞などで一般公開されるのが当たり前となっている。イベント参加者もそれを承知しており、カーニバル期間中はメディアの関心を引くために故意に露出度の高い服をまとったり、目立つ動きをしたりする者も多い。

カーニバル関連イベントは、相当の体力と金を要するが、参加する価値はある。ただし、外国人の場合は、スリや強盗、痴漢やレイプといった犯罪に遭遇するリスクが高まる。アルコールや麻薬も平時以上に蔓延する。集団で参加し単独行動を避けることは必須であるほか、迷惑行為をする者、目つきが悪い者を見かけた場合はすぐにそこから離れる、初めから馴れ馴れしい者（特に異性）に心を開かないなどを心がけなければならない。

2　多彩な音楽

音楽とダンスは、トリニダード・トバゴ（TT）の生活に欠かせない要素で、TT人は全員生まれた時から音楽とダンスに囲まれた生活を送っている。彼らは、一般の日本人が真似することのできない腰や肩のムーブメント、卑猥な動きでさえもいとも簡単にこなす。有名なリンボー・ダンスはここで誕生した。このほかにも、数々のイベントでアフリカ系やインド系、フレンチ・クレオール系のダンス、ラテンダンスを目にする。

音楽に関し、TTは、スティール・パンの発祥地として知られているだけでなく、カリプソやソカをはじめ次々と新しい音楽ジャンルを生み出しており、その多彩さは世界トップレベルと言えるであろう。ここでは代表的なものを取り上げたい。

(1) 20世紀最後のアコースティック楽器スティール・パン

日本でも愛好家が増えているスティール・パン（steelpan）は、ドラム缶から作られた打楽器で音階を持つ。スティール・ドラム（steel drum）とも呼ばれている。

1930年代、当時の宗主国であった英国により、ドラムなどの楽器の使用を禁止されたアフリカ系の人々が、身近な空き缶などを楽器として使用し始めたところ、叩く場所によって音階が異なることに気が付いたことが始まりで、その後石油のドラム缶に改良が加えられ、現在のスティール・パンが誕生した。

スティール・パンの製造は手作業で、ドラム缶の底をハンマーで叩き凹ませ音をつける。側面をカットし長さを調節することで音域が変わる。最後に、ハンマーを使って、配置した音それぞれを調律していく。音の打面が小さい程高い音、打面が大きいほど低い音が出る仕組みになっている。素人が製造・調律を行うのは至難の業で、プロの技術者に依頼する必要がある。

スティール・パンの演奏（2011年3月8日、ポート・オブ・スペイン、筆者撮影）

側面が短いスティール・パンでも重さは10キログラム近くあり、運搬には車が必要になる。誤って落としたりぶつけたりすると調律が狂うこともあるため、慎重に扱わなければならない。

トリニダード・トバゴ（TT）の「国民楽器」ということで、様々なイベントでスティール・パンの演奏を耳にする機会があるが、最も注目されるのはやはりカーニバルの時期になる。年が明けると全国各地でいろいろなバンドがスティール・パンの全国大会「パノラマ」で優勝に向けて、パンの練習場パン・ヤード（pan yard）で練習を開始する。練習は大抵夜に行われるため、スティール・パン愛好家は、仕事が終わった後などに複数のパンヤードをハシゴして練習風景を見学したり、知人の演奏家を激励したりする。

「パノラマ」以外にもトリニダード島北西部のセント・ジェームスで実施される「We beat」などがお馴染みのイベントとして知られている。

パノラマ決勝（2012年2月18日、ポート・オブ・スペイン、筆者撮影）

TTで最も巨大なコングロマリット（複合企業）の一つマッシー・グループがスポンサーを務める「トリニダード・オール・スターズ」、国営石油会社のペトロトリンがスポンサーを務める「フェーズⅡ」、エネルギー企業のPCSナイトロジェン社がスポンサーを務める「シルバー・スターズ」などが代表的なバンドである。

スティール・パンは、TT出身の移民とともに米国や英国、カナダにも広まり、現在はニューヨークのブルックリンで9月に開催されるカリブ地域出身の移民が参加するカーニバル、8月にロンドンのノッティング・ヒルで行われるカーニバルに欠かせない存在となっている。

ポピュラー音楽では、ジョン・レノンやビーチ・ボーイズなどがスティール・パンの音色を取り入れたことで知られている。

日本でも愛好家や演奏家が増えており、スティール・パンがきっかけでTTを訪問した者も多い。スティール・パンと日本のつながりについては、7章5で説明する。

(2) 大衆音楽カリプソ

カリプソ（Calypso）は、4分の2拍子の音楽で、アフリカから奴隷として連れてこられた人々のコミュニケーション・ツールとしての音楽に起源を持つ。これにフランス音楽の要素が加わり、カリプソの原型になった。20世紀に入ってからは、時事ネタを盛り込んだ歌詞により国内のニュースを広める手段として普及、カーニバルでは行進曲として使われるようになり、周辺のカリブ諸国にも広まっていった。リズミカルでハーモニーをふんだんに取り入れたサウンド、政治を風刺する歌詞が特徴である。

1930年代にカリプソを世界に広めたロード・キッチナー（1922〜2000）は、2000年に息を引き取るまで曲を発表し続け、最も長く活躍したカリプソ歌手として歴史に刻まれている。1940年代に米国のアンドリュー・シスターズがロードの曲「ラム・アンド・コカ・コーラ」をカバーするとこれが大ヒットを記録、カリプソとともにトリニダード島の存在も知られることとなった。1950年代中旬には、ジャマイカと仏領マルティニークに出自を持つ米国のハリー・ベラフォンテ（1927〜）が「バナナ・ボート・ソング」で大成功を収め、カリプソの知名度がさらに上がった。この曲は、日本で最も知られているカリプソの曲である。ベラフォンテの曲は、ハリウッド映画の「ビートルジュース（原題：Beetlejuice）」（1988年）でも使用された。また、1950年代には、マイティ・スパロウ（本名スリンジャー・フランシスコ）（1935〜）も国際的に成功を収めた。マイティは、その後も次々とヒット曲を送り出し、1970年代にソカ（後述）が台頭した後は、ソカも取り入れるようになった。国内ではカリプソの全国大会である「カリプソ・モナーク」で何度も優勝するとともに、カーニバル・バンドの審査場で最も曲をかけられた歌手に贈られるロード・マーチでも受賞、海外では米国や英国、アフリカなどでコンサートを行い、海外の観客を惹きつけた。

カリプソは、現在では世界でカリブ地域を代表する音楽、夏や海を連想させる音楽として知られており、カリプソを取り入れたディズニー映画の「リトル・マーメード（原題：The Little Mermaid）」の挿入歌「アンダー・ザ・シー（Under the Sea）」はアカデミー歌曲賞に輝いた。

私は、赴任して間もない頃にカリプソの全国大会に足を運んだことがある。歌手のほとんどが中高年の男性なのだが、リズミカルな曲調に加え、韻を踏み、風刺に満ちた歌詞は、カリプソやトリニダード・トバゴ（TT）の政治状況に関する知識がまだ浅かった当時の私でも十分楽しむことができた。それ以上に感心したのは、即興で歌うカリプソ歌手の頭の回転の速さと度胸、リズム感の良さである。アドリブを入れつつも韻を踏んだ歌詞にしたり、ジョークを交えたりと、歌手とコメディアンの両方の顔を備えていると感じた。

ウィンストン・ピーターズ芸術・文化大臣（当時）が同大会のゲストとして出席していたのだが、実は同大臣は「ジプシー（Gypsy）」の芸名で知られるカリプソ歌手としても知られている。大会の終盤、同大臣は、主催者からの要望に応える形で即興でカリプソを披露し、大いに会場を盛り上げた。全身白のスーツに身を固め上機嫌に歌う同大臣の姿を目の当たりにし、こうして閣僚が歌ったり踊ったりすることができるのもTTならではなのだということを知った。

⑶ 若者を中心に人気のソカ

ソカ（Soca）は、「ソウル・オブ・カリプソ（Soul of Calypso）」の略で1970年代に誕生した。カリプソにインド音楽、ソウルやファンクなどの要素を混ぜ合わせて作られ、時代とともに進化した。基本リズムは4分の4拍子、4分の2拍子で、パーカッションの打ち込みと覚えやすいメロディが特徴的である。ソカから派生した、インド系のチャットニー・ソカ（Chutney Soca 後述）、ラテン系の要素を取り入れたパラン・ソカ（Parang Soca）も有名である。

ソカの新曲がリリースされるのは毎年10月以降で、カーニバルの時期になると毎日のようにソカを耳にする。歌詞は、カーニバルや腰を突き出す動きであるワイン、男女関係をテーマにしたものが大半を占める。

ソカ歌手の中で現在圧倒的な人気を誇るのは、マーシャル・モンターノ（1974〜）。幼少の頃から歌手として活躍し、トリニダード・トバゴ（TT）の顔として知られている。出す曲全てが大ヒットを記録し、カーニバルの時期にはマーシャルの曲を耳にしない日がないほどである。国際ソカ・モナークでは優勝候補の常連で、アップテンポで力強い曲が集まるパワー・ソカ部門とスローテンポでメロディアスな曲が集まるグルービー・ソカ部門の両方で王者に輝いたこともある。メロディアスな曲調と妥協を許さないパワー全開のパフォーマンスが人気で、彼が出演するイベントは常に大盛況、特に毎年カーニバルの前の週の月曜日に開催される「マーシャル・マンデー」は、マーシャルのほか国内外の豪華ゲストが登場することもあり、絶大な人気を誇る。

なお、マーシャルは、米国のピットブルやジャマイカのショーン・ポールと共演した実績を持ち、

ＴＴ人の移民の人口が多い英語圏の先進国やカリブ地域でも知名度が高い。世界的スーパースターになる可能性を秘めた歌手とも言われている。

日本のレゲエ歌手MINMI《ミンミ》が２００７年に「シャナナ☆」をリリースした時は、共演者としてMINMIのＴＴ進出を後押しした。

マーシャルは、２０１７年8月には初来日を果たし、高知のよさこい祭りに参加したほか、東京と名古屋でライブを開催した。来日の様子を記録した動画は２０１７年9月の時点で30万回以上再生され、日本とＴＴの交流を促進したほか、外国人による日本文化への関心向上にも貢献した。

「ケス・ザ・バンド」（以下ＫＥＳ）もまた、マーシャルと並び海外でも知られている。ヴォーカルを務めるキース、ドラムを担当するハンズ、ギター奏者のジョンのディエッフェンサラー3兄弟、ベースを担当するリアド・ブーチョーンの4人から成るバンドで、他のソカ・アーティストとは一線を画したポップ志向のサウンド、キースの個性的で洒落たファッション、色気溢れる出で立ちが売り物で、女性にファンが多い。毎年カーニバル前の火曜日に、「チューズデイ・オン・ザ・ロックス」というコンサートを開催しており、「マーシャル・マンデー」と同様、国内外の有名アーティストをゲストとして迎えている。

マーシャル・モンターノ（ガーディアンのウェブサイト http://www.guardian.co.tt/news/2018-02-14/machel-i-am-best-health より）

KESは2011年に来日し、渋谷のクラブでライブを開催した実績も持つ。日本のTT愛好者の間でも人気が高い。

2013年「ディファレントロジー」で大ヒットを飛ばし、その人気が国境を越え米国のソウル・トレイン・ミュージック賞のベスト国際パフォーマンス部門に輝いたブンジ・ガーリン（本名はイアン・アントニオ・アルバレス）（1978～）もまた人気ソカ歌手の一人で、夫人で同じくソカ歌手のフェイ＝アン・リオンズ（1980～）とともにおしどり夫婦として知られている。

女性では、ラバンティル出身で「お祭りの女王（Queen of Bacchanal）」の異名をとるデストラ・ガルシア（1978～）が人気である。豊満なボディから発せられる力強い歌声、セクシーなファッションと頻繁に変わる髪型が魅力で、発表する曲はどれもヒットしている。国際ソカ・モナークの常連でもある。スティール・パン発祥の地ラバンティル出身ということで、彼女の曲をスティール・パンの全国大会「パノラマ」の演奏曲として使うバンドも多い。

デストラは、スティール・パン・バンドに所属する日本人スティール・パン奏者とも交流し、国際ソカ・モナークでのパフォーマンスの最中に日本人のスティール・パン関係者を登場させるというサプライズ演出をしたこともある。

ブンジの親族にあたるパトリース・ロバーツ（1986～）もカーニバル・シーズンを盛り上げるソカ歌手の一人であり、ハスキーな独特の歌声、時に過激なファッションを売り物としている。マーシャル率いるバンド、マーシャル・モンターノHDとともに演奏し、マーシャル関連のイベントに参加することが多い。2013年に発表した「ア・リトル・ワイン」は同年の代表曲になり、未だに頻繁に耳にすることが多いほど人気を誇っている。

このほか、2011年の「トリニ」（私が「もう一つのTT国歌」と呼んでもよいと考えているほど大ヒットした）を歌ったベンジャイ（本名はロドニー・ル＝ブラン）（1976〜）、かつてはカーニバル前の水曜日に「アイワ・ウェンズデー」という名のコンサートを開催し、今も中高年の間で人気を誇るアイワ・ジョージ（1966〜）、フェイ＝アンの父親で、これまでにロード・マーチを何度も受賞したスーパーブルー（本名はオースティン・リオンズ）（1956〜）、メロディアスで優しい歌声が特徴的で2014年の国際ソカ・モナークで初めてグルービー・ソカ部門の王者に輝いたカーウィン・デュ＝ボワ（1977〜）などが知られている。

(4) インド系社会から生まれたチャットニー・ソカ

ソカから派生したものの中で、広く親しまれているのは、インド色が強いチャットニー・ソカ(Chutney Soca)である。ヒンディー語、インド北部で話されているボパール語を交えた歌詞、タッサのほかに、インド太鼓ドーラク、パーカッションのダンタルなどの楽器を使用するのが特徴である。半音階を駆使した歌唱法、浮遊感漂う歌唱法を駆使している曲が多い。私の元同僚は、「チャットニー・ソカは日本の演歌を聴いているみたいだ」と言っていたことがあるが、確かにチャットニー・ソカ歌手の歌唱法は演歌の歌唱法に似ている。

ソカは、トリニダード・トバゴ（TT）のどの人種にも受け入れられているが、チャットニー・ソカの愛好家の大半はインド系で、チャットニー・ソカ関連のイベントでインド系以外の地元民を見かけることはほとんどない。

チャットニー・ソカ最大のイベントは、カーニバルの時期にトリニダード島で開催される

ドゥルパティー・ラムグーナイ（ガーディアンのウェブサイト http://www.guardian.co.tt/news/2011/02/01/radhica-singer-out-chutney-soca-semis より）

「チャットニー・ソカ・モナーク」で、観客による投票や審査員による審査で選ばれた歌手がステージ上で歌を競い合う。ソカ・モナークのチャットニー・ソカ版と言えば分かりやすいだろうか。ソカ・モナークと比較すると規模は小さく、観客はほぼインド系に限られるが、その年に流行したチャットニー・ソカの曲をまとめて聴くことができるだけでなく、中にはド派手な演出で会場を盛り上げるアーティストもいるため、毎年このイベントに通う熱心な人もいる。決勝になると、それなりに警備が厳しくなるが、それより前の段階では警備が緩いため、酒に酔った者同士がケンカを始めたり、最悪の場合はなたやナイフを振り回して大暴れしたりすることもあるため、治安には注意が必要のようだ。

チャットニー・ソカ歌手のスーパースターとしては、チャットニー・ソカの名付け親であるドゥルパティー・ラムグーナイ（1958〜）が最も有名である。ドゥルパティーは幼少時からインド本国の文化に親しみ、当時からTT国内のインド関連イベントに出演、「ミスター・ビセッサー（ロール・アップ・デ・タッサ）」（1991）で知名度を上げ、チャットニー・ソカの人気を全国レベルまで押し上げた。このほか、「ペッパー」（1989）、「ホッター・ザン・ア・チュルハ」（1989）などのヒット曲があり、チャットニー・ソカの女王となった。最近では、ソカのスーパースターであるマーシャル・モンターノと共演した「インディアン・ギャル」（2013）で健在ぶりをアピールした。ドゥルパティーのほかには、これまでチャットニー・ソカ・モナークで5回以上も優勝したリッキー・ジャイ（本名はサムラジ・ジャイムンガル）（1962〜）、インド系のラジオ局のパーソナリティとしても活躍し、キャッチーなメロディを持つ楽曲でインド系社会だけではなく国内全域で知名度を誇るラビB（本名はラビ・ビッサンバール）（1982〜）とその妹のニーシャB（本名はニーシャ・ビッサンバール）（生年月日不明）などが人気を博している。ビッサンバール兄弟は、他の兄弟とともにカーマというバンドを結成し、カーニバルの時期以外のイベントにも出演している。

チャットニー・ソカの歌詞も普通のソカの歌詞と同様、男女関係や飲酒をテーマにしたものが多いが、厳格なヒンドゥー教徒など保守的な立場を取る者が多いインド系社会の中には、国民のアルコール依存や無節操を煽っているとチャットニー・ソカを批判する人々もいる。これを受けて、最近はあからさまにアルコールやセックスを称賛するような歌詞はできるだけ避けるなど注意が払われているようだ。

(5) クリスマスに欠かせないパラン

トリニダード・トバゴ（TT）では、10月下旬頃からクリスマス・シーズンに突入する。この時期によく耳にする音楽は、パラン（Parang）である。パランは、ベネズエラ系の移民がもたらした音楽を起源としている。パランという語もスペイン語でばか騒ぎを意味する「パランダ（Parranda）」にちなんでいる。ベネズエラ移民の子孫や先住民系が多いトリニダード島東部のアリマやロピノで盛んな音楽で、クリスマス時期にはこれらの地域でロピノ関連のイベントが開催される。中でもTT全国パラン協会が主催するパランの全国大会は毎年恒例のイベントとして知られている。

構成としては、ヴォーカル、コーラス、ギター、4弦ギターのクアトロ（cuatro）、マラカス、箱に入った弦を奏でるボックス・ベース（box bass）、タマネギ型ギターのバンドル（bandol）、2本の木の棒を打ち合わせて使う打楽器クラベスが基本で、これにマンドリンやバイオリンなどが加わることもある。パラン奏者は、「パランデーロ（parrandero）」と呼ばれている。曲はスペイン語で歌われることが多く、イベントでは、場を盛り上げるために日本でもお馴染みのメキシコの曲「ラ・バンバ」やラテン系歌手のヒット曲も演奏する。

ステージでは、色鮮やかな可愛らしい衣装に身を包んだ複数の女性が踊りながら歌を披露する。かなり体力を消耗する演奏だが、彼女たちの元気一杯のパフォーマンスが終わることはない。そのうちバックで楽器を演奏しているパランデーロ、観客も彼女たちとともに踊り出す。

かつては、パランデーロがクリスマスの時期に各家庭を訪問し演奏する習慣があった。しかし、治安が悪化し、隣人でさえも信用できないと考える者が多い現在、この伝統を維持するのは困難となりつつある。

代表的なパラン・バンドとしては、ララ・ブラザーズが知られている。ティト、ビクトル、アントニオ、そしてウィリーの4兄弟から成るこのバンドは60年以上にもわたってパランを演奏した。ララ・ブラザーズのCDは日本でも販売されている。

このほか、西インド諸島大学（UWI）セント・オーガスティン校で結成されたロス・パランデーロス・デ・ユーウィ、ロス・アルムーノス・デ・サン・フアンなどのバンドが活動している。

私にとってパランは思い出深い音楽である。2016年4月に亡くなった友人、ジョーンがパランデーロだったためである。ジョーンは、トリニダード島東部のロピノに生まれ、幼い頃から家族で結成したバンドでクアトロ奏者として活躍、TTのパランの世界では顔が広い人物であった。ジョーンは2015年の後半から体調が悪化、精密検査を受けた結果肺がんのステージ4の段階にあると診断され、その後は入退院を繰り返していた。私が見舞いに駆けつけようとした日の朝に亡くなり、「なぜもっと早く会いに行かなかったのだろう」と悔しさと悲しみのあまり涙したことを未だに覚えている。

カトリック教会で行われたジョーンの葬儀では、参列者が棺の前でジョーンに別れの挨拶をしている間、彼女の家族や友人が有名なパランの曲を繰り返し演奏していた。演奏が始まった途端、私は涙をこらえることができず大勢の人の前で大泣きしてしまった。

墓地での遺体の埋葬時もパランの演奏は続き、埋葬が完全に終了するまで止むことはなかった。日本の葬儀は慎ましく執り行われることが普通で、歌ったり踊ったりするのは無礼だと捉えられる。しかし、家族や仲間が悲しみをこらえながら、ジョーンが心から愛していた音楽、彼女の人生の一部であった音楽を演奏し、彼女の天国への旅立ちを見送っている様子を目にし、私としては感動を覚えずにはいられなかった。埋葬が完了した時、遺族が空に放った複数の風船が夕焼けの空に消えていったのが印象的であった。ジョーンは今も天国で先に旅立った家族とともにパランを演奏していることだろう。

私がTTを離任する直前、ジョーンのボーイフレンドとして最期まで（遺体埋葬完了まで）彼女の傍を離れなかったスティーブンが、ジョーンが所属していたロス・ブエノス・パランデーロスの最新のCDをくれた。ジャケットの写真は、ジョーンの体調が悪化した時に撮影されたものなので、残念ながら本人は写っていないが、いくつかの曲で彼女のクアトロの演奏を楽しむことができる。所々ヴォーカルの声が裏返ったり、楽器がミスしたりしている箇所もあり、恐らく一発録りのレコーディングだったのであろうが、逆にライブ感が溢れ、私のお気に入りのCDとなった。TTの思い出の品である。

3　生活・アイデンティティの一部となっている人種・エスニシティ・宗教

多文化社会トリニダード・トバゴ（TT）を形成しているのは、人種やエスニシティ、宗教で、これらをTT人の生活から切り離すことは不可能である。その証拠として、TTの祝日は、人種やエスニシティ、宗教にちなんだものが多い。

キリスト教関係では、カーニバルの2日間（毎年2月ないし3月の受難節直前の月曜日及び火曜日）、聖金曜日（毎年3月ないし4月のイースター直前の金曜日）、復活の月曜日（イースター直後の月曜日）、3月30日のシャウター・バプティスト・デイ（アフリカ系の要素を取り込んだキリスト教信者のための日）、聖体祭（毎年5月ないし6月の三位一体祭の週の木曜日）、クリスマス（12月25日）及びその翌日のボクシング・デイが祝日に指定されている。ヒンドゥー教関係ではディバリ（毎年10月ないし11月。インド暦の第7番目の月の初めの日）、イスラム教関係ではイード・アル・フィトル（毎年7月ないし8月。ラマダンの終わりを祝う日）が祝日になっている。人種やエスニシティ関係では、5月30日のインド人到着の日、8月1日の奴隷解放の日がある。こうしてみると、人種やエスニシティ、宗教にちなんだ休みが12日ある。ＴＴの祝日は全部で16日だが、このうちほとんどが人種やエスニシティ、宗教関連ということになる。

常夏のＴＴには日本のような四季はないが、人種やエスニシティ、宗教関連のイベントが多いため、こうしたイベントを通じて時季の変化を楽しんでいる。また、イベントごとに衣装も音楽も食べ物も変わり、五感をふんだんに駆使して楽しむことができる。

一般庶民だけではなく、閣僚や大企業関係者もこうした祝日の直前や当日に、その祝日に合わせた衣装をまとい尊敬の念を示すこと、関連イベントに出席することが期待されている。日本では閣僚や大企業関係者が和服やドレス姿で国会やオフィスに現れることはないが、ＴＴではいたって普通のことである。

普段の生活では、互いの宗教の存在を認め合い、それぞれの習慣を尊敬し合っている。例えば、インドのように、ヒンドゥー教徒とイスラム教徒が争うといったことは滅多に起きない。厳格な家では同じ宗教を信仰する相手と交際・結婚するよう圧力がかかることもあるが、異宗教間の交際・結婚は珍しいことではない。

(1) キリスト教関連の文化とイベント

① 信者数が最も多いキリスト教徒

スペイン、オランダ、フランス、英国の影響を強く受けてきたトリニダード・トバゴ（ＴＴ）の文化には、キリスト教の要素が根強い。

２０１１年の国勢調査によれば、ＴＴのキリスト教徒の人口は72万５８７７人である。[*1] 国民の半

カトリック教会（2013年12月25日、トリニダード島セント・アンズ、筆者撮影）

数以上がキリスト教徒ということになる。キリスト教徒のうち最も人口が多いのは、カトリックで（28万5671人）、これにペンテコステ派（15万9033人）、バプティスト派（9万953人）、英国教会系（7万4994人）、セブンス・デイ・アドベンティスト（5万4156人）などが続く。[*2]

TTにはどの街に行っても必ず教会があり、土曜日曜になると、周辺はミサに集まった人々の姿で賑わう。私も何回かカトリックのミサに出席したことがあるが、日本や米国、フィリピンのカトリック教会のミサと比べると、歌を歌う回数が多く、神父による説教の時間も長く2時間近くかかる。しかし、熱心な信者にとって週末にミサに行くことは幼い頃からの習慣であり、逆にミサを逃すと不安になるようだ。

SNSでも聖書の一節を引用したり、キリストや聖母マリアの画像を投稿する者が多い。

教会は神との対話の場であると当時に、社交場でもある。教会では頻繁にチャリティ・イベントや親睦イベントが開かれており、教会を基盤として人間関係を形成している人が多いことが分かる。

② キリスト教徒の一大イベント —— イースターとクリスマス

キリスト教徒にとって最も重要なイベントは、イースター（復活祭）である。受難節の始まりである灰の水曜日（カーニバルの翌日）からイースターまでは、一年の行いの反省の時期として捉えられている。この時期になると、肉類の摂取を控え、タンパク質は魚介類や豆類から摂取する人が増えるため、魚介類の値段が高騰する。また、厳格な信者はパーティーやその他の華美なイベントへの出席を控えるため、この時期は全国的に見てもクリスマスやカーニバル直前と比較すると静かである。イースター当日には、全国の教会で特別ミサが開催されるほか、首都中心部にある公園クイーンズ・パーク・サバンナで凧揚げ大会が実施され、一帯は家族連れで賑わう。トバゴ島では、ヤギのレースが開催される。

イースターに次いで重要視されているのはクリスマスで、クリスマス・イブ及びクリスマス当日には、教会でミサが催される。日本や欧米諸国と同様、ＴＴでもクリスマスは商業化され、一年に欠かせないイベントとして捉えられており、キリスト教徒に限らず、ヒンドゥー教徒やイスラム教徒もクリスマス・パーティーを開きプレゼントを交換し合っている。

毎年10月の下旬頃になると、ショッピング・モールのデコレーションがクリスマス仕様になり、11月頃からはクリスマス・パーティーも兼ねた忘年会的イベント、チャリティ・イベントが毎週のように開催され、外食やドレスアップの機会が一気に増える。12月に入ると、各種イベントへの出席に加え、プレゼントの買い出しやラッピング、家の飾り付けで大忙しになるため、12月第1週ないし第2週以降は、学校も習い事も新年まで休暇期間に突入する。ショッピング・モールやスーパーマーケットは、食材やプレゼントの買い出しのために押し寄せる人々で大混雑し、車の駐車場所を見つけるのに苦労する。高級レストランも各オフィスのクリスマス・パーティーや忘年会で貸し切り状態になることが多く、早めに予約を入れる必要が出てくる。この時期は、カーニバルの時期と同様に一年で最もお金がかかる時期である。

クリスマスの時期に欠かせないのは、本章2(5)でも紹介したフォーク音楽パランである。パランを耳にする機会が増えると、クリスマスがやってきたと感じる。

食べ物・飲み物では、自家製のハムのほか、コーンミールの中に挽肉などを入れたパステル、ラム酒をベースとしたフルーツケーキ、ハイビスカスの1種であるソレルを絞ったソフト・ドリンクがクリスマスお馴染みのメニューとして食卓に並ぶ。

日本では、クリスマスはカップルや子供のための日という意味合いが強いが、TTでは、キリスト教徒にとっては宗教的な日、その他の宗教の信者の人々にとっては家族や友人との団らんの日である。ヒンドゥー教のディバリと同様、自宅に親戚や友人を招き彼らをもてなすことが一般的である。欧米の先進国などに住むTT人もこの時期に里帰りし、家族や友人との再会を楽しむ。

(2) ヒンドゥー教関連の文化とイベント

① 2番目に信者数が多いヒンドゥー教徒

トリニダード・トバゴ(TT)で2番目に信者が多い宗教はヒンドゥー教で、2011年現在の信者数は24万100人、国民の2割弱に相当する。[*3] ヒンドゥー教徒の大半はトリニダード島在住のインド系で、彼らの祖先がTTに移住した際に持ち込んだ。

ヒンドゥー教は日本人にとっては馴染みのない宗教だが、TTではヒンドゥー教のプレゼンスを感じる機会が多い。ヒンドゥー教徒の大半を占めるインド系がトリニダード島に暮らしているため、インド系人口が多い中部から南部にかけての一帯には、ヒンドゥー寺院、ヒンドゥー教徒であることを示す赤や黄色などの旗を家の前に掲げている家が立ち並ぶ。熱心なヒンドゥー教徒は、週1回のペースで寺院での集まりに参加している。

TTは、英国の影響もあってかなり西欧化されており、インドのような厳格なカースト制はないが、熱心な信者は自分と相手のカーストを意識しているようである。厳格な家では、相手が自分よりも低いカーストの出身の場合、親から結婚を反対されることもある。また、幼い頃から許嫁を決められることもある。

② ヒンドゥー教最大の祭りディバリ

美と豊穣と幸運の女神ラクシュミー神を祝うものでヒンドゥー教の新年にあたるディバリ（Divali）の時期（10月ないし11月）が近づくと、サリーやサルワール・カミーズ（ベトナムのアオザイのような衣装）といった衣装、大ぶりで派手なアクセサリーを身につけ、手首にヘナ・タトゥーを入れた女性の姿を目にする機会が増える。

トリニダード島各地では、ヒンドゥー教関連のダンスや音楽を披露するイベントが相次いで開催される。

毎年ディバリ当日の2週間ほど前になると、中西部チャグアナスにヒンドゥー教文化の展示場ディバリ・ナガールが期間限定でオープンする。園内は、ヒンドゥー教の神やインド系の建物を象ったオブジェのほか、花火や玩具、インド系の衣装やアクセサリーを販売するテントで溢れる。中央のステージでは、各地のダンス・グループ、音楽グループによるパフォーマンスが催される。

ディバリ・ナガール開園中、チャグアナス近辺の道路は大渋滞で、入園までに1時間以上かかる

こと もある。園内は大混雑しているが、客はほぼ全員がインド系で、アフリカ系や混血の人々の姿を目にすることは滅多にない。しかし、普段の生活で幅広い年齢層、所得階層の人々が一度に同じ場所に集まる場所はほとんどないため、人の多さ、ポジティブなエネルギーに圧倒されると同時に、自然と気分が高揚する。日本の縁日と似たような雰囲気である。

ディバリ当日のヒンドゥー教の神の置物と供え物（2016年10月29日、トリニダード島ウォータールー、筆者撮影）

食事を販売する屋台もあるが、ヒンドゥー教徒はディバリの数日前から肉・魚類を断つため（熱心な信者の場合は断食する）、販売されているものは全てベジタリアン向けとなっている。主食はロティやポローリー（本章4(1)といった粉物、カレー味が中心である。

祝日にあたるディバリ当日、ヒンドゥー教徒は家族総出でディバリ用の食事の準備をする。また、日没後、家外に灯火のついた陶器デヤをできるだけ数多く設置する。ディバリは光のお祭りで、こうして多くの灯火で照らすことで家の中に福を招き入れるという意味がある。ヒンドゥー教徒が多い地域はこの夜、一帯が光に包まれ、クリスマスのイルミネーション並みに幻想的な風景が広がる。デヤを十分に持ち合わせていない家では、電気のイルミネーションで対応している。

夕食時になると、サリーやサルワール・カミーズでドレスアップした家族が訪ねてきた親戚や友人を迎え、ロティやインド系のスイーツでもてなす。スイーツは多めに作っておき、当日会えなかった友人や職場の同僚に後日配るのが一般的である。私も毎年ヒンドゥー教徒の同僚から手作りのスイーツ数種類が入った小袋を受け取っていた。

子供たちは花火や爆竹で遊び、大はしゃぎする。ちなみに、TTでは、花火の規制が緩く、日本では花火師のみが扱い可能な花火も普通に販売されており、ディバリ当日には民家が建ち並ぶ地域でも大型の花火、ロケット花火が打ち上がることがあるので注意が必要である。扱い方を誤って、指を失うなどの事故も毎年少なからず発生している。

ディバリの楽しみは食事だけではなく、ライトアップされた地域を散策することにもある。ディバリを大々的に祝っている場所としては、中部チャグアナスの中心部から近いフェリシティが知られており、主要道路沿いには竹で作った土台に複数のデヤが並び一種の芸術作品になっている。ただし、ディバリ当日、フェリシティには各地から訪問客が来るので、どの道路も大渋滞する。私も友人に誘われて行ったことがあるが、渋滞がひどく徒歩で回った方が断然早い状況であった。渋滞から抜け出すのに2時間以上もかかり強い疲労感に襲われたものだ。

デヤで埋め尽くされた竹の土台（2013年10月30日、トリニダード島チャグアナス、筆者撮影）

フェリシティでなくても、南中央部のプレイサルやダウ・ビレッジもコミュニティが一帯となってディバリを祝っているので、渋滞のストレスを感じることなくディバリを楽しみたい場合は、これらの地域に足を運んだ方がいい。ダウ・ビレッジでは、道路ごとに異なるデザインの光の門を設置しており、運転しながらもイルミネーションを楽しむことができる。

ヒンドゥー教徒の中にはディバリが近づくと上機嫌になる人が多いが、彼らにとっては日本の正月やキリスト教徒にとってのクリスマスのように心弾むイベントなのである。

③ カラフルな粉や水が飛び交うパグワ

ディバリのほかには、毎年3月に行われるパグワ（Phagwa）と呼ばれる祭り（ホーリー祭とも呼ばれている）もトリニダード・トバゴ（TT）のヒンドゥー教徒の間で盛大に祝われる。歌い踊りながら、悪魔払いの意味を込めて、色のついた粉や水を掛け合う。カーニバル・マンデーのジュベ（本章4⑷）と似ている。特に、子供たちの間で人気のある祭りで、新聞にはヒンドゥー系の学校の運動場で粉まみれになった子供たちの写真が掲載されることが多い。

⑶ イスラム教関連の文化とイベント

① 穏健派が多いイスラム教徒

イスラム教もまたトリニダード・トバゴ（TT）文化を構成する一要素である。

２０１１年の統計ではイスラム教徒の数は６万５７０５人、ほとんどがトリニダード島在住者である。*4 イスラム教はヒンドゥー教とともに、英領インドからの年季奉公人によってもたらされた。

他方、信者の中には、インド系だけではなくアフリカ系もいる。元々アフリカにもイスラム教徒が多い地域があり、自分たちのルーツを意識して、キリスト教からイスラム教に改宗する例があるという。

モスクはトリニダード島各地に点在し、キリスト教の教会やヒンドゥー寺院とともに身近な存在である。ヒンドゥー寺院とモスクが隣接する場所も存在する。

トリニダード・トバゴのイスラム教徒のほぼ全員がシーア派と対立するスンニ派に属するが、どこまで戒律を守るかは人によって異なる。女性の場合、サウジアラビア人のように全身を黒く覆われたアバヤを着用する者もいれば、インドネシアやマレーシアのイスラム教徒のようにカラフルなヒジャブで頭部を覆うのみで洋装で通す者もいる。宗教的イベントがある時以外は基本洋装で、ダンスパーティーで異性と踊ったり、カーニバルで思う存分酒を飲み踊り明かしたりするという者もおり、本人からイスラム教徒と聞かなければ分からない。ただ、キリスト教徒やヒンドゥー教徒に比べると、全体的に保守的であると言えよう。

② イード・アル・フィトル ―― ラマダン明けの祝い

イスラム教最大のイベントは、ラマダン明けを祝うイード・アル・フィトル（Eid ul-Fitr）である。ラマダンの時期になると、妊婦や病人を除くイスラム教徒は日の出から日没まで断食する。水を飲むこと、唾を飲み込むことも許されないという。しかし、幼い頃からラマダンを経験しているイスラム教徒は慣れているようで、ラマダンの時期も普通に働いたり運動したりしている。

イード・アル・フィトルは盛大に祝われ、モスクでは集会が開かれるほか、各家庭ではクリスマスやディバリと同様、ご馳走を用意し親戚で集まったり客をもてなしたりする。スパゲティ状のものを牛乳やシナモンで煮たサウィンのほか、鶏肉を使った料理、インド系のスイーツが登場する。

③ きらびやかなパレードが見ものの服喪行事ホサイ

イード・アル・フィトルの次に有名なイベントは、ホサイ（Hosay）である。これは、680年（西暦）にカルバラー（現イラク）の戦いでウマイヤ朝軍に敗れた末殺されたフサイン・イブン・アリー・イブン・アビー＝ターリブ（以下フサイン・イブン・アリー）とその家族の死を悼むもので、毎年10月ないし11月頃に行われている。40日間の断食の後、色とりどりの旗やフサイン・イブン・アリーとともに殺された2人の息子の墓を象ったレプリカを担ぎ、インド系のタッサ・ドラムを演奏しながら街を練り歩く。トリニダード島各地でホサイが祝われているが、有名なのは北西部セント・ジェームスや南西部セドロスのものである。

私の元職場の目の前の道路は、セント・ジェームスのホサイのパレードの通り道であるため、この時期の昼間にはパレードの様子を見ることができる。ジャンジャカジャカジャカというタッサ・ドラムのけたたましい音とともに派手な神輿のようなものを担いだ大集団が登場するので、すぐにホサイが始まったことが分かる。

④ イスラム教徒の義務――メッカへの巡礼

ラマダンやホサイのほかに、イスラム教徒が重視しているのは、少なくとも一生のうち1回行わなければならないメッカへの巡礼、ハッジである。毎年イスラム暦の12月になると、トリニダード・トバゴ（TT）からもイスラム教徒のグループがサウジアラビアに旅立っている。TTからサウジアラビアへの直行便はないため他国経由となり、費用も高額だが、イスラム教徒の義務であるので絶対に外せない。

(4) アフリカ系の文化とイベント

① ラスタファリズムとオリーシャの信仰

アフリカ系がトリニダード・トバゴ（ＴＴ）の音楽や踊りの発展に大きな影響を与えてきたことは、本章２で述べたが、アフリカ系の要素はファッションにも強く表れている。その一つがドレッドヘアである。これは、ジャマイカ発祥でボブ・マーリーも信者だった、アフリカ回帰を提唱する

アフリカン・ドラムの演奏（2013年4月27日、トリニダード島サン・フェルナンド、筆者撮影）

宗教・社会運動ラスタファリニズムの影響である。政府統計によれば、ラスタファリニズムの信仰者は２５３２人（２０１１年）に上るという。[*5]

アフリカ系の大半がキリスト教徒であるが、一部の人々は現在もカトリックに西アフリカの宗教の要素を混ぜた土着宗教オリーシャを信仰している。現地ではシャンゴと呼ばれている。オリーシャの儀式では、アフリカン・ドラムに合わせ、コール＆レスポンス形式で歌い、そして踊る。なお、アフリカ系の要素を取り込んだキリスト教といえば、シャウター・バプティストの信者もおり、政府の統計では２０１１年現在５万４４００人となっているが、[*6] 実際には

オリーシャと重複している信者も多いという。3月30日のシャウター・バプティスト・デイになると、アフリカン・ドラムに合わせて、コール&レスポンス形式で歌い踊る人々の姿を目にすることができる。

② アフリカ系住民にとって重要な意味を持つ奴隷解放記念日

アフリカ系最大のイベントは8月1日の奴隷解放の日（1838年8月1日に奴隷制廃止）で、この前後には全国各地で関連行事が行われる。特に、首都中心部のサバンナで開催される記念イベントは大規模で、海外からの要人やアーティストが参加することもある。会場はアフリカ系の衣装を着た人々で埋め尽くされ、アフリカ系の衣装やアクセサリー、その他民芸品を販売するテントで賑やかになる。前述のヒンドゥー教のディバリ・ナガールと似たような雰囲気になるが、ここではインド系の人々の姿を見かけることはほとんどない。また、通りではパレードも実施される。

③ トバゴ島のヘリテージ・フェスティバル

奴隷解放の日と同時期には、トバゴ島でトバゴ・ヘリテージ・フェスティバルが開催される。2週間にわたってトバゴ島の習慣や伝統へのオマージュを捧げる歌や劇、ダンスやスポーツ関連イベントが各地で開かれる。中でも昔の結婚式を再現したオレ・タイム・ウエディングが最大の見所である。トバゴ島の人口の大半はアフリカ系によって占められているため、同フェスティバルもアフリカ色満載のイベントであると言える。

(5) インド系の文化とイベント

① インド文化の継承

トリニダード・トバゴ（ＴＴ）のヒンドゥー教徒及びイスラム教徒の多くがインド系であることから、インド系の文化＝ヒンドゥー文化、イスラム文化と思われがちだが、インド系の社会進出が進み、西欧文化への影響を強く受けるようになって以来、キリスト教に改宗する人も増えてきている。ヒンドゥー教徒の中には、名前にヴィシュヌやシヴァといったヒンドゥー教の神の名前、インド系の名前を持つ人が多いが、名字がインド系であるのに名前がケビンやケリーといった欧米系の場合はキリスト教徒の可能性も考えられる。

トリニダード島中部及び南部といったインド系住民が多い地域には、インド音楽やインド舞踊、ヒンディー語を教えるクラスが開講されている。歌やダンスについては全国各地の各種イベントで披露されており、一般の人の目に触れる機会は多い。また、インド系住民の間では、インド映画やインドのポップスも人気を博しており、年に何回かインド本国から来た歌手による公演が行われている。

ロティなど（本章４(1)）インド系住民が好んで口にするものは、インド料理をベースとしている。国内には本場のインド料理を提供するレストランもある。

このようにインド文化は、現地化されつつも、ＴＴに根付いている。

② インド系住民にとって重要なインド人到着の日

インド系にとっては、5月30日の「インド人到着の日」は自分たちのルーツを振り返る重要な日で、毎年同時期には英領インドから来た年季奉公人の歴史や彼らがもたらした文化についての報道で溢れる。トリニダード島北西部チャガラマス沖のネルソン島は、インド移民の最初の上陸地点であったため、ネルソン島を訪れるツアーが敢行されることもある。

トリニダード・トバゴ（TT）には、複数のヒンドゥーやイスラム系団体のほか、インド系団体も存在し、インド人到着の日やディバリの際にはインド文化が大々的にクローズアップされる。

(6) 中国系の文化とイベント

① 中国系住民のプレゼンスと中国文化の継承

年季奉公人の子孫である中国系トリニダード・トバゴ（TT）人は、アフリカ系やインド系に比べると人口は少ないものの、2世、3世の中には政界や経済界などに進出し大物になった人が多く、TTの発展に貢献してきた。最近は、中国のTT進出、中国からの移民の流入増に伴い中国系レストランや商店が増え、その存在は一層目立ってきている。

中国系の文化イベントの中で有名なのは、ドラゴン・ボート・フェスティバルと春節の時期に開かれるランタン・フェスティバルである。前者は、2006年に始まって以来毎年恒例の行事となり、中国系以外のTT人も積極的に参加するスポーツ・イベントとして知られている。後者は、2012年に始まり、毎年秋頃にポート・オブ・スペイン中心部から近いセント・アンズのTT中国人協会の敷地内で開催されている。

このほか、国内の中国系団体では中国系の武術などのクラスが開講され、最近では在TT中国大使館や西インド諸島大学（UWI）セント・オーガスティン校内の孔子学院が文化活動に注力しているため、中国語や太極拳のクラスが地元住民に身近なものになっている。年に複数回中国から訪れた武術団や音楽団による公演が各地で催されている。

中国系移民にまつわる祝日は今のところ設けられていないが、中国人移民上陸200周年にあたる2006年10月12日に限っては、特別に祝日に指定された。

春節や中秋節も中国系TT人や在留中国人の間で祝われている。

②　一般市民の中国に対する偏見

残念ながら、一般国民の中国系文化に対する理解が進んでいるとは言い難い。これは、中国が地理的にも心理的にもトリニダード・トバゴ（TT）から遠いという事実のほかに、不法移民の多くが中国出身者であること、その中にはカジノや売春のほか、違法行為に手を染めている者がいるとされていること、中国人不法移民が劣悪な環境のもとで生活しており、彼らの勤務先も衛生的に問題が見られる場合が多いというマイナス・イメージに起因するものである。例えば、2015年7月、ファド・カーン保健大臣（当時）が「中国人は犬の肉を食べている」と取れるような発言をしたことで謝罪に追い込まれたが、これもまた中国の食文化に対する誤解や偏見が政治家レベルにも根付いていることの表れと言える。

奴隷や年季奉公人の子孫から成るアフリカ系やインド系と異なり、中国系社会には現在も絶えず本国からの移民や短期労働者が入っている。2～4世の中国系住民と新移民の間の意識や価値観の差を埋め、結束を図ることは容易ではない。このことはTT社会における中国系文化を普及する上での障害になっていると思われる。

(7) 先住民系の文化とイベント

① トリニダード・トバゴの「最初の人々」

トリニダード・トバゴ(TT)で「先住民(Indigenous People)」、「アメリインディアン(Amerindian)」、「最初の人々(First People)」と呼ばれる先住民系は、2011年現在、人口の0・11パーセントにすぎず、単純計算すると1300人程度ということになる。[*7]

主な集団は、他のカリブの島々、南米にも暮らしていたアラワク族とカリブ族で、主に農業を基盤とした生活を営んでいた。記録によれば、彼らはコロンブスがトリニダード島に到達する6000年以上前から同島で暮らし、1592年にスペイン人の入植が開始した頃には4万人の人口を抱えていた。[*8]

今日では他人種、他エスニック集団との混血がかなり進んでいるものの、トリニダード島東部のサンタ・ローサには少なくとも400人のカリブ族の末裔が残っており、サンタ・ローサ・カリブ・コミュニティ(SRCC)を形成し、女王率いる長老協議会などの先住民の慣習を維持している。[*9] SRCCは国内の先住民系団体のリーダー的役割を果たしている。ボネオ、カンポ、カルデロン、カスティージョ、ヘルナンデス(スペイン語読みではエルナンデス)、マルティネス、ペーニャといったスペイン系の名前は先住民の末裔であることが多い。また、アリマ、アルーカ、トゥナプナ、グアヤグアヤレなどTTの多くの地名が先住民の言語に由来する。

② 先住民遺産の日

毎年10月には先住民伝統週間が開催され、歌や踊りのパフォーマンスのほか、有識者による講演も実施される。10月14日の「先住民遺産の日」（1637年に先住民がトバゴ島のオランダ人とともにスペイン人を撃退した日にちなむ）には、サンタ・ローサやその近隣で、羽根や毛糸などからできたカラフルな民族衣装を身につけた人々が水や煙を使った儀式を執り行い、楽器を片手に街を練り歩く。この祭りは、1786年から続いているものである。

また、近隣諸国の先住民と連携したイベントを実施することもある。

しかし、一般社会における先住民系の認知度は低く、先住民系の儀式をカーニバルやその他のイベントと混同する人もいるという。このため、SRCC主導で先住民のプレゼンス向上、先住民の土地問題の解決を政府に働きかけてきた。その努力が実を結び、2017年10月13日が1回限りの祝祭日として指定された。

4　トリニダード・トバゴの食文化

トリニダード・トバゴ（TT）人は、コメや小麦粉から作るロティ（後述）を主食とする。西洋の影響を強く受けてきたこともあり、パンの消費量も多い。我々アジア人と比較すると、背が高く大柄な人の割合が高いこともあり、食べる量も多い。

TTでは、先進国やアジアと比較すると、外食文化が発展していない。その大きな原因となっているのは物価の高さである。レストランで食事をした場合、高級レストランでなくてもランチは

2000円以上、夕食では3000円以上かかることが普通であり、平均的なTT人には贅沢として映る。

また、宗教によって食べられる物に制限があるため、職場の同僚や友人と皆で同じ料理をシェアすることはなく、個別に注文するあるいはビュッフェ形式にして自分が食べたい物を選ぶことが一般的である。職場の同僚や友人、隣人に旅の土産として食べ物を配る時も、彼らがベジタリアンかどうか、宗教上食べられないものが入っていないかなどを考慮する必要がある。

それゆえ、基本的には、子供から大人まで弁当を持参したり、自宅で食事したりすることが多い。外食はファースト・フードや屋台に頼ることが多い。特に、ケンタッキー・フライド・チキンはTT人に一番人気のファースト・フードで、どの街に行っても店舗がある。

幼い頃からこうした生活に親しんでいるため、食べ慣れないものに対する抵抗は非常に強く、食に関しては非常に保守的と言っても過言ではない。自宅で出る料理しか口にしないという者も多い。最近では、首都ポート・オブ・スペインや観光地のトバゴ島を中心に海外の料理を取り扱ったレストランが増えてきているが、こうした料理に慣れ親しんでいるのは、富裕層や海外との接点が多い一部の層に限られる。以前と比べると、寿司を口にする人も増えてきたが、生ものに対する抵抗感は依然として強い。

普段料理する機会が多いため、新聞には頻繁にレシピが掲載されている。トリニダード島南部のナパリマ女学校による料理本はTTの家庭に必ず置いてある料理本と言われている。

(1) 高カロリーでスパイスを効かせた食べ物

① ダブルス

トリニダード・トバゴ（TT）を代表する食べ物はダブルスで、揚げパンの中にカレー味のヒヨコ豆を挟んだものである。一つ100円以下で購入できるストリート・フードである。毎朝至る所にダブルスの屋台が出店し、時間に追われた人々が手早くダブルスを頬張っている様子が見られる。

トリニダード島南部のデベには、幹線道路沿いにダブルスやインド系のスイーツの屋台が並ぶ一角があり、トリニダード島各地から本場のダブルスを目当てに客が集まってくる。店によって多少レシピが異なるため、地元の人々は、各店のものを一つずつ注文したり、何回かに分けて食べ比べたりしている。

ただ、ダブルスは、油をふんだんに使用し味も濃いため、二つも食べれば満腹になる。一つだけでも600キロカロリーと言われており、健康に気を遣っている人向きの食べ物ではない。

② ロティ

次に有名なのはロティ。つぶしたジャガイモやマンゴーの果肉、カレー味の豆や鶏肉、エビ、鴨肉、山羊の肉などを小麦粉の皮に包んで食べる。中身を何にするかは、自分次第である。これも辛さを調節でき、辛い物好きが多いインド系社会では一般の日本人の舌が麻痺するような激辛ロティが出てくることもある。

ロティの名店は至るところにあるが、地元の人々の間では、トリニダード島中西部のフリーポートの高速道路沿いにあるロティ専門店が人気だ。注文してから出てくるまでの時間が短く、ボリューム満点なため、客足が途絶えることはない。

ロティはダブルス以上にボリューム満点で一つ平らげると、満腹感を超えて腹が苦しくなる。ロティばかりの食事を摂っていると、肥満につながりやすいことは言うまでもない。

③ スープ類

緑色でネバネバしたスープ、カラルーは、外国人の間で好き嫌いが分かれる。タロイモの葉とオクラが基本で、これにココナッツやカニ、その他の調味料をそれぞれの好みに合わせて加える。ダブルス、ロティと並んで屋台の定番メニューになっているのが、コーン・スープ。といっても、日本で見かけるようなコーン・ポタージュとは異なる。トウモロコシや豆、小麦粉で作った団子ダンプリングなど具だくさんのスープで辛味がある。夜遊びをした後、小腹がすいた時などに口にすることが多い。

④ ベイク&シャーク

ベイク&シャークもトリニダード・トバゴ（TT）を代表する料理、お馴染みの屋台メニューである。揚げたサンドイッチに鮫肉のフライを挟んだものである。トリニダード島北海岸のマラカス・ビーチには、ベイク&シャークの有名店があり、ビーチではなく食事を目的としてマラカス・ビーチを訪れる人もいる。セルフサービス式で、野菜やソースを自分の好みに合わせてトッピングすることができ、いろいろ乗せるとボリューム満点になる。一般の屋台でもベイク&シャークを販売しているが、稀に新鮮でないものを口にして食中毒になる人もいるので注意が必要だ。

⑤ ピラウ

最も一般的な家庭料理としては、肉、野菜、調味料を混ぜ合わせたトリニダード・トバゴ（TT）風炊き込みご飯のピラウがある。自宅で調理し、ピクニックやバーベキューの時に持って行くことが多い。

⑥ その他の料理

その他、トバゴ名物でカニをカレーとココナッツ・ミルクで味付けたクラブ・アンド・ダンプリング、コーンミールとオクラから成りカラルーに添えられて出てくることが多いクー・クー、鴨肉をカレーで味付けたカレー・ダックなどがある。鴨肉の代わりに、豚肉や鶏肉、山羊の肉を使うこともある。

トリニダード・トバゴ（TT）の料理というわけではないが、茹でたマカロニとチーズで作ったマカロニ・パイ、鶏肉を野菜や調味料で煮込んだシチュー・チキン（日本でお馴染みのシチューよりも油分が多い）も一般家庭でよく目にするメニューである。

⑦ 濃い味・ピリ辛でないと満足できないトリニダード・トバゴ人

こうしてみると、トリニダード・トバゴ（TT）の料理は、油で揚げた物、カレーなどのスパイスをふんだんに使った料理が多いことが分かる。実際、TT人、特にインド系の人々は、濃い味付けでピリ辛の料理でないと満足できないようだ。彼らに言わせると、米国やヨーロッパの料理は、味がない料理と感じるそうだ。どのレストランにもファースト・フード店にも唐辛子やその他の調味料を混ぜ合わせたペッパー・ソースが置いてある。ペッパー・ソースのほかに、ガーリック・ソースを置いているところもある。日本の場合、口臭を気にしてニンニク味の料理を避ける人も多いが、TTではほとんどの料理に強いスパイスやニンニクが入っているため、気にしてはいられない。スーパーマーケットに行くと、複数のハーブを混ぜたチャドン・ベニ、カレー粉やペッパー・ソース、その他の調味料の種類がとても多いことに気が付く。TT産の調味料は、小袋入りで嵩張らないタイプのものも販売されているため、私は海外に住む料理好きの友人・知人には調味料を土産として渡すことが多い。

最近は、寿司も普及していることから、辛い物好きの彼らにもわさびは抵抗なく受け入れられている。

(2) 激辛か激甘か――スナックとスイーツ

① 小腹が空いたら食べる一品

トリニダード・トバゴ（TT）人が小腹を空かせた時に口にするスナックの中で代表的なものは、フライド・チャンナ、ポーン、ポローリー、チョウである。

フライド・チャンナは、水に浸したひよこ豆を調味料で味付けし油で揚げたものでピーナッツやアーモンドを食べるのと同じような感覚で味わう。屋台よりもスーパーマーケットで販売されているプラスチック容器に入ったものを購入することが一般的である。

ポーンは、キャッサバやサツマイモ、カボチャに砂糖とスパイスを混ぜて作った料理で、アフタヌーン・ティーの付け合わせで登場することが多い。

ポローリーは、ダブルスやコーン・スープと並ぶ代表的な屋台料理。挽いた豆と小麦粉を団子状にして揚げたもので、これにカレーやその他のスパイスをベースにしたソースをつけて食べる。屋台では安く手に入り、ちょっとした空腹を満たすにはいいのだが、高カロリーなため食べ過ぎには注意が必要な一品でもある。

チョウは、細かくカットしたマンゴーなどに塩、胡椒、ニンニク、複数のスパイスから成る調味料チャドン・ベニを混ぜ合わせた、フルーツの甘さと調味料の塩辛さを絶妙に混じり合わせたものである。最初はフルーツとニンニクの組み合わせに抵抗を持つかもしれないが、慣れるとクセになる。

② ひたすら甘いスイーツ

トリニダード・トバゴ（TT）人は、辛い物のほかに甘い物も好む。それも、歯が溶けそうなほど甘い物を好む。これまで述べたように、TT人が口にする料理はカロリーが高く、味付けが濃いものばかりだが、こうした食事を口にしても、デザートは別腹と割り切りしっかり食べることが多い。

ケーキやアイスクリームが基本だが、TTを代表するスイーツとしては、甘いかき氷のスノー・コーン、茹でたグアバに砂糖やエッセンスを加えたグアバ・チーズ、すりつぶしたパパイヤと砂糖、着色料を混ぜ団子状にしたパウ・パウ・ボールなどがある。どれも激甘なので、虫歯持ちの人間には向かない。また、着色料をふんだんに使用しているため、日本人から見ると、色が鮮やかすぎて健康に悪そうな食べ物と映るかもしれない。

なお、TTは、カカオの産地でもある。トリニダード島北西部や中部では現在もカカオが栽培されており、海外の大手チョコレート関連企業にも注目されているほど高品質と言われている。地元産カカオから作った高級チョコレートは、観光客の間で密かに人気の土産物になっている。

(3) ラム酒からソフトドリンクまで――高い人気を誇る国産飲料

① 名産品のラム酒

トリニダード・トバゴ（TT）で最も人気の高い名産品の一つは、ラム酒である。代表企業は19世紀末から続くアンゴストゥーラ社で、同社の「ホワイト・オーク」、「フェルナンデス・ブラック・ラベル」はTTの一般家庭で頻繁に目にする。このほか、「1824」「1919」は多少値が張るものの人気が高い商品である。また、同社は、料理などに使うビターも製造し、日本を含む世界165か国に輸出している。

ちなみに同社では、同社の博物館・工場を見学するツアーを実施しており、TTにおけるラム酒産業の歴史やラム酒の製造過程について理解を深めることができる。ポート・オブ・スペインの国立博物館よりも見応えがあり、ポート・オブ・スペイン観光には是非オススメしたい。

② 地元産のビールとソフトドリンク

アルコール好きのトリニダード・トバゴ（TT）人には、ラム酒のほかにビールも大人気である。最も人気の高いビールはカリブ社が製造している「カリブ」、青と黄色のラベルが目印で、この

「カリブ」にちなんだTシャツや帽子、タオルといったグッズも観光客の間で人気が高い。また、同社は緑と赤のラベルが目印で「カリブ」よりも辛口の「スタッグ」も製造している。「スタッグ」は地元民に「男のビール」として親しまれている。

ノンアルコール飲料の中で広く親しまれているのは、ココナッツ・ウォーターで地元産のココナッツから取り出した液体を冷やして飲む。公園や道路沿いには、ココナッツ・ウォーター売りがおり、果肉入りの新鮮なココナッツ・ウォーターを飲むことができる。スーパーマーケットでもペットボトル入りのココナッツ・ウォーターが必ず販売されており、一般家庭ではそのまま飲んだり、ラム酒を割る際に使ったりしている。日本や先進国で見かけるココナッツ・ウォーターは甘めに加工したものが多いが、TTで見かけるココナッツ・ウォーターは水に近い味である。

麦やトウモロコシを混ぜ合わせて作られ、カリブ地域で広く飲まれている「マルタ」は、TTでもポピュラーな飲料で、ビールを甘めにしたような味である。

5　自然溢れる観光地

トリニダード・トバゴ（TT）の観光資源というとカーニバルが最も有名であり、有名な観光地はどこかと聞かれても多くの人は即座に答えられないであろう。

実は、TT人の中にも自分の生まれ育った地域や職場がある地域以外のことはよく知らないと言う者が多い。在住している外国人の方が地元住民よりも豊富な情報を持っている場合もある。

トバゴ島は観光産業を主要産業とする一方、トリニダード島はエネルギー産業を基盤としているため、それほど観光業に力を入れておらず、観光資源の開発が進んでいない。したがって観光地の広報も積極的に行われていないので、むしろ穴場や秘境が数多く存在するのだ。

(1) トリニダード島北西部

① クイーンズ・パーク・サバンナ周辺

首都ポート・オブ・スペインのあるトリニダード島北西部は、トリニダード・トバゴ(TT)で最も近代的な地域で、ダウンタウンの独立広場から近い政府庁舎兼議会、ハイアット・リージェンシー・ホテルが立ち並ぶウォーターフロント・コンプレックスは、TTの発展を象徴する建物である。

中心部の公園クイーンズ・パーク・サバンナ(以下サバンナ)は、カーニバル当日を除いては時計回りの一方通行であり、「世界一大きなロータリー」として知られている。サバンナは、かつてはクリケット場として使われていたが、現在はカーニバルのほか、様々なイベントの会場として利用されており、国民の間で最も有名な公園として親しまれている。普段は朝や夕方に運動をしている人々の姿が目立つ。歩道周りには、ココナッツジュースやかき氷、牡蠣の売店、一角にはダブルス、ベーク&シャーク、コーン・スープなどの屋台が並び、後者は夕方や週末には家族連れで賑わう。

サバンナの周りには、歴史を感じさせる観光地が多く、初めてトリニダード島に来た観光客のスタート地点としては最適の場所である。北側には、エンペラー・バレー動物園、植物園、大統領官邸(2018年現在改修工事中)が並ぶ。

エンペラー・バレー動物園の入場料は、日本円にして大人一人500円程度であるが、年々値上がりしている。先進国の動物園と比較すると見劣り感は否めないものの、TTに生息する哺乳類（世界最大のネズミのカピバラなど）や鳥類（スカーレット・アイビスなど）、爬虫類のほかに、最近はライオンやキリンといった大型の動物も加わり充実しつつある。

　動物園の隣の植物園は無料で、植物園というよりは公園と言った方が正しいかもしれない。平日の朝や夕方はジョギングやウォーキングをする人々で溢れ、週末はピクニックをする家族連れで賑わう。時々ここで結婚写真を撮影するカップルもいる。

サバンナ（2010年12月5日、ポート・オブ・スペイン、筆者撮影）

NAPA（2013年5月2日、ポート・オブ・スペイン、筆者撮影）

　サバンナの南側には、中国の支援で建設された国立芸術アカデミー（NAPA）と国立博物館がある。NAPAは、シドニーのオペラハウスのようなインパクトのある建物で、遠くから見ても目立つ。大型のイベントの会場として利用されているが、2009年に完成した比較的新しい建物であるにも関わらず、その後欠陥工事や設備の故障などが発覚し、改修工事のために２０１４年に閉鎖、再度オープンしたのは２０１７年のことであった。

国立博物館は、博物館としては非常に小規模で展示品が充実しているとは言いがたいが、ＴＴの歴史・文化を手早く知るには最適である。社会科見学で来た学生と鉢合わせすることが多い。２階はアート・ギャラリーになっており、地元の新鋭画家の作品を鑑賞することができる。

ストルメヤーズ・キャッスル（2013年4月14日、ポート・オブ・スペイン、筆者撮影）

サバンナの東側には、「壮大なる７軒」と呼ばれる７つの英領時代の建物が並ぶ。中でも目を引くのが、ストルメヤーズ・キャッスルという名の小さな城とＴＴを代表する中高一貫校として知られているクイーンズ・ローヤル・カレッジ（ＱＲＣ）校舎である。その他は、残念ながら改修工事中あるいは一般公開されておらず、外側から写真撮影するに留まる。

② ダウンタウンと貧困地帯のラバンティル

サバンナの東側に広がるダウンタウンは、治安が悪い地域として知られ、小集団や単独で行動する際は細心の注意が必要だが、レッド・ハウスと呼ばれる議会（２０１８年現在改修工事中）、その目の前にあるウッドフォード広場、独立広場のそばのカトリックの処女懐胎大聖堂など、トリニダード島の歴史的建造物を見ることができる場所である。

ダウンタウンの東側のラバンティルは、トリニダード・トバゴ（TT）で最も治安が悪い地域とされ、地元の人々は近寄りたがらない地域であるが、スティール・パン発祥の地であるほか、チャコン砦、ピクトン砦といった歴史的建造物が残っている。また、ラバンティルの山間部を通るレディ・ヤング・ロードの途中には、市内中心部の公園クイーンズ・パーク・サバンナやダウンタウンを一望できる展望台があり、地元や海外からの観光客が絶えず訪れている。

③ トリニダード島で一番有名なビーチ――マラカス・ビーチ

トリニダード島北西部で地元の人々の間で最も知られているのは、北海岸のマラカス・ビーチである。トリニダード島で最も綺麗なビーチと言われているが、カリブ海の海をイメージすると「期待していたよりも綺麗な海でない」と失望することになる。地元住民は海水浴よりも、浜辺でピクニックシートやベンチを並べ、潮風に吹かれながら家族や友達との団らんを楽しんだり、有名店で本場のベイク＆シャーク（本章4⑴）に舌鼓を打ったりしている。マラカス・ビーチは波が荒く週末や祝日には混雑するため、ここから約10キロメートル程度先にあるラス・クエバス・ビーチに足を伸ばす者も多い。

④ 山間部にある絶景スポット――ジョージ砦

中心部の公園クイーンズ・パーク・サバンナから車で10分程度のセント・ジェームスの一角から

山道を登っていくと、19世紀初頭に立てられたジョージ砦がある。高台にあるため非常に見晴らしが良く、ポート・オブ・スペインやパリア湾だけでなく、トリニダード島中西部も見渡すことができる。ただし、ジョージ砦の近辺は治安に問題があり、これまでに何度も犯罪が発生したため、単独行動や夜間の訪問は避けるべきである。

⑤ 見所満載のチャガラマスと沖合の島

最近注目度が高まっているのは、北西部の最も西側にあるチャガラマスである。この5年ほどで急速に開発が進み、海岸沿いには遊歩道や公園が建設された。近い将来、ウォーターパークが建設される予定になっている。

海岸沿いから車で15分程度北に行くと、滝やゴルフコース、トレッキングコース、小規模のビーチがある。また、数年前からはジップライイニング（木々などの間に張られたワイヤーロープを滑車を使って滑り降りるアクティビティ）も可能になった。トレッキングコースは、バンブー・トンネルという竹で覆われた林を抜け、ゆるい坂道を1時間ほどかけて歩く初心者向けのコースである。

チャガラマスには週末にはトリニダード島各地から人が押し寄せるが、道路が片側1車線ずつで迂回路がないため、帰宅ラッシュに巻き込まれると、チャガラマスを抜け出すのに数時間要することもある。

チャガラマスはヨットの係留場所としても有名で、海外からヨットで来た観光客向けのレストランや施設も揃っている。また、イベント施設もあり、特にカーニバルの時期になると、人口密度が増す。

チャガラマスで外せないポイントとしては、沖合にある複数の離島である。これらの離島には、ツアーに参加するかボートをレンタルして行くしかないが、一見の価値がある。特に、ガスパリー洞窟があるガスパリー島は、トリニダード島のオススメの観光地と言っても過言ではない。少々険しい山道を上り下りし、洞窟の狭い入り口から中に入ると、目の前に神秘的な景色が広がる。地下水の蒼い水面、洞窟の隙間から差し込む光は言葉では言い表せないほど美しい。

ガスパリー島から近い場所には、刑務所が存在するカレラ島、英領インドからの年季奉公人の上陸地点として知られているネルソン島がある。

このほか、ベネズエラとの国境に近いモノス島、チャカチャカレ島にはほとんど人が住んでおらず、手つかずの自然が残っている。静かな場所で釣りや海水浴やキャンプを楽しむことが可能で、隠れ家的な場所として知られている。

(2) トリニダード島北東部

① ハイキングやウミガメの産卵・孵化を楽しめるエリア

トリニダード島北東部の高速道路沿いは人口密集地帯であるが、東に進めば進むほど過疎地域になっていく。北側には山が広がっており、ほとんど開発が進んでいない。珍しい植物はもちろんのこと、色とりどりの野鳥や昆虫、イグアナやサル、ネズミ科のアグーチなどが見られることも多い。また、山の所々に滝や自然のプールが広がっているため、毎週のようにこれらの場所を訪問するハイキング・ツアーが敢行されている。

トリニダード島北東部では、ハイキングのほかに海岸沿いのアクティビティも楽しむことができる。そのうち最も有名なのは、ウミガメの産卵及び孵化の観察である。トリニダード島北東部の海岸は、絶滅危惧種のオサガメの産卵地として知られており、毎年3〜7月頃に産卵、6〜8月頃に孵化する様子が見られる。場所としては、マトゥーラやグランド・リヴィエールが知られているが、どちらもポート・オブ・スペインから車で2時間半から3時間半近くかかるため、最低1泊2日のツアーで行った方が良い。また、グランド・リヴィエール周辺は、サシバエ（イエバエ科サシバエ族に属する。成虫は哺乳類から吸血し生活する）が多いことで有名である。私の元上司夫妻は、サシバエ対策をせずにウミガメの産卵を鑑賞したため、体の100箇所以上を刺され、1週間以上猛烈な痒みに襲われたと言っていた。

③ 国際空港から総合大学、人里離れた集落まで広がるエリア

北東部の最北端にあるトコは、2012年のロンドン・オリンピックの男子やり投げで金メダルに輝いたケショーン・ウォルコット選手（本章7⑶）の故郷で、同選手がオリンピック優勝を果たした後、トコの灯台はケショーン・ウォルコット灯台に名称変更された。

北東部の海岸にはコテージが並んでおり、週末や連休にはこれらを貸し切って日常の喧噪から離れた生活を満喫する人も多い。北東部の東側のビーチは開発が進んでおらず、波が荒い上に岩場が多く毒性を持つクラゲも生息しているので、海水浴には適さない。

町中に目を向けると、トリニダード・トバゴ（TT）最初の首都であったセント・ジョセフは興味深い場所である。主要幹線道路の坂沿いに昔の街並みが広がっており、この道路を奥へ奥へと進むと、山間の静かな村につながっていく。さらに、その先を行くと、トレッキングが楽しめるマラ

ロピノ（2015年11月29日、トリニダード島ロピノ、筆者撮影）

ケショーン・ウォルコット灯台（2012年8月31日、トリニダード島トコ、筆者撮影）

カスの滝がある。

セント・ジョセフから少し東に進んだセント・オーガスティンには、カリブの地域大学である西インド諸島大学（UWI）セント・オーガスティン校のキャンパスがある。山の方に行くと、TT最大のカトリック教会マウント・セント・ベネディクトがある。周りは静かで非常に見晴らしが良い。マウント・セント・ベネディクトでは手製のヨーグルトを製造・販売しており、小売店に出荷されている物よりも新鮮なものが購入できる。

セント・オーガスティンを過ぎ東部最大の都市アリマの中間地点から北部の山側に1時間近く車を進めると、ロピノという村に突き当たる。ロピノには、かつてカカオ農園が広がり、先住民系やベネズエラからの移民の子孫が今も暮らしている。クリスマスに欠かせない音楽パラン（本章2(5)の発祥の地である。クリスマスの時期が近づくと、パラン関連のイベント、クリスマス・マーケットが開催され、各地から人が訪れる。カカオ、チョコレート味のポンチェ・デ・クリームが名産品として知られている。

アリマから未舗装の山道を車で1時間ほど行くと、エーサ・ライト自然センターに辿り着く。ここは、野鳥観察所として有名な場所で、ハチドリ、ミツドリ、フウキンチョウ、マイコドリ、マミジロミツドリなどのバードウオッチングが楽しめる。

最後に北東部で外せないのはピアルコ国際空港である。国際空港としての規模は小さいが、TTと外国を結ぶ玄関口として、毎日米国やカナダ、周辺のカリブ諸国からの便が発着している。ピアルコ国際空港からは、車の移動で、セント・オーガスティン、アリマまでは10～20分程度、ポート・オブ・スペインまでは30～40分程度、中西部チャグアナスまでは30分程度、南部サン・フェルナンドまでは1時間以内で、主要都市や人口密集地帯へのアクセスは良い。

(3) トリニダード島中西部

トリニダード島中西部はトリニダード島南北を結ぶ高速道路が通っているため、住宅地が多い。元々はサトウキビ畑が広がっていたが、砂糖産業が衰退した後にこれらの畑を埋め立てて家を建てる動きが加速している。特に、中西部最大の街チャグアナスや同地より車で15分ほど南にあるクーバは近年人口増加が著しい地域である。中西部はインド系の住民が多いことで知られている。

① 観光客に人気のカロニ湿地帯の野鳥保護区

中西部最大の見どころは、カロニ湿地帯の野鳥保護区である。ピアルコ国際空港から車で15分程度、ポート・オブ・スペインから車で30分程度の場所に位置し非常にアクセスが良いことから、観光客の間で人気が高い。夕方ツアー・ボートに乗って、マングローブに覆われた湿地帯の中を進んでいくのだが、野鳥だけではなくヘビやカニなども見られる。ディズニーランドのジャングル・クルーズのようなツアーである。30分ほどすると、湿地帯の中央部にあるラグーンに到達するのだが、ラグーンにはいくつか島があり、夕暮れ時に各地から野鳥が集まってくる。中でもトリニダード・トバゴ（TT）の国鳥であるスカーレット・アイビス（ペリカン目トキ科）が群れを成して飛んでくる様子、島が赤く染まる様子は圧巻である。毎年4～5月が産卵、その約1か月後が孵化の時期にあたり、この時期がツアーのハイシーズンになる。

② インド・テイスト満載のエリア

チャグアナスは街としては小規模で観光客を魅了するような場所はないが、中心部に位置する市場から車で3分程度の場所に、ノーベル賞作家ヴィディアダハル・スラヤプラサド・ナイポール（V・S・ナイポール）（本章6⑴）の生家であるライオン・ハウスがある（内部は非公開）。

チャグアナス中心部から西に10分程度車を走らせると、フェリシティという住宅地が広がっている。ヒンドゥー教徒のインド系住民が大半を占めるため、ヒンドゥー教の正月にあたるディバリになると、各家庭の庭先が陶器に収められた灯火デヤで埋め尽くされ、各地から見物人が集まってくる（本章3⑵）。

ヒンドゥー教関連の観光地として最も有名なのは、チャグアナスから南に20分程度行ったウォータールーに位置するヒンドゥー寺院テンプル・イン・ザ・シーである。その名のとおり海の上に建設された寺院である。寺院自体は小さく海はお世辞にも綺麗とは言えないが、西側に建っているため夕暮れとのコントラストは美しく、オレンジ色の空を背景とした寺院の写真は、トリニダード・

トバゴ（TT）を代表する景色として広報用の写真に頻繁に使用されている。

テンプル・イン・ザ・シーの近くには、インド系住民の歴史、宗教に関わる品を展示したマハ・サブハ・インド・カリブ博物館がある。

テンプル・イン・ザ・シーから内陸部に向かって車で10分程度移動すると、住宅地の中に突如巨大なピンクの猿の像が出現する。これは、26メートルの高さのハヌマン像で、ハヌマンはインド神話に登場する神である。ハヌマン像の横には、南インド様式のヒンドゥー寺院が建っており、こちらもピンク色に輝き緻密な彫刻に覆われ強烈なインパクトを放っている。施設内にはヨガ・瞑想センターもある。ハヌマン像も寺院も2000年代前半に建設された比較的新しい建物で、インドから来た職人が工事に携わった。

テンプル・イン・ザ・シー（2010年12月26日、トリニダード島ウォータールー、筆者撮影）

③ ピクニックや自然観察のための地元住民向け観光地

トリニダード島の中央部にはレクレーション場所として有名なラ・ベガ農園がある。ピクニックをする場所として、園内は自然に囲まれた静かな環境で、池での釣りやボート漕ぎを楽しむことができる。

北東部のエーサ・ライト自然センターには劣るが、北西部と南西部の境目にあるワイルドフォウル・トラストも自然保護区として知られている。ここは、国営石油会社ペトロトリンが経営する場所で、敷地内ではスカーレット・アイビスのほか、珍しい鳥類を観察することができる。

(4) トリニダード島中東部・南東部

① 延々と続く中・南東部のビーチとナリバ湿地帯

トリニダード中東部から南東部の最大の目玉は、東海岸に伸びるマンサニージャ・ビーチ及びマヤロ・ビーチである。南東部の沖合で石油の採掘をしている影響で海水の透明度は高くはないが、海岸線が長く終始波が穏やかなため散歩するには快適である。また、海岸と平行して走るマンサニージャ・マヤロ・ロードは、カーブのないまっすぐな道沿いに椰子の並木が続き、ドライブ中に爽快な気分を味わうことができる。

マンサニージャ・マヤロ・ロード（2014年6月20日、トリニダード島マンサニージャ、筆者撮影）

海岸のすぐそばにはナリバ湿地帯が広がり、ここにも中西部のカロニ湿地帯のようなボートツアーがある。同湿地帯の内部には、ブッシュ・ブッシュ島という島があり、そこでは野生のホマキザルやアカホエザルを見ることができる。このほか、湿地帯にはマナティも生息している。

② 首都からアクセスが悪い中東部・南東部

マンサニージャ及びマヤロまでのアクセスは不便で、ポート・オブ・スペインのある北西部からは北東部のクムトあるいはサングレ・グランデに一旦出て、そこから一般道を南へたすら進まなければならない。渋滞の少ない週末や祝日でも最低2時間半は見た方がいい。

他の地域よりも開発が遅れているものの、この一帯のゆったりとした雰囲気を好む人も多く、週末や連休に海岸沿いのコテージを借りて過ごすのも一般的である。

また、クムトの南にあるタマナには、大量のコウモリが生息するタマナ洞窟がある。

サン・フェルナンド・ヒル（2014年2月22日、トリニダード島サン・フェルナンド、筆者撮影）

(5) トリニダード島南部

① サン・フェルナンド中心部

南部最大の都市はサン・フェルナンドで、坂道が多い街並みが特徴的である。

サン・フェルナンドを象徴的する場所は、海抜200メートルのサン・フェルナンドの丘で、かつて暮らしていた先住民にとっては神聖な地であった。現在は国立公園になっており、普段はサン・フェルナンドや中西部を見渡す展望場所として人気を集めている。カーニバルの時期には、野外パーティーのフェテの会場として利用されている。

サン・フェルナンドの中心部はハリス広場で、一帯には植民地時代に建てられた市庁舎や図書館などがある。

ハリス広場から10分ほど南に車を走らせると、イベント会場として利用されている南部国立芸術アカデミー（SAPA）に突き当たる。SAPAもポート・オブ・スペインの国立芸術アカデミー（NAPA）と同様、中国の支援で建設された。

③ ピッチ・レイクと過疎地域

南部の見所として、南西部ラ・ブレーにあるアスファルトの湖ピッチ・レイクは外せない。4万平方メートルの面積を持つピッチ・レイクは、かつてこの地にあった泥火山にアスファルトが溶け込みできたもので、16世紀にヨーロッパ人に発見された。19世紀以降アスファルトの採掘が行われるようになり、現在も毎日180トンのアスファルトが採掘されているという。しかし、過剰採掘が原因で表面は採掘開始当時より数メートル低くなっている。

ピッチ・レイクの表面には凹凸があり、ツアーガイドがガムのようなアスファルトを木の棒に巻き付けて見せてくれることもある。雨季には水が溜まるため、

ピッチ・レイク（2010年12月26日、トリニダード島ラ・ブレー、筆者撮影）

泳ぐこともできる。アスファルトの成分が美容にいいという話もある。

ラ・ブレー一帯は、地下にある泥火山の影響で道の凹凸が激しく、植民地時代の面影を残す家は傾いているところが多い。

ラ・ブレーより西は、エネルギー産業を基盤としアフリカ系人口が多いポイント・フォーティン、漁村のセドロス、最南端のイカコスまで道路が続いている。西に進めば進むほど過疎地域になり、同じトリニダード島でも北部や中部とは全く異なる景色が広がっている。中でも、大量の椰子の木と湿地帯が広がり神秘的な風景を堪能できるイカコスは訪れる価値がある場所だ。ちなみにトリニダード・トバゴ（ＴＴ）人の中には、サン・フェルナンドより南西に行ったことがないという者がかなりいる。

イカコス（2012年12月15日、トリニダード島イカコス、筆者撮影）

南西部にもビーチが点在するが、南西部の南海岸は、ベネズエラのオリノコ川から運ばれてきた土砂の影響で水は茶色く濁っている。開発が進んでおらず、アクセスが不便なため、地元住民にあまり知られておらず、治安面でも問題がある。南西部北側のビーチは、工場排水で汚染されている可能性が強いほか、石油漏れ事故による汚染もたびたび発生している。

南部にはピッチ・レイクだけでなく、あちこちに泥火山や歴史的建造物があるが、それぞれ距離が離れている上に、整備されていないため地元の人々以外には知られていないものも多い。

⑹ トバゴ島西部

① カリビアン・ブルーの海が広がる空港周辺

トバゴ島は、トリニダード島から飛行機で20分、フェリーで2時間半の距離で、週末や連休にはトリニダード島からの観光客が押し寄せる。冬期には欧米からの観光客が増える。

飛行機の玄関口となるのは、西部の先端にあるA．N．R．ロビンソン国際空港である。この空港は日本の国内線の空港のようであり、レストランや売店はほとんどない。

他方、徒歩圏内にミルフォード砦、ストア湾があり、この一帯のみで過ごすということであれば、トリニダード島から早朝の便で来て同日の夕方の便で同島に戻ることも十分可能である。

ストア・ベイからはグラス・ボトム・ボート・ツアーが出ている。これは、船底の窓から海底を見学するツアーで、ブッコ・リーフ一帯の珊瑚礁や海の浅瀬に位置するナイロン・プールを訪問する。

ストア・ベイの海は透明度が高く、まさにカリブ海を代表する美しさではあるが、ブッコ・リーフの珊瑚には死滅したものも多く、カラフルで生き生きした珊瑚礁の鑑賞は期待できない。ブッコ・リーフでは、スキューバ・ダイビングやシュノーケリングもできるが波が荒く、水深もそれなりにあるので、泳ぎに自信がない場合は挑戦すべきではない。

波が荒めで深さもある一帯を抜けると徐々に浅くなり、いつの間にか、膝や太もも程度の深さのナイロン・プールに辿り着く。あたりは波がとても穏やかで静かである。

ピジョン・ポイント（2016年5月30日、トバゴ島ピジョン・ポイント、筆者撮影）

私は、昼間と夕方の両方に行ったことがあるが、どちらの景色も素晴らしい。昼間は、太陽の影響で水がエメラルド・グリーンに光る一方、夕方には夕日が海に沈み海の色が暗くなっていく瞬間を堪能できる。どちらの場合も太ももより水深が深くなることはない。

ストア・ベイから車で10〜15分程度行ったピジョン・ポイントは、トバゴ島を代表する有料ビーチで、いつも人で賑わっている。ジェットスキーやパラセイリング、ウィンドサーフィンなどを楽しむことができる。ここでは、木造のジェッティ（桟橋）が有名でトバゴ島を代表する景色としてお馴染みである。

② トリニダード島よりも簡単にウミガメの産卵・孵化が見られるビーチ

A.N.R.ロビンソン国際空港から車で30分程度のタートル・ビーチは、オサガメの産卵・孵化場所として有名で、3〜8月にはかなりの頻度で、オサガメの産卵、孵化したオサガメが海に帰る様子が見られるという。トリニダード島の場合は、アクセスが不便なマトゥーラやグランド・リヴィエールまで出かけなければならないが、タートル・ビーチには、A.N.R.ロビンソン国際空港から30〜40分程度で行くことが可能である。私もここでオサガメの産卵を観察した。オサガメは想像よりも大きく、母ガメは涙を流しながら（目に入った砂を洗い流すためと言われている）、大量の卵を産み落としていた。産卵終了後は、ひれ状の前肢と後肢を力一杯振って、産卵場所を砂で埋めていた。開始から終了まで1時間以上の大仕事、疲れ果てたオサガメが力を振り絞って海に戻っていく姿に感動を覚えずにはいられなかった。ウミガメ保護に関わる欧米のNGOのスタッフによれば、一晩に10匹以上のウミガメがここで産卵しているとのことである。

③ トバゴ島最大の都市スカボローとその郊外

タートル・ビーチに近い場所には、ベネット砦とジェームス砦がある。海辺の高台に位置する砦で、砦というよりは公園と言った方がふさわしい、ゆったりとした雰囲気を味わえる場所である。潮風が心地良く、治安が悪く常に緊張感が漂うトリニダード島は全く別の空間であることを感じさせてくれる。

北東部はマリン・アクティビティ以外も充実しており、ブッコ・リーフに近いマウント・アーヴァンや南東部のローランズにはゴルフコースがある。

内陸部ではハイキングも可能で、私は数時間森の中を探索するハイキングに参加し、複数の野鳥を観察した。

A.N.R.ロビンソン国際空港から高速道路で東に30分程度行くと、トバゴ島最大の都市スカボローに到達する。スカボローは小さな街で、植物園ぐらいしか見所がないが、政府機関が集まるほか、クルーズ船やトリニダード島からのフェリーもここに到着する。

スカボローに近い高台には、キング・ジョージ砦がある。灯台のほか、火薬庫跡地、博物館もあり、トリニダード・トバゴ（TT）の砦の中で最も見応えがある。敷地が広く手入れが行き届いているため、ウォーキングにも適している。

トバゴ島西部は観光客が多いため、リゾートホテルやレストランが立ち並び、サービスの充実度はトリニダード島を上回っていると言える。

(7) トバゴ島東部

ホテルやレストランが至る所にあり観光客で賑わうトバゴ島西部と比べると、東部には人里から離れたのどかな街並みが広がっている。比較的平坦な道が多い西部に対し、東部は急カーブで坂の多い道が続き、移動に時間を要する。

東部最大の見所は最先端に位置するスペイサイドで、沖にはサンゴ礁があり、スキューバ・ダイビングやシュノーケリングを楽しめる。沖のサンゴ礁は生き生きしており、種類も多い。中でも、脳サンゴやフィンガーリーフは必ずと言ってよいほど見られる。カラフルな熱帯魚も多い。周辺の潮の流れは速いが、トバゴ島の水中探検には最適の場所である。グラス・ボトム・ボートからも水中の景色を楽しむことは可能である。

また、スペイサイドからボートで10~15分進むと、リトル・トバゴという無人島がある。野鳥の楽園として知られており、島の反対側の海岸沿いにはおびただしい数のアカハシネッタイチョウやセグロミズナギドリ、カツオドリが生息している。ここまで多くの野鳥を一度に見られる場所は、トリニダード・トバゴ（TT）ではほかにないであろう。

スペイサイドの北にあるシャーロットヴィルは、東部を代表する漁業が盛んな街として有名である。沖合では、釣りやシュノーケリングを楽しむことができる。

内陸部に森林保護区が広がっており、野生の動植物のほか、複数の滝がある。ハイキング好きには外せない場所になっている。

東部にも複数のビーチがあるが、南部は潮の流れが速く海水浴には不向きである。東北部には、ブロッディ・ベイ、イングリッシュマンズ・ベイ、カスタラ・ベイなどのビーチがあり、これらは欧米人在住者が住むエリアとして有名だが、時々外国人が襲撃される事件が発生しているので注意を要する。

6　ノーベル賞作家らを生んだ土壌

(1) ノーベル賞作家V・S・ナイポール

V. S. ナイポール（ガーディアンのウェブサイト http://www.guardian.co.tt/entertainment/2012-07-27/new-book-focuses-tt%E2%80%99s-literary-heritageより）

トリニダード・トバゴ（TT）を代表する作家は、インド系のヴィディアダハル・スラヤプラサド・ナイポール（以下V・S・ナイポール）（1932〜）である。ナイポールは、TTのヒンドゥー教の家庭に生まれ、英国のオックスフォード大学を卒業した後、BBCでのジャーナリストとしての勤務を経て、作家に転身したという経歴を持つ。TTのインド系社会、第三世界を取り巻く現実を複雑な視点で描いた作品を次々と送り出し、ブッカー賞（1971年）、エルサレム賞（1982年）、ノーベル文学賞（2001年）など数々の賞を受賞した。また、世界各地を訪問し、自身のルーツであるインドのほか、イスラム諸国などに関するノンフィクションも発表している。現在は英国で暮らし、1990年にはナイトの称号を授与された。1997年には国際交流基金の招聘で来日した。ナイポールの著作は、日本語版でも出版されている。

ナイポールは、第三世界出身の作家、ディアスポラ（移住者）作家の代表格として有名だが、イスラム世界に対し偏った見方をしていると批判を受けたこともある。また、TT人の中にも、英国寄りの視点から故郷TTを論じていると、ナイポールに批判的な層がいる。

ナイポールの作品のうち、トリニダード島のインド系社会を舞台としたものは、標準英語でないTT英語で書かれたものが多い。英語がネイティブの読者が読むことで、作品の面白さが際立つようになっている。

(2) セントルシア出身でトリニダード・トバゴと縁が深いデレク・ウォルコット

ナイポールに次いで有名なのは、1992年にカリブ諸国初のノーベル賞受賞者となった詩人デレク・ウォルコット（1930〜2017）である。ウォルコットは元々セントルシアの出身で、1953年にトリニダード・トバゴ（TT）に移住した後に劇作家として活躍し、次々と詩集を発表した。ノーベル賞はセントルシア人としての受賞だったが、TTでは地元にゆかりのある人物として知られている。ウォルコットは、白人とアフリカ系の血を引いており、作品ではヨーロッパの要素、アフリカ系の要素を盛り込み、複雑な文化が入り交じったカリブ社会を映し出している。

ウォルコットの詩集も日本語で読むことができる。

(3) 政治活動家・クリケット選手として活躍したC・L・R・ジェームズ

政治活動家や思想家としても知られるシリル・ライオネル・ロバート（C・L・R・ジェームズ）（1901〜1989）は、政治や歴史、小説だけでなく、文学やスポーツ批評の著作も発表している。ジェームズは、クリケット選手として活動する傍ら教師や作家としての顔を持っていた。1932年に英国に移住しトロツキー派のマルクス主義グループに参加、1938年以降は米国に滞在し政治活動に従事、1950年にはトロツキー派から離脱した。1950年にビザが切れ超過滞在で強制退去処分になった後は、トリニダード・トバゴ（TT）や英国などで、西インド諸島独立運動や汎アフリカ運動を展開した。

ハイチ革命を解説した『ブラック・ジャコバン　ドゥサン＝ルヴェルチュールとハイチ革命』（1938）が有名な著作で、カリブ文学を代表する作品として親しまれている。また、スポーツと政治を結びつけた『境界を越えて』（1963）は、クリケット選手として活躍していたジェームズの自伝的作品で、クリケット文学の中で最も影響力のある作品と評価されている。

(4) 初代首相となったエリック・ウィリアムズ

初代首相を務め「トリニダード・トバゴ（TT）建国の父」として歴史的人物になったエリック・ウィリアムズ（1911〜1981）は、C・L・R・ジェームズの思想に影響を受けた。資本主義は、カリブ海の黒人奴隷の重労働と大西洋の三角貿易による重商主義的過程を通じて蓄積され

エリック・ウィリアムズ（ガーディアンのウェブサイト http://www.guardian.co.tt/lifestyle/ 2013-08-21/keeping-legacy-aliveより）

た資本によって成立したと唱える『資本主義と奴隷制：ニグロ史と英国経済史』（1944）、コロンブスの米大陸到達からキューバ革命までの歴史を綴った『コロンブスからカストロまで』（1971）といった著作を世に送り出し、前者ではヨーロッパの資本主義と、カリブ地域における奴隷貿易、奴隷制の関係を分析した。

(5) その他の作家

このほか、ジャーナリストの経験を活かし、歴史家としてあらゆる年齢層向けの著作を発表してきたマイケル・アンソニー（1930〜）、『ドラゴンは踊れない』（1979）でカーニバルやスティール・パン・バンドが外国資本や富裕層に消費されていく様子を描き評価を得たアール・ラブレイス（1935〜）などがトリニダード・トバゴ（TT）を代表する作家として知られている。

TT人作家に共通するのは、英国や米国で教育を受けたという点である。しかし、独自の視点でTTを含むカリブ海地域の歴史や現実を描き、これまで陰の薄かったカリブ地域を世に知らしめてきた。

7　国際大会で活躍する選手を生み出したスポーツ界

(1) 国民的スポーツのクリケット

トリニダード・トバゴ（TT）で最も人気のあるスポーツはクリケットである。[*10] 旧宗主国英国の影響であることは言うまでもない。TTの至る所にクリケット場があり、休日には公園でクリケットをしている人々の姿を目にする。ポート・オブ・スペイン中心部の公園クイーンズ・パーク・サバンナ（以下サバンナ）は、かつてはクリケット場として知られていた。現在は、サバンナから徒歩5分ほどの場所に位置するクイーンズ・パーク・オーバル（以下オーバル）がサバンナに取って代わっており、内部にはクリケット博物館がある。クリケットの試合日になると一帯は路上駐車する車で溢れお祭り騒ぎになる。

クイーンズ・パーク・オーバル（2013年2月23日、ポート・オブ・スペイン、筆者撮影）

クーラーボックス持参で観戦できる試合も多いことから、試合を楽しむよりも宴会気分で会場に足を運んでいる人が少なくない。

人気のある試合はやはり国際試合で、テレビ放送もされる。特にTT代表チームの「レッド・フォース」と海外のチームの試合、旧英領のカリブ諸国から選抜されたメンバーから成るクリケット西インド諸島代表と海外のチームの試合の開催日には、多くのTT人がテレビ画面に釘付けになる。最近では、国際クリケット協会（ICC）主催で2016年4月にインドで開催された「ICCワールドTwenty 2016」で西インド諸島代表が英国を破り王者に輝いた。翌日は、主要紙全てが本件をトップで報じるほど地元では大ニュースになった。

クリケット界の英雄としてもてはやされているのは、ブライアン・ララ（1969〜）で世界最多得点を保持している。2007年に引退表明したものの、2011年に復帰、現在も細々とプレーしている。もっとも最近は社会活動の方が目立ってきている。

TT人には、一般的に周辺のカリブ地域も含め、海外に対する関心が低い者が多いが、一方でクリケット試合に登場する国やその国出身の選手のことを知っていることもあり、クリケットが外交のツールとなることを証明している。

(2) 2006年にW杯に出場したサッカー

クリケットに次いでサッカーの人気も高い。代表チーム「ソカ・ウォリアーズ」が2006年にドイツで開催されたワールドカップに出場国中最小人口国として初出場を果たした際には、トリニダード・トバゴ（TT）中が熱狂に包まれた。「ソカ・ウォリアーズ」は、予選リーグでスウェーデン、イングランド、パラグアイと戦ったものの、グループ最下位に終わり敗退を余儀なくされたが、英国のマンチェスター・ユナイテッドで活躍したドワイト・ヨーク（1971〜）の才能を世界に知らしめる機会となった。ドワイトもまたTTでは英雄的存在で、故郷のトバゴ島には彼の名前にちなんだドワイト・ヨーク・スタジアムが建てられた。

ケガのため2006年ワールドカップへの出場は果たせなかったものの、それ以前に横浜FCで活躍していたシルビオ・スパン（1981〜）のことを覚えている日本人は少なくないであろう。私の友人は、シルビオと同じトリニダード島中西部クーバの出身で彼と同じ学校に通っていた。シルビオは、昔からサッカーの才能に秀でたことで知られていたそうだ。

最近では、2018年ワールドカップの出場権獲得を巡る北中米カリブ海予選・最終節の試合でTTが米国を2対1で破ったことが記憶に新しい。同試合前米国は同グループ内では3位に位置していたが、TTに敗北を喫したこと、パナマとホンジュラスが他の試合で勝利を収め米国よりも好成績を残したことが影響し、米国はまさかの予選敗退となった。

(3) 多くのメダリストを出している陸上競技

オリンピック・メダリストを輩出した陸上も外せない。

1976年のモントリオール・オリンピックでは、ヘイズリー・クロフォード（1950〜）が陸上男子100メートルでトリニダード・トバゴ（TT）史上初の金メダルに輝いた。その36年後の2012年ロンドン・オリンピックでは、当時19歳であったケショーン・ウォルコット（1993〜）が男子やり投げでTT史上2つ目の金メダルを獲得した。2012年はTTの独立50周年で、独立記念日がロンドン・オリンピックと同時期だったため、「50歳を迎えたTTへの誕生日プレゼント」として国民が歓喜に沸いた。ウォルコットは帰国後、トリニダード島北東部にある故郷のトコまで凱旋パレードを実施、多くの国民が押し寄せ大変な騒ぎになった。ウォルコットは一気にスターダムに駆け上り、トコの観光名物として知られる灯台は、ケショーン・ウォルコット灯台に改称された。彼は、２０１６年のリオ・デ・ジャネイロ・オリンピックでは、惜しくも銀メダルに終わったが、ＴＴの陸上を代表する選手として、現在も国内外で注目されている。

ケショーン・ウォルコット（ガーディアンのウェブサイト http://www.guardian.co.tt/sport/2015-06-08/borel-silver-walcott-bronze-javelin-record-falls-againより）

短距離種目、中距離種目でも実績を上げており、１９９６年のアトランタ・オリンピック及び２０００年のシドニー・オリンピックの男子１００メートル、２００メートルの２種目で、２大会連続で銀メダル及び銅メダルの２つのメダルを獲得したアト・ボルドン（１９７３〜）もＴＴでは伝説的な存在である。アトランタ・オリンピック以降、ＴＴの短距離・中距離選手は、２０１６年のリオ・デ・ジャネイロ・オリンピックまで、少なくとも銀か銅のメダルに輝いてきた。２０１７年にロンドンで開催された世界陸上では、男子４００メートルリレーで優勝を果たし、米国の７連覇を食い止めた。

(4) アテネ五輪で初のメダルを獲得した競泳

陸上以外では、２００４年のアテネ・オリンピックの競泳男子２００メートル個人メドレーでジョージ・ボベル（1983～）が3位になり、競泳種目で初めてTTにメダルをもたらした。オリンピックなど国際大会に出場するトリニダード・トバゴ（TT）人選手のほぼ全員が陸上種目の選手でアフリカ系である。白人系のジョージは、TT代表団の中で目立つだけでなく、TTのプレゼンスが低い競泳種目の中でも異彩を放っている。

(5) パラリンピックでの活躍

トリニダード・トバゴ（TT）は、パラリンピックにも参加しており、初参加した1984年のニューヨーク・アイレスベリー・パラリンピックでは、レーチェル・マーシャル（生誕年不明）が陸上2種目、競泳1種目で金メダル2つ、銅メダル1つを獲得した。以降、TT勢はメダルに手が届かない時期が続いたが、2016年のリオ・デ・ジャネイロ・オリンピックで、アキーム・スチュアート（1992～）がやり投げ及び円盤投げの2種目でそれぞれ金メダル、銀メダルに、ニョシア・ケイン（1994～）が陸上女子100メートルで銅メダルに輝き、母国に32年ぶりにメダルをもたらした。

(6) その他のスポーツ

重量上げやボクシング、競輪や競技ラテンダンス、空手や柔道、剣道も地元で人気があり、トップニュースにはならないが国際大会で優秀な成績を収める選手は少なくない。私がラテンダンス教室で知り合ったエイドリアンは、重量上げ選手として活躍し、これまでに国内外の複数の大会で優勝を収めてきた。家族からのサポートのもと厳しいトレーニングを積んでおり、1日に3600キロカロリー以上摂取しているそうだ。

こうしてみると、トリニダード・トバゴ（ＴＴ）は小国と言えどもスポーツの国際大会で目覚ましい成果を上げてきたことが分かる。実際、ＴＴは、人口一人当たりのメダル獲得数が多い国の上位10か国にランクインすることが多いのではないだろうか。

〔注〕

＊1　ＴＴ経済・持続可能な開発省中央統計局（２０１１）、*Trinidad and Tobago 2011 Population and Housing Census Developing Reports*, p.17.

＊2　同報告書、p.17.

＊3　前掲報告書、p.17.

＊4　前掲報告書、p.17.

＊5　前掲報告書、p.184.

＊6　前掲報告書、p.184.

＊7　前掲報告書、p.15〜16.

＊8　ＴＴ国立図書館・情報システム局 “First People’s Presence in Trinidad and Tobago” http://www.nalis.gov.tt/Resources/Subject-Guide/First-Peoples

＊9　ＳＲＣＣのホームページによれば、このうち日常的に活発なメンバーは80人程度であるという。http://santarosafirstpeoples.org/

＊10　11人編成の2チームがボールとバットを使って得点を競い合うスポーツである。投手は助走をつけることが可能、後ろに立つウィケットと呼ばれる3本の木製の棒に投球が当たるとアウトになる、３ストライクでアウトではなくウィケットにボールが当たった時点でアウトになる、打者はペアを組んで打つことが可能といった複雑なルールがあり、野球とは全く異なっている。

コラム5 筆者が観たトリニダード・トバゴ人

自国民でも辟易するプライドの高さ

トリニダード・トバゴ（TT）人と接した外国人は、彼らは非常にプライドが高い国民であると口にする。実際、TT人の中には、新しいものを取り入れること、改善すること、間違いを指摘されること、見慣れないものを受け入れること、臨機応変に対応することを嫌う者が多い。

建設的なこと、相手が自分のためを思って言っていることであっても、批判を受けると感情的になり、以降相手とのコミュニケーションを断ったり、相手に逆恨みし反撃したりすることもある。

これは、プライベートだけではなく職場やカスタマーサービスが必要となる場所でも見られる。詳しくは8章3で説明するが、私自身もレストランやスーパーマーケット、銀行や公的機関、学校などで無礼かつ高圧的な態度を取られ気分を害したことが多々あった。

他方、外国人に限らず、TT人の中にも自国民の高慢さを恥だと考える者が多い。

周囲に不快感を与えるほどのプライドの高さを持つTT人が多い背景としては、人見知りや保守的な国民性のほかに、同地が島国で英語圏の先進国以外との交流が活発でなかったことも影響していると考えられる。また、国民の教育水準が高く、贅沢を言わなければそれなりに恵まれた生活をしている人々の割合が高いこと、周りに便宜を図ってもらうことに慣れており、自分から頭を下げる、下手に出ることを恥だと思う考えも影響していると思われる。

コラム 6 筆者が観たトリニダード・トバゴ人

規則よりも人との関係を重視

トリニダード・トバゴ（TT）の政治、司法、教育制度は、元宗主国の英国の影響を受けたものが多い。民主主義も根付いており、世界的に見ても政情は比較的安定している。

しかし、実際には法律や制度よりも他人との関係がモノを言う社会である。公的機関などでは長時間待たされることが普通だが、関係者と知人というだけで順番が早まったり、親切に対応してもらえたりすることが多い。特に、上のレベルの人間と知り合いというだけで全く対応が異なることもある。

私の場合も、知り合って間もない人々から職紹介を求められたり、大使館で発給する日本入国査証申請の際に便宜を図ってほしいという依頼を何度も受けたりした。

家や車のメンテナンス、その他有料サービスを受ける上でも業者と知り合いかどうかでコストや対応が変わる。このため、電話帳で業者を探したり、インターネットの口コミサイトで検索するよりも、家族や親戚、隣人を通じて業者を選ぶことが多い。

規則よりも他人との関係でものを動かすことは、それによって利益を享受している人間にとっては都合がいい形である。他方で公平性という点では問題になる。8章3でも取り上げるが、規則が形骸化することで不正や汚職につながっている。

第4章 英国式から独自の発展を遂げた政治体制

1 政治史――19世紀末から現代まで

(1) 英国からの独立

1889年、トリニダード島とトバゴ島からなる英領トリニダード・トバゴ（TT）が誕生した。その後周辺の英領カリブ諸島で起きた自治権拡大の要求がTTにも波及し、1920年代以降は労組率いる労働運動が活発化し、より強く自治権拡大を求めるようになった。その結果、改正された憲法のもと選挙制度が導入されたが、選出可能な議員の数に限りがある上に投票には厳しい要件が設けられるなど限定的なもので、労組側の要望を満たすには不十分であった。

このような状況の中で、1937年には油田労働者による暴動が発生し、社会が不安定化した。これを受け1945年に普通選挙制が導入された。以降、1950年代には、数回にわたって憲法が書き換えられ、選出議員の増員などの変更が加えられた。

1956年になると、総選挙でエリック・ウィリアムズ（3章6(4)）党首率いる人民国家運動

（ＰＮＭ）が勝利を収め、自治政府と二院制議会設立に向け英国側との協議が本格的し、後の議員内閣制導入につながった。ＰＮＭは、１９６１年の総選挙でも勝利を収め、上記を盛り込んだ新憲法を施行した。

同時期、ＴＴは、１９５６年英領カリブ法のもと、９つのカリブの英領植民地とともに、西インド連邦を結成（１９５８年）していたが、次第に同連邦の運営などを巡る意見の相違が浮き彫りになり、特に域内の大国であるＴＴとジャマイカの対立は修復不可能なレベルにまで達していた。ジャマイカは、１９６１年になると同連邦からの脱退を決定し、英国からの独立に向けた動きを加速させた。ＴＴもこれに続き脱退に踏み切り、求心力を失った同連邦は１９６２年１月に崩壊した。こうして、ＴＴは、同年８月31日に独立国家となったのである。

(2) 独立後——立憲君主制から共和制へ

① ウィリアムズ初代首相のもとでの発展とブラック・パワー運動の勃発

トリニダード・トバゴ（ＴＴ）では、独立後もウェストミンスター型の議会制民主主義に基づいて国家運営が行われ、ウィリアムズ初代首相率いる人民国家運動（ＰＮＭ）が１９８６年まで25年近く政権を維持した。

ウィリアムズは、ＴＴでは「独立の父」と呼ばれ、強烈なカリスマと指導力を持った人物として語り継がれている。彼は、英国のオックスフォード大学を卒業し、１９５６年にＰＮＭを創設、英国からの分離独立を訴えた。歴史学を専攻し、米国のハワード大学で教鞭を執っていたことから歴史学でも優れた業績を残している。

TTは、独立当初、ウィリアムズのリーダーシップのもと、独立国家として順調な道を歩んでいたが、1960年代末に最初の危機が訪れた。1968年にカナダのモントリオールにあるジョージ・ウィリアムズ大学でカリブ地域出身の学生が人種的差別を受けるという事件が発生した。当時は、米国で公民権運動が盛んで世界的にも人種差別の是正に対する関心が高かった時期である。この事件に対し、トリニダード島にある西インド諸島大学（UWI）セント・オーガスティン校のアフリカ系の学生を構成員とする国家共同行動委員会（NJAC）が抗議運動を展開、1970年になると一般のアフリカ系住民をも巻き込んだブラック・パワー運動に発展した。事態を重く見たウィリアムズ政権は、同年4月に国家非常事態を宣言、米国やベネズエラ軍に出動を要請するまでに至った。以降事態は沈静化したが、国に与えた衝撃は大きかった。

②　共和制への移行

1970年代中盤になると、トリニダード・トバゴ（TT）は、石油価格高騰の恩恵を受け、急速な経済成長を遂げた。ブラック・パワー運動の頃とは社会状況が一変した。

英連邦（英国及び同国からか後独立した国々によって構成される緩やかな国家連合）の一員であったTTは、独立後も英国女王エリザベス二世を国家元首とし、その代理人として総督を任命していたが、1976年8月1日には、同女王に代わり大統領を国家元首とする共和国に生まれ変わり、憲法も改正された。今日、TTでは、9月24日を「共和国の日」として祝っているが、これは1976年、憲法に基づき議会が初めて召集された日を記念するものである。

③ 政権交代とイスラム教急進派によるクーデター未遂

1981年になるとウィリアムズ首相が逝去し、さらに石油価格の下落と財政赤字の拡大により経済が低迷すると、国民の人民国家運動（PNM）離れが進んだ。

その結果、1986年の総選挙では、反PNMを掲げる政治連合、国家再建同盟（NAR）が地滑り的勝利を収め、PNM長期政権に終止符が打たれた。当初、NARに対する期待は高かったが、NAR内部の対立が激しくなり、また国際通貨基金（IMF）の指導のもと実施した構造改革によって経済が停滞し、国民の不満は増大した。

そのような中、1990年7月27日にイスラム教急進派団体であるジャマート・アル・ムスリミーン（JAM）のメンバーが、レッド・ハウスの名で親しまれている議事堂と国営テレビ局、ラジオ局を占拠し、アーサー・ナポレオン・レオポルド・ロビンソン（A・N・R・ロビンソン）（1926〜2014）首相などを人質にとりクーデターを企てた。これを受け、エマニュアル・カーター（1929〜2015）大統領代理は、非常事態を宣言、同宣言に則り戒厳令が敷かれる事態となった。

27日夜にテレビ局の放送機を奪還した国防軍は、JAMと交渉、6日後の8月1日にはJAMが降伏し、クーデターは未遂に終わった。この間、ロビン

クーデター未遂事件――議事堂を監視する兵士（ガーディアンのウェブサイト http://m.guardian.co.tt/news/2013-05-31/bakr-undecided-enquiry-appearance-admits-leader-i-know-what-happened より抜粋）

ソン首相がJAMのメンバーに強打され右足を銃で撃たれたほか、その他の下院議員を含む24人が命を落とした。また、激戦地となった議事堂は、銃撃や火災で損傷したが、2018年現在も修復工事は終わっていない。

同クーデター未遂事件の影響を受けたのは、ポート・オブ・スペインをはじめとするトリニダード島北部の一部地域のみであったものの、同事件は、それまでクーデターや戦争、テロといった大事件を全く経験したことのなかったトリニダード・トバゴ（TT）国民に、クーデターやイスラム急進派による暴力の脅威が身近に存在する事実を知らしめた。

国民は、同事件を招いた責任はロビンソン政権にあるとし、ますます同政権への不満を高めていった。結果としてNARは、1991年の総選挙で敗北、PNMが再び政権に返り咲いた。

④ 二大政党による統治

パトリック・マニング（1946～2016）首相率いる人民国家運動（PNM）は、NAR政権の構造改革を引き継ぎ、経済自由化、国営企業の民営化、公的部門の人員削減、変動為替相場制への移行を進めたが、失業者の増加や物価上昇を招き、国民からの支持低下を招いた。

1996年の総選挙では、インド系の統一国民会議（UNC）と国家再建同盟（NAR）の野党連合が勝利し、UNC党首のバスデオ・パンディ（1933～）がトリニダード・トバゴ（TT）史上初のインド系首相に就任した。

パンディ政権には汚職疑惑が絶えなかったが、好調な経済を背景にその実績が評価された。UNCは、2000年の総選挙では単独で戦い再勝利を収めた。

しかしながら、選挙不正疑惑や汚職疑惑が次々と浮上し、党内分裂も深刻化、パンディ首相は第2次内閣発足から僅か1年で総選挙実施を余儀なくされた。

2001年12月に行われた総選挙では、UNCとPNMが議席を半々に分け合う結果となったため、両党は権力共有を含む協定を締結し、首相の選出は大統領に一任することで合意したが、マニングPNM党首が首相に任命されると、UNCは反発、与野党合意を破棄した。

翌年4月には与野党の対立から議会が停止される事態となった。同年10月になり、ようやく総選挙が実施され、PNMが全36議席のうち20議席を獲得し、膠着状態に終止符が打たれた。

これ以降、マニング首相率いるPNMは、経済好況を背景に、低所得者向け住宅の建設、治安及び教育部門の強化、医療の充実化などを実施し、安定した政権運営を行った。2007年の総選挙前には、インフレ率上昇、治安の悪化、同首相による司法介入問題、閣僚のスキャンダル、PNMの内部対立といった問題も浮上したが、過去5年間の実績が評価され、総選挙では全41議席中26議席を獲得した。

2007年以降、マニング政権は、大型インフラ開発を本格化し、国立芸術アカデミー(NAPA)やウォーターフロント・コンプレックス建設など、ポート・オブ・スペインの再開発に注力した。その一方、治安と医療サービスの悪化、上記インフラ建設に関与した国営企業TT都市開発公社(UDECOTT)の汚職問題への対応を巡り、同政権に対する風当たりは厳しさを増した。

⑤ 初の女性首相の誕生と政権交代

2010年4月、マニング首相は、任期満了まで約2年半を残し議会の解散に踏み切った。翌月に総選挙が実施され、その結果、統一国民会議（UNC）と4政党による野党連合である人民のパートナーシップ（PP）が41議席中29議席を獲得し圧勝した。10年ぶりの政権交代が実現するとともに、UNC党首のカムラ・パサード＝ビセッサー（1952〜）がトリニダード・トバゴ（TT）史上初の女性首相に就任した。

PP政権は、汚職問題で人民国家運動（PNM）への失望感を強め、新しい政治を求めた世論の高い期待を背負い、当初は高い人気を誇った。PNM政権の頃とは打って変わり、新政権は、トリニダード島中部及び南部のインフラ開発を進め、教育・児童分野で実績を挙げた。しかし、幾度にもわたる閣僚のスキャンダルとそれに伴う内閣改造、警察や諜報機関の人事を巡る問題により政治経験の未熟さが露呈した。さらに、与党連合内の不和、たび重なる汚職疑惑も加わり、国民の期待は、失望と不満に変わっていった。

ローリー現首相（ガーディアンのウェブサイト http://www.guardian.co.tt/business/2018-03-16/we-generate-value-ttより）

議会の任期満了に伴い実施された2015年9月の総選挙では、PNMが41議席中23議席を獲得し、5年ぶりに与党の座に復帰した。首相には、前回総選挙の後、マニング前首相に代わってPNM党首となったキース・ローリー（1949〜）が就任した。

ローリー政権は、エネルギー価格下落に伴う経済停滞と治安悪化という問題を抱えつつも、ローリー首相の強力なリーダーシップのもと比較的安定した政権運営を展開している。

2　現在の政治体制

⑴　大統領、首相及び議員の選出方法

トリニダード・トバゴ（TT）の議会は二院制で上下両院から構成されている。上院には、実質的な権限はほとんどなく、下院優勢の制度となっている。上院の議席数は31議席、下院の議席数は41議席である。このうち下院議員のみが国政選挙で41選挙区から選出される。上下両院任期は5年である。与党となった政党の下院議員の中から首相が選出される。

大統領は上下両院からなる議会選挙団から選出される。大統領には、首相や閣僚を任命する権限、国防軍の最高司令官としての役割が与えられているが、国政の実質的トップは首相で大統領は象徴的な存在に留まる。

なお、選挙で選出されない上院議員は、与党党首、野党代表、その他関係団体からの推薦を経て、大統領が任命する仕組みとなっている。

首相府（2013年9月6日、ポート・オブ・スペイン、筆者撮影）

地方では、原則として3年ごとに、直接選挙で14の

地方自治体（市、自治区及び区域）の議員137名（2016年現在）が選出される。同時に、各地方自治体の参事会員4名が比例代表制によって選出される。各地方自治体には、地方議会が設置されており、市及び自治区の場合は市長、区域の場合は議長が地方議会のトップを務める。各地方議会には議員及び参事会員も出席し、中央政府から配分された予算のもと、警察、道路の管理、ゴミ処理場の維持管理、公営墓地・火葬場の運営、図書館の運営等を担当している。2016年11月に地方選挙が実施され、14自治体中、人民国家運動（PNM）が7自治体、統一国民会議（UNC）が6自治体で勝利し、1自治体は両者の引き分けに終わった。

(2) 独自の地方政府を持つトバゴ島

トバゴ島においては、トバゴ議会法によって、同島の地方政府であるトバゴ議会（THA）が設置されており、原則として3年ごとにTHAの議員12人を選出する選挙が地方選挙とは別に実施される。最近では、2017年1月にTHA選挙が実施され、PNMが前回の12議席より2議席減らしたものの、再勝利を収めた。

当然ながら、中央と地方、中央とTHAでねじれ現象が起こることもある。最近の事例では、2013年のTHA選挙と地方選挙で人民国家運動（PNM）が勝利し、中央政府の人民のパートナーシップ（PP）政権との間でねじれが生じていた。この間、中央政府とトバゴ行政府の連携がスムーズに進まず、メディアではトバゴ行政府の中央政府に対する不満が頻繁に報じられていた。

3 主要政党

(1) 二大政党

2018年現在、人民国家運動（PNM）と統一国民会議（UNC）が二大政党として知られている。PNMはアフリカ系を基盤とし、シンボルカラーは赤、UNCはインド系を基盤とし、シンボルカラーは黄色である。地域別でみると、PNM支持者はトリニダード島の都市部やトバゴ島に多い一方で、UNC支持者はトリニダード島の中部、南部に多い。

PNMは、本章1(2)のとおりウィリアムズ初代首相が創設した政党で、独立後長期にわたって与党の座に君臨していたため政治経験が豊富な点が強みである。現首相のローリー党首にとって、首相ポストは初であるが、同党首は前PNM政権時代に閣僚ポストを務めていたため、国政を熟知している。

これに対し、UNCが与党となったのは、1995〜2001年、2010〜2015年の約10年に過ぎない。

2010年5月から2015年9月まで政治連合の人民のパートナーシップ（PP）が政権を担っていた時期には、当初、UNCのほか、人民会議（COP）、アフリカ系を基盤とするトバゴ人民組織（TOP）、国家共同行動委員会（NJAC）及び社会正義運動（MSJ）がPPに参加し、人種やエスニックが多様な5政党の政治連合として注目と期待を浴びた。しかし、実際にはUNCの勢力が圧倒的で、これにUNCから分裂して創設されたCOPに多少の閣僚ポストが割り当てられたに過ぎず、左派寄りのＭＳＪを除いたＴＯＰ、ＮＪＡＣは政党としてまともに活動をしているのかも不明なほど影の薄い存在であった。ＣＯＰは、２０１０年の時点では、第三勢力として注目を集めていたが、内紛、党員の離脱及びＵＮＣへの党籍変更、党首交代がイメージダウンにつながった。２０１５年9月の総選挙では大幅に議席数を減らし、党の弱体化が進んでいる。

実は、ＵＮＣもＰＮＭから分裂して設立された政党である。正確には、ＰＮＭから分裂した派閥が幾度にもわたる分裂や吸収合併、名称変更を経て、今のＵＮＣに発展した。ＰＮＭもＵＮＣも労働者を主な支持基盤としており、米国やヨーロッパ、南米の政党のようにイデオロギーや政策の違いはない。

(2) 勢力を伸ばすことが困難な第三政党

２０１３年には、元統一国民会議（ＵＮＣ）の有力議員で国際サッカー連盟（ＦＩＦＡ）の副会長を務めたこともあるジャック・ウォーナー（１９４３〜）下院議員が設立した独立自由党（ＩＬＰ）が高い人気を誇っていた。ＵＮＣにも人民国家運動（ＰＮＭ）にも失望していた層を取り込み、一時は党員10万人を抱えるほどの一大勢力に膨れ上がった。その結果、同議員の出身選挙区であるチャグアナス西選挙区の補欠選挙で圧勝した。しかしながら、それから間もなくして実施された地方選挙では期待ほど成果を挙げられず、その後はウォーナー党首のＦＩＦＡ絡みのスキャンダルが国際問題に発展したため（8章2(3)）、急速にＩＬＰの人気が低落した。２０１５年に同党首が辞任した後は、党の弱体化に拍車がかかっている。ＩＬＰも人民会議（ＣＯＰ）と同様、ＵＮＣやＰＮＭに代わる第三政党になるものと思われていたが、束の間の栄光に終わった。現在は、以前のように、

PNMとUNCの二大政党制に戻っている。

4　選　挙

(1) 有権者の要件

トリニダード・トバゴ（TT）では、18歳以上の英連邦（英国及び元英領の国々による緩やかな国家連合）諸国民で、有権者資格発生日直前の2か月以上該当する選挙区に居住しており、かつ選挙管理委員会に所定の有権者登録を済ませた者に有権者資格が与えられる。

2015年9月の総選挙時の登録有権者数は、109万9279人で、同選挙の投票率は66・86パーセントであった。[*1] 選挙区別に見ると、最も投票率が高い選挙区では7割以上に達しているのに対し、最も低い選挙区では5割程度に留まる。

地方選挙になると投票率が低下し、最も高い選挙区でも3割程度である。

(2) お祭り騒ぎに発展する選挙キャンペーン

日本の場合は、福祉や教育、経済や雇用といった身近な問題に加え、外交や環境問題に対する関心も高く、選挙の際には各政党のマニフェストを比較してどの政党に投票するか検討する有権者が多い。しかし、トリニダード・トバゴ（TT）人有権者が最優先する事項は自身の選挙区のインフラ開発や雇用で、ミクロな視点からの利益を追求がちである。これは、自分たちの暮らしに直結する基本インフラや雇用の問題が改善されていない、国全体としてさらなる発展を遂げるための課題を考える余裕がない、自分たちの利益にしか関心がないということの表れでもある。

マニフェストは直前まで発表されず、内容は以前のものの焼き増しとなっていることが多い。有権者自体、マニフェストへの関心は低い。候補者の知名度、財力、これまでの地元への貢献あるいは将来地元に利益をもたらす可能性があるかなどが重視される。また、候補者の人種やエスニシティも有権者の投票行動を左右する要因となる。

二大政党の人民国家運動（PNM）と統一国民会議（UNC）は、それぞれアフリカ系、インド系を支持層としているが、例えばPNMは、圧倒的にインド系人口の割合が高い選挙区では、敢えてインド系の候補者を指名し、人種やエスニシティにも配慮する。しかし、アフリカ系はPNM支持、インド系はUNC支持という構図は、未だにTTの至るところで見られる。家族や親族と同じ政党を支持し、それが代々引き継がれている。あるインド系の友人は、「冗談でPNMのチラシを親に見せると、親は怒ってチラシをビリビリに破いてしまった」と述べていた。反対にアフリカ系の知人は、「自分たちはチャンナ（ヒヨコ豆をカレーで煮たインド系の食べ物）を食べない。PNMしか支持しない」と家族で大合唱していたほどインド系やUNCを見下していた。

他方、インド系やアフリカ系でも中間層、様々な人種やエスニック集団が混在する地域に居住する人々、混血の人々は、浮動層として大きな影響力を持つ。浮動層が多いのは、トリニダード島北西部と北東部の境界線区域の人口密集地帯で、地元では「東西回廊」と呼ばれている。選挙の勝敗の行方は、同地域の浮動票にかかっている。

選挙キャンペーンが本格化するのは、投票日の1か月前以降である。街中に候補者のポスターが貼り出され、新聞やテレビで二大政党の広告を目にするようになる。広告は、ライバル政党の問題や失敗を誇張したものが目立つ。テレビやラジオで各政党の党首や有力党員が討論するような光景はほとんど見られない。

2週間前を切った頃になると、大型拡声器を乗せた車が選挙区内を走り回り、投票や支持を呼びかける。日本のように候補者が街頭演説したり、選挙カーにうぐいす嬢が乗車したりすることはない。

投票日は、月曜日になることが多いため、直前の週末は、それぞれの政党の本部（PNMはポート・オブ・スペイン、UNCはトリニダード島中西部のクーバ）外で集会が開催される。PNMの集会には赤いTシャツを着たアフリカ系支持者で、UNCの集会には黄色いTシャツのインド系支持者で溢れる。会場周辺には、十分な駐車場所がないため、それぞれの政党、あるいは支持者がバスを貸し切り参加者を運送することが多い。したがって、集会の時間帯、周辺の道路で大渋滞に巻き込まれることが常である。

集会では、党首や有力党員によるスピーチも行われるが、有権者の関心を引き付けるために有名アーティストのパフォーマンスも散りばめる。参加者は、カラフルなTシャツをまとい、ブブセラ（南アフリカの楽器）を鳴らしたり風船を振り回したりしながら熱狂的に応援する。政治集会というよりは、コンサートのような盛り上がりようである。

興味深い点は、TT人は、支持政党が異なれど相手を攻撃したり、選挙絡みの暴力や暴動を起こすことはなく、互いの政治的立場を尊重している点である。国民の分断が社会問題化し、暴動やデモがたびたび発生している米国やベネズエラの状況とは程遠い。

(3) 投票日当日とその直後

投票日当日は、有権者は仕事を抜け出して投票する権利が認められている。先進国のように迅速な投票をする体制にはまだないため、自分が投票するまである程度の時間を見なくてはならない。投票が終了した人々は、投票したという証拠である赤いインクを人差し指に付けることになっている。

他のカリブの国々では、開票・集計に時間がかかり、結果が出るのが翌日あるいは数日後ということも珍しくないが、それと比べるとトリニダード・トバゴ（TT）の選挙の開票・集計は速い。当日の午後11時頃までには大体の結果が判明する。いくつかの選挙区で再集計になることもあるが、負けた政党の支持者が敗北を認めず勝利を収めた政党の支持者と一触即発状態になったり、抗議活動をしたりするまでには至らない。

総選挙の場合、各政党本部には、熱心な支持者が集まり、巨大スクリーンを眺めながら選挙戦の行方を見守る。結果が明らかになる頃には、党首やその他の候補者が勝利／敗北宣言のために本部に現れる。勝利を収めた政党本部では、党首一同ステージ上でゲストの歌手やダンサーたちと踊ったり歌ったりと明け方までお祭り騒ぎを繰り広げる。反対に敗北した政党では、最終結果発表前から観客が退場し始め、白けたムードが漂う。このコントラストは強烈である。

総選挙の翌日には首相が就任し、1週間以内に他の閣僚が就任する。閣僚ポストの数がいくつになるかは、その時の首相次第である。首相ができるだけ多くの党員を閣僚に登用したいと考える人物の場合はポスト数が多くなる。パサード＝ビセッサー統一国民会議（UNC）党首が首相を務めた時代は、閣議に参加する閣僚だけでも30名以上おり、中には一体何の仕事をしているのか分かりにくいポスト、他のポストと所掌が重複していると思われるポストもあった。「人口一人当たりの閣僚数が世界で最も多い」との皮肉が飛び出したほどである。

TTの場合、首相の権力は絶大であり、これに続いて法務長官、財務大臣、エネルギー大臣、公共事業大臣、貿易・産業大臣などが有力なポストと言われている。国民の利益に直結するサービスを提供する保健大臣や教育大臣のプレゼンスも高い。これらのポストには、有力議員、中堅議員が登用されることが多い。また、治安の改善が最優先事項になっているため、警察や軍を管轄する国家安全保障大臣には、元軍人や治安分野の知見に長けた人物が任命される。意外なことに、外務大臣のプレゼンスは他国ほど高くない。

5　トリニダード・トバゴ政治の特徴

(1) 長期的視点に立った政策よりも短期で成果が出る「バラマキ」優先

① 助成金支給・失業対策プログラムを変更できない政治家

トリニダード・トバゴ（TT）には、先述のとおり、日本の県議会議員や市議会議員、区議会議員に相当する地方議員がいるものの、彼らのプレゼンスは低く、一般国民は、下院議員に対し、国政だけではなく、インフラ開発や雇用創出といった地元への貢献を強く期待している。そのため、選挙の際には、国政での実績よりも、いかに地元の選挙区に貢献したか、いかに地元の有権者との関係が強固かという点が重視される。例えば、外務大臣が国益の追求、国際社会における自国のプレゼンス向上のために外遊したり、自国を訪れた外国の要人と会談したりすることは当たり前のことであるが、TTでは、下院議員が同ポストに任命された場合であっても、地元への貢献が期待される。外遊や国政に追われて、地元の有権者を軽視していると判断されると、たちまち支持率が低下する。他方、不透明な部分があったとしても、地元の有権者の雇用や地元企業の入札に一役買った下院議員に対する支持は篤い。この点は、日本の伝統的な国会議員と似ているかもしれない。

このため、歴代政権は、政府授業料支援プログラム（GATE）、ガソリンへの助成金支給、貧困層の失業対策を目的としたコミュニティを基盤とする環境保護・促進プログラム（CEPEP）、スポーツを通じた青少年のエンパワーメントを目的とした「ライフ・スポーツ・プログラム」など、様々な分野で国民に対する助成を実施してきた。また、公立病院においては、待ち時間が長い、医療人材のレベルが低いなどの問題も残るが、原則として医療費は無料であり、いずれの政権もこの制度を維持してきた。

TTの物価は先進国あるいはそれ以上で、働き盛りの層でも年収は日本の若手社員程度である。にもかかわらず、自家用車やスマートフォンを所有し、家族で海外旅行に行く余裕がある層がそれなりに存在するのは、彼らが家族と同居したり、夫婦で共働きしたりしていること以外に、政府からの助成金に助けられていることが大きい。

他方、以前のようにエネルギー収入を支えに国民に各種助成金を支給することはますます困難になっている。このため、過去5年間だけでも数回ガソリンへの助成金が減額となった。GATEに関しては、本来であれば高等教育に進学する余裕のない層が対象になっているはずが、余裕のある世帯の子弟がその利益を享受しているケース、助成金を獲得したものの、真面目に勉学に励まず途中で進路を変更するケースなどが散見されるとの批判の声が相次ぎ、現ローリー政権は見直しに着手している。このほか、歳入を増やすため、日本の固定資産税にあたる財産税を導入すべきとの声が出ており、政府は本格的導入に向けて動き出している。TTでは、一軒家の所有が基本であるため、財産税を導入すれば相当の税収にはなるが、当然ながら反対を唱える国民が多い。

② 政権交代で左右されるインフラ開発

政府は、助成金の支給のほか、成果が見えやすいインフラ開発にも力を注ぐ。しかし、どの政党が与党になるかで開発対象地域が変わり、持続性に加え、必要性という点でも疑問符が残る。

2001年12月から2010年5月まで政権を担った人民国家運動(PNM)のマニング政権は、石油価格の高騰による歳入増を背景に、中国の支援も得ながら、ポート・オブ・スペインのインフラ開発を進め、国立芸術アカデミー(NAPA)やウォーターフロント・コンプレックスを建設した。その間、PNMの支持基盤ではないトリニダード島中部や南部の開発は軽視される傾向にあった。

2010年5月に統一国民会議(UNC)が最大政党となった政治連合、人民のパートナーシップ(PP)が政権の座に就くと、今度は中部・南部の開発が急速に進展した。南部の高速道路拡張・修復工事などが実施され、同地域の交通の便が飛躍的に改善されたほか、渋滞で悪名高かった北東部の高速道路の立体交差点の整備も完了させた。

その一方、前マニング政権時代に始まったインフラの工事の中断や閉鎖が目立つようになった。その悪しき例として挙げられているのは、トリニダード島南部タルーバのブライアン・ララ・スタジアムである。同スタジアムは、２００５年に着工、２００７年のクリケットのワールド・カップの会場になるはずであったが、工事の遅延や工事費の増額といった問題が重なり、ＰＰ政権時は工事が中断されていた。その間電線などの盗難、施設の老朽化が進み、完成までには当初の見積額をさらに上回る額を投じる必要があるとみられていたが、政権交代後の２０１７年５月にオープンした。

　これに加え、ポート・オブ・スペインのシンボルであるＮＡＰＡも安全衛生上の問題が数百か所以上あることが発覚したとして、２０１５年４月に突然閉鎖となり、予定されていたイベントは全てキャンセルされた。同年12月になってようやく修復工事が開始し、２０１７年に再オープンした。ＰＮＭ支持者の間では、「欠陥工事が原因ではなく政治的理由で閉鎖された」と考える声が根強かった。

クーバ児童病院（2017年8月14日、トリニダード島クーバ、筆者撮影）

　ＰＰ政権は、政権末期に中国からの融資を得て、トリニダード島中西部のクーバに児童病院と水中競技場を完成させたが、その直後に政権が交代し、２０１８年現在水中競技場だけが営業している。病院については高速道路沿いに建つ人気のない巨大な施設とその周りに新たに建設された道路だけが異様に目立つという光景である。２０１８年４月、ローリー政権は、同病院を医療人材養成機関として経営すると発表し、野党の反発を買った。

また、PP政権は、ポート・オブ・スペイン近郊の10億トリニダード・トバゴ（TT）ドル（約160億円）の水処理プラントの建設工事にゴーサインを出し、インド系のスーパー・インダストリアル・サービス（SIS）社が同工事を応札したが、PNM政権発足直後に同プロジェクトの中止が決定された。

このほか、PP政権時代にトリニダード島中西部クーバで進めていた橋の修復工事もPNM政権に代わった途端中断され、工事が放棄された状態となっていたが、2017年に再開した。

これらとは対照的に、現PNM政権は、ポート・オブ・スペイン中心部の公園クイーンズ・パーク・サバンナ周辺、自身の支持基盤であるトリニダード島南西部ラ・ブレー周辺の道路修復工事を実施した。前者については2017年に作業が完了した。

こうして見ても、どの政党が政権の座に就くかで、国内のインフラ開発に歴然と差が出ることが分かる。

TTには、インフラ開発や教育改革に加え、医療制度改革、産業多角化、労働市場の活性化、治安改善のために改善すべき問題が山積みであるが、どの政府も長期的視点に立って政策を立案・実施するよりも簡単に国民（特に支持層）からの人気獲得に繋がる「モノ」の提供を優先しがちである。マニフェストや予算案に明記されている事項が絵に描いた餅になる理由はここにある。

(2) 根強い縁故主義

トリニダード・トバゴ（TT）では、英国から引き継いだ民主主義や法の支配が深く浸透しているとはいえ、未だに社会のあらゆる側面で人と人のつながりが重視され、政治においてもこれが強く反映される。

最も分かりやすいのは閣僚や政府高官、国営企業の人事である。

重要な閣僚ポストには、首相に近い党員が任命されることが多い。首相派といっても、総選挙で落選した党員、総選挙に出馬しなかった者もいる。その場合は、首相推薦枠を使って、当該人物を上院議員に推薦し大統領に任命してもらうという手続きを取る。

閣僚に任命されなかった、あるいは一度閣僚ポストを務めたものの更迭された者の中には、首相派でない者、首相や主流派と対立した者、失態を犯した者も少なくないが、当該人物が有力者あるいは国民からの人気が高い人物の場合は、在外公館の大使ポストに任命し、できるだけバランスを保とうとする試みもよく見られる。日本や先進国の場合、大使ポストはキャリア外交官、または当該国の知見に長けた人物が任命されることが普通だが、ＴＴの場合は、駐米大使や国連大使といった重要ポストでもほとんどが政治任命である。功労賞的な意味での任命と言っても過言ではないだろう。

閣僚が交代すると、その下の高官も異動になることが多く、これが各省庁の末端レベルにまで達することもある。私の元同僚は、「政府機関に勤務した場合、別の政党に政権交代した場合に解雇されるリスクが付きまとうので不安定だ」と述べていたが、これは一般的なＴＴ人の見方である。

ＴＴでは、国営企業がエネルギー部門、水・ガス・電気といった公益部門を担っており、政権交代とともに国営企業のトップも一新される。２０１５年にＰＰからＰＮＭ政権に交代した際には、国営企業のトップに加え、中央銀行総裁までもが早急な人事異動の対象になった。

首相や各閣僚には複数の顧問やアシスタントが就くが、彼らもまた首相や閣僚の友人や知人のことが多く、中には親族であったり、その分野の専門家かどうか疑わしい人物が任命されていたりするケースも見られる。首相や閣僚が人種やエスニシティにこだわりを持つ者の場合、自分と同じ人種やエスニック集団の出身者で周りを固める傾向が強い。最近の事例では、パサード＝ビセッサー前首相が、自分の妹を個人アシスタントに任命し、外遊のたびに行動を共にし妹の渡航費・滞在費も国の予算から賄っていたことが判明し、批判の的となった。現PNM政権においても、マクドナルド住宅大臣（当時）が議会の規則に違反し、内縁の夫とその家族を自身の選挙区事務所で雇用し給与を支払っていたとして、2016年3月に更迭処分を受けた。

縁故主義は、公共事業の入札でも見られる。パサード＝ビセッサー政権時、政府のインフラ工事の落札者は、スーパー・インダストリアル・サービス（SIS）を含めインド系の建設業者の名が目立っていた。SISは与党統一国民会議（UNC）の最大の献金者の一つであったため、UNCが同社に便宜を図ったと見られている。

こうした縁故主義が不公正で不公平な採用、汚職を増長することは言うまでもない。汚職に関しては、8章2で詳しく取り上げたい。

(3) ゴシップ・スキャンダル・失言で左右される政治

① 政治や重要法案、経済よりも高いスキャンダルへの関心

どの国でも政治家による失言やスキャンダルは大問題に発展し、閣僚の場合は辞職に追い込まれることもある。国土が狭く人と人との関係が密接なトリニダード・トバゴ（TT）では、政治家のスキャンダルやゴシップ、失言は一瞬のうちに拡散する。日本や先進国では、政治家の不倫や失態

は、週刊誌やタブロイド紙で取り上げられるレベルと認識されているのに対し、TTでは、こうしたゴシップは主要紙の1面や3面でも大きく報じられる。当事者が首相や有力閣僚の場合、新聞の主要ページでは、重要な法案に関する議会での討論内容や主要企業の動きといった真面目な話題よりも、ゴシップやスキャンダルが大々的に取り上げられる。同様のことは、インターネット・ニュースにも当てはまる。TTの新聞は、週刊誌やタブロイド紙的役割も果たしているのである。

②プライバシーへの配慮なく拡散される情報

また、必ずと言っていいほど、当事者である政治家の誹謗中傷写真、同政治家の愛人の写真、政治家の失態を録画した動画がソーシャルメディアを通じて拡散される。トリニダード・トバゴ（TT）人は、新聞やテレビよりもソーシャルメディアを通じて情報を入手することが多く、こうした写真や動画が本物であるかどうか確かめることもせず、気軽な気持ちでシェアしたり、友人や知人に送付したりする傾向がある。肖像権や人権、プライバシーに配慮しなければならないという意識が国全体で欠如しているため、スキャンダルの当事者とその家族は当分の間恥を晒されることになる。

自分たちの生活を支えている国の制度がどのような仕組みで成り立っているのか、今国全体としてどのような問題を抱え、改善するためには具体的にどのような行動を取るべきかといった話題に対しては関心が低いのに対し、閣僚が自分の省庁のスタッフにセクハラした、野党代表がとあるイベントで卑猥な踊りを踊っていたというような醜聞に関しては、はっきりと記憶している国民が多いのである。

さらに、政治家が人種やエスニシティに関し差別的な発言を行った場合もセンセーショナルに取り上げられる。暴動に発展するような事態にはならないものの、一般的にTT人は人種・エスニシティに基づいた差別には非常に敏感に反応するため、社会問題に発展し、エスニック団体の代表者のほか、有識者や宗教関係者までもが騒動に巻き込まれることもある。

一度スキャンダルやゴシップ、失言が出てくると、議会でも法案の審議よりもこうした問題に対する追及や非難の声が飛び交うため、政府としては無視やノーコメントを貫くことはできない。特に、大規模な汚職も絡んでいた場合、事態は深刻化し、閣僚の場合は、立証されると直ちに更迭・降格処分になる。

ある時私は、若いジャーナリストにTT政治について真面目な質問をぶつけたところ、こちらが意図していなかったゴシップ・ネタが次々と飛び出した。「TTの政治を知るためには、政治家のゴシップを仕入れることも大事だ」。そのジャーナリストは、私にそう助言したのである。

〔注〕

＊1　TT選挙管理委員会、http://www.ebctt.com/parliamentary-elections-2015-final-results-candidates-vote-count/

コラム7 筆者が観たトリニダード・トバゴ人

仕事よりもプライベート重視

トリニダード・トバゴ（TT）人の多くが定時に退社する。緊急事態が発生した場合にはやむを得ず残業することもあるが、日本や韓国のように毎日残業が当たり前の世界は彼らには考えられない。

TT人も職場の上司や同僚とつるむことが多いが、日本人のように毎日のように飲み会を開き、職場の人間との付き合いを中心にすることは稀である。家族や友人、恋人と過ごす時間の方が重要と捉えている。このほかには、習い事や学校、ジムに通い、思い思いに過ごす。

冠婚葬祭だけではなく、自分や家族の誕生日に休暇を取ることも多く、その他家族に不測の事態が発生した時にドタキャン休みをすることもある。

コラム8 筆者が観たトリニダード・トバゴ人

自分とは異なる人種やエスニック集団の人々、外国人に対する差別意識

一般的には、「トリニダード・トバゴ（TT）は多文化社会で人種差別はない」と言われている。確かに学校や職場では様々な人種やエスニック集団出身者から成り立っており、互いに普通にコミュニケーションを取り合っている。

しかし、プライベートでの交友関係や男女関係になるとそうはいかない。TT人は、特定の人種やエスニック集団、宗教に属する人々同士で固まり、自分たちとは異なる集団に対し排他的な態度を取る面も持ち合わせている。

例えば、トリニダード島中西部は、インド系が

多い地域として知られているが、そこでインド系の家族のもとに生まれ育ち、ヒンドゥー系の小学校、中高一貫校に通った場合、インド系の人々に囲まれた生活を送ることになる。人口のほとんどがアフリカ系のトバゴ島の場合は、島に留まる生活を送っていると、インド系や中国系の住民と触れ合う機会に恵まれなくなる。

実際、TT人を観察すると、同じ人種やエスニック集団で固まるグループが少なくないことに気が付く。特定の人種やエスニック集団の人口が集中している地域のレストランやスーパーマーケットに行くと、店内にはその関係の客しかいないという光景もよく目にする。

詳しくは4章3で述べたが、政治を見ても、現在の二大政党である人民国家運動（PNM）と統一国民会議（UNC）は、それぞれ大半がアフリカ系、インド系の党員で占められている。当然ながら、それぞれの支持者もアフリカ系、インド系に偏っている。

恋愛や結婚においては、別の人種やエスニック集団の人々との付き合いに対する家族や親戚、友人の目は厳しい。特に、アフリカ系とインド系の間ではその傾向が強い。

私のインド系の友人には、「親がアフリカ系の人と恋愛関係になるのを快く思わない」と言う人が多い。私は、現地に滞在していた当時、週に数回のペースでラテンダンス教室に通っており、2016年5月には、年に一度ポート・オブ・スペインで開催される国際イベントに出演しサルサを披露した。その際、インド系の男性グレン（仮名）とペアを組んだ。グレンは、前年末には、アフリカ系の女性ティーシャ（仮名）とペアを組み、同時期に開催されたクリスマス・イベントでサルサを踊ったが、彼の親は自分の息子がアフリカ系の女性とペアになったことを快く思わなかったという。他方、5月のイベントでペアを組んだ私については、ネガティブな反応を示さなかったそうだ。

逆に、アフリカ系や白人系の間でも、インド系に不信感を抱いている者が少なくない。私は、「インド系が多いUNCは信用できない」「インド系が多く住むトリニダード島中部・南部に行くことは危険だ」と言うアフリカ系・白人系の声を何度も耳にした。

さらに、肌の色を巡っての差別もある。アフリカ系、インド系、混血と言っても肌の色は人それぞれであるが、同じ人種やエスニック集団に属していても「肌の色が暗い人＝劣る」という考えが強い。皆それを表立って口にすることはないが、恋愛や結婚の時に表面化する。

別の人種やエスニック集団に対する不信感や排他性は、外国人にまで及ぶ。TTには、外国人駐在員や外交団のほか、カーニバルの時期や冬期に長期滞在する外国人がいるのだが、その大半は米国、カナダ、英国出身者によって占められ、白人系が目立つ。また、最近は中国系の商店やレストランで働く中国人の数も急増している。

肌の色が暗い住民が多いTTでは、白人系、東洋人は自然と目立つ存在である。米国、カナダ、英国の出身者は、アクセントは異なるとはいえ英語を話す。1章で述べたとおり、TT人の多くがこれらの3か国に移住しているため、3か国に親近感を覚える国民は多い。これに対し、スペイン語を母語とするベネズエラ人やコロンビア人の場合は、言語が障害となる上に、女性の場合は、売春婦というレッテルを貼られやすいようである。

東洋人の場合は、日本人も中国人も韓国人もフィリピン人も全て中国人と一括される傾向にある。TT人は、中国人のことを「チャイニー（Chinee）」と呼称しており、これには差別的な意味が含まれる場合もある。

こうしてみると、TTの状況は、どちらかというと保守的な日本の地方の状況と似ている。

外国人に対する差別意識は、白人系、東洋人に対するものに留まらない。他のカリブの島の出身者もTT人に受容されていないと感じている。彼らは、TT人の多くが、「自国は周辺のカリブやラテンアメリカの国々よりも金持ちで発展している」という優越意識を強く持っており、それゆえに周辺のカリブ諸国から来た人々を見下す傾向が強いと考えている。その中でも、カリブ共同体

（カリコム）加盟国の中ではハイチに次いで開発が遅れているガイアナからの移民、TTのライバル国であるもののTTへの主要移民送り出し国であるジャマイカからの移民に対する差別・偏見は根強く、ガイアナ人に対しては「遅れた国から来た人々」、ジャマイカ人に対しては「犯罪者」というステレオタイプが存在する。

一方、TT人は、自分の人種や自分が属するエスニック集団を基に差別されることについては非常に敏感である。時々、米国やヨーロッパで政治家や芸能人がアフリカ系などの人々に対し人種差別的な失言をしたと問題視されることがあるが、TT人はこうした報道に素早く反応し、SNSでこうした失言に関する記事やビデオをシェアし、失言した本人への批判を呼び掛けることが多い。

第5章 エネルギー資源を中心に動く経済と貿易

1 経済概観と近年の経済状況

(1) 増加から減少に転じた政府歳入

トリニダード・トバゴ（TT）がカリブ海地域に位置することから、一般の日本人はTT最大の産業は観光業というイメージを抱きがちだが、実際に現地に足を踏み入れるとそれが誤りであることに気付く。

TTは、世界最大の石油埋蔵量を誇る隣国のベネズエラと同様、エネルギー資源に恵まれ、このエネルギー部門及びエネルギー関連産業が経済の牽引役となっている。トリニダード島沿岸部には工場地帯が点在し、外国人観光客がイメージするリゾート地のカリブ海とは別世界が広がっている。これに対し、クリスタル・ブルーの海に囲まれたトバゴ島では悠々とした時間が流れ、日頃の疲れを癒しに国内外から観光客がやって来る。

かつてTTでは、周辺のカリブの島と同様、砂糖産業が主力産業であった。エネルギー産業の開

表1　国内総生産（GDP）総額

（単位：億米ドル）

年	2006	2007	2008	2009	2010	2011	2012	2013	2014	2015	2016	2017
GDP総額	183.69	216.42	278.70	191.75	221.58	254.33	256.23	265.79	272.00	244.02	223.20	221.05

出典：世界銀行のウェブサイトより筆者作成。

表2　政府歳入

（単位：10億TTドル）

年	2011	2012	2013	2014	2015	2016	2017
歳入額	47.5	49.3	52.8	58.4	57.2	45.0	37.8
うちエネルギー部門	27.3	26.6	26.6	28.1	18.7	6.6	7.8

出典：TT中央銀行（2018）*Summary Economic Indicator*, p.13より筆者作成。

発が進むにつれ、砂糖産業は次第に衰退した。エネルギー部門においては、当初は石油を中心に発展し、一時期は石油・石油化学部門が輸出収入・政府歳入の半分以上を占めていた。

しかし、1980年代前半に石油価格が大幅に下落したことに伴い深刻な経済危機を経験した。1980年代後半には、国際通貨基金（IMF）の指導のもと、規制緩和、民営化推進といった構造調整を余儀なくされた。1990年代前半になると、天然ガス部門が拡大するとともに、構造調整政策が功を奏し、経済成長につながった。2000年代中頃には、石油・天然ガスの価格高騰の恩恵を受け輸出収入が膨れ上がり、これに伴い国内インフラ開発、各種助成金制度・プログラムの増額や新設が進められた。

2008年末の金融危機直前には、国内総生産（GDP）総額が前年より60億ドル増加していた（**表1**）。2009年になるとこの状況が一変し、エネルギー部門、非エネルギー部門共に不調で景気が後退した。2009年のGDP総額は、前年と比較して約90億米ドル減少した。2010年には2007年の水準に回復し2014年まで増加し続けていた。ところが、２０１４年後半から続く原油安によりエネルギー収入が急激に減少、これに２０１６年のガス価格の下落が追い打ちをかけた。２０１１年から２０１４年まで増加傾向にあった政府歳入は、２０１５年には減少し始め、２０１６年には２０１１年の歳入額を下回った（表２）。政府歳入の約４分の１を占めていたエネルギー歳入も２０１５年以降下落し、２０１６年以降は10パーセントを切った。

(2) マイナスに転じた実質国内総生産（GDP）成長率

実質GDP成長率は、２０１５年に１・５パーセントを記録したが、２０１６年にはマイナス６・０パーセントに達した（図１）。

格付け会社による格付けを見ると、スタンダード＆プアーズ（S&P）社は２０１１〜２０１５年の「A」評価から２０１６年には「Aマイナス」、２０１７年には「BBBプラス」に変更した。[*1] ムーディーズ社は２０１１〜２０１４年は、「Baa1」の評価を下していたが、２０１５年に「Baa2」、２０１６年には「Baa3」、２０１７年には「Ba1」へと徐々に格下げした。[*2]

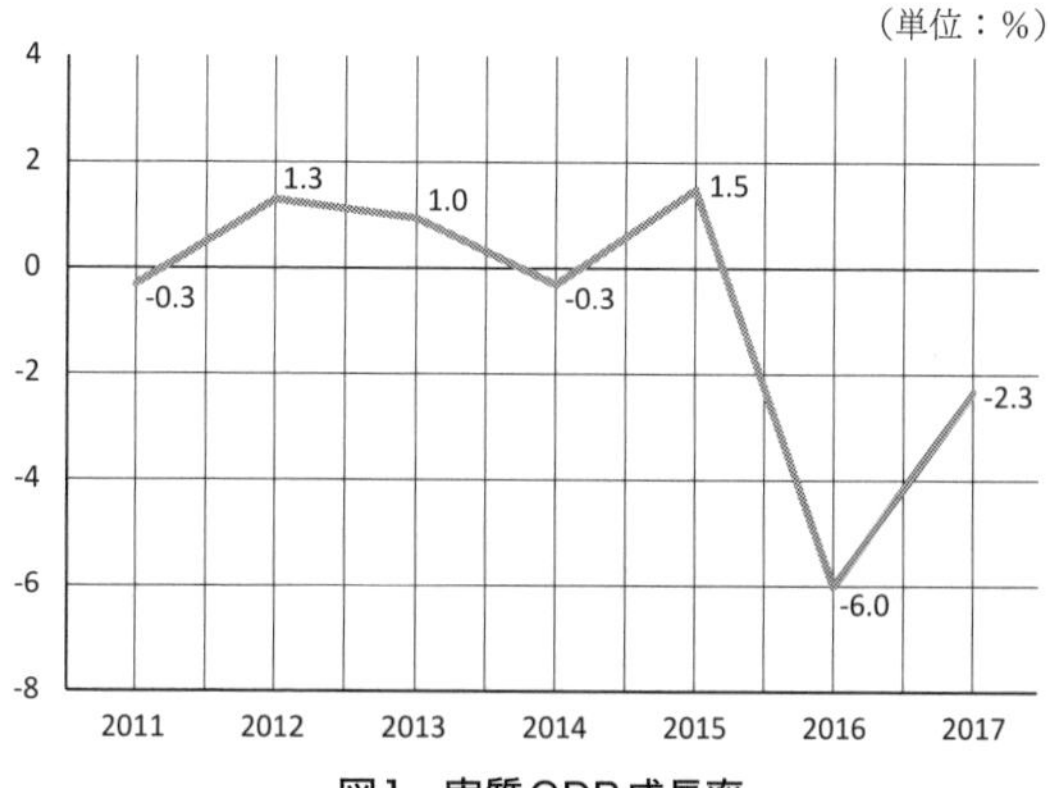

図1　実質GDP成長率

出典：トリニダード・トバゴ中央銀行(2018) Summary Economic Indicator, p.13より筆者作成。

(3) 近年悪化の一途を辿る失業率

近年の厳しい経済状況は国民生活にも影響を及ぼしており、2015年だけでもエネルギー関連企業で数千人が失業した。解雇が不当であるとして大規模な抗議活動に発展したケースのほか、路頭に迷った失業者が自殺を図るという悲劇も起きた。

失業率を見ると、2010年に5・9パーセントに達し、以降は2015年にかけて減少し、2016年から再び悪化していることが分かる(図2)。最新の統計によれば、2017年第1四半期の失業率は、4・5パーセントであった。なお、トリニダード・トバゴ(TT)の政府統計では、正規か非正規か、短期雇用か長期雇用かといった内訳は明らかにされていない。

私の周りを見渡すと、政府機関に勤務している人々は契約職員が多い。これは民間企業でも同様で、TTでは2～3年契約での雇用が一般的であ

(単位:%)

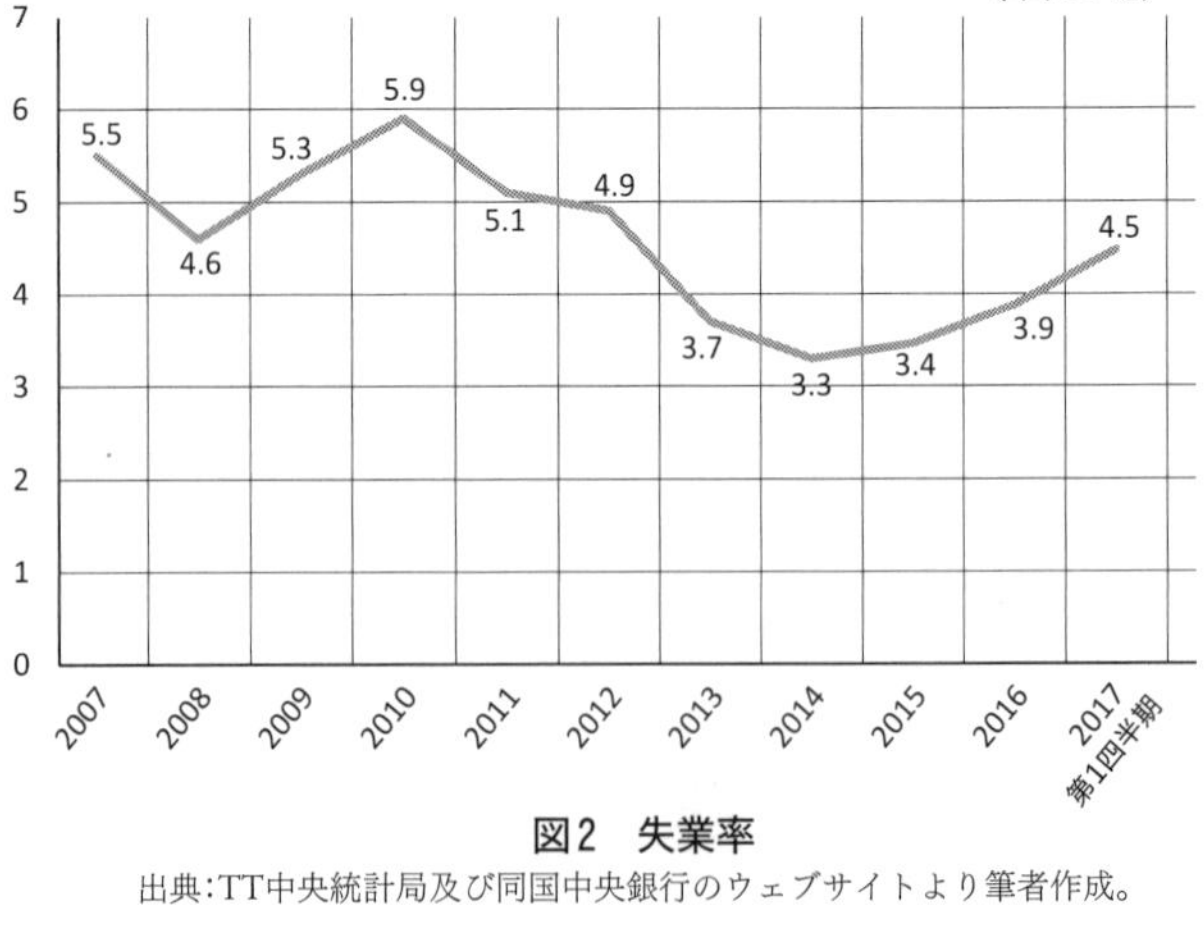

図2 失業率

出典:TT中央統計局及び同国中央銀行のウェブサイトより筆者作成。

る。また、コミュニティを基盤とした環境保護・促進プログラム（CEPEP）など政府主導の社会プログラムで雇用されている短期労働者もいる。失業率の計算には彼らも含まれていることから、正社員や長期雇用の労働者に限定するとその割合は小さいと思われる。

(4) 外貨入手は早い者勝ち

外貨不足も深刻で、状況は悪化している。エネルギー歳入減少に加え、海外のエネルギー関連企業の事業縮小、それに伴う外国人駐在員の撤退などでトリニダード・トバゴ（TT）国内の外貨流通量が減少している。外貨減少は、当然ながら両替レートの悪化に繋がっている。

私がTTで生活し始めた2010年10月頃は、1米ドル＝6・2〜6・3TTドルが相場であったが、2017年12月末現在は1米ドル＝約6・8TTドルで、TTドル安が進んでいる。空港の両替所のほか、銀行でも両替が可能だが、空港の両替所の場合は1米ドル＝7・7TTドルとレートが悪い。近い将来8以上になるのではという声も出ている。中央銀行によれば、2017年の外貨購入は前年比マイナス15・9パーセント、外貨販売は前年比マイナス10・2パーセントであった。[*3]

国内銀行では1回に入手できる外貨額には制限が設けられており、事前に予約しなければならない。早いもの勝ちの状況であり、外貨が入手可能か、いくら入手可能かは、当日銀行に行かなければ分からない。1日100米ドルのみの場合もあれば、500米ドルを引き出せる場合もある。

私も、任期最後の1年はこの外貨不足に悩まされ、出張やプライベート旅行でTT国外に行く際には毎回ストレスを感じていた。米ドルが無理ならば、せめて他の外貨を入手しようと、ユーロやカナダ・ドル、ポンドへの両替も試みたが、「全ての外貨が不足している」と言われ、別の日に出直さなければならなかった。

離任時も、売却した車の費用、アパートの敷金、計100万円相当を全てTTドルで受け取る羽目になった。TTドルは、TT国内でのみ使用可能な通貨で、他国ではほぼ両替不可能である。最後は、銀行と交渉し円建てで日本の銀行口座に送金するという方法を取ったが、これを成功させるまでも相当の時間と労力を費やさなければならなかった。私の場合は運が良かったとしか言いようがない。

外貨不足の打撃を受けているのは、外国人だけではない。TTでは、食料品や衣料品を含め多くの商品を海外から輸入しているため、輸入業者も外貨での支払いが困難になっていると悲鳴を上げている。2018年現在、外貨不足に起因し商品価格が大幅に上がるといった問題にまでは発展していないが、外貨入手が困難な状況は続いている。

⑸ 5年で1・5倍に膨れ上がった公的債務

公的債務は増加の一途を辿っており、2011年には731億トリニダード・トバゴ（TT）ドルであったのが、2017年には1211億TTドルへと1・5倍以上に膨れ上がっている（表3）。公的債務が国内総生産（GDP）に占める割合は、2011年の31・2パーセントから2017年の62・7パーセントと約2倍に増えた。

現ローリー政権は、エネルギー歳入減少による影響を緩和し公的支出能力維持することを目的として、2016年6月に「遺産・安定化基金（HSF）」から3億7500万米ドルを引き出したことを発表した。[*4] HSFは2007年に設立されたが、引き出しが実行されたのは今回が初であった

表3　公的債務

年	2011	2012	2013	2014	2015	2016	2017
総額（10億TTドル）	73.1	87.9	90.9	97.2	116.0	119.7	121.1
GDPに占める割合（%）	31.2	39.4	39.1	42.2	50.0	58.7	62.7

出典：トリニダード・トバゴ中央銀行（2018）*Summary Economic Indicator*, p.14より筆者作成。

ことから、国民に経済不況の深刻さを知らしめることとなった。

同政権は、ガソリン等助成金の減額を通じて政府支出の抑制を図るとともに、パサード＝ビセッサー前政権と同様、農業や観光業のほか、映画・音楽・ファッションといったクリエイティブ産業、海運業、ＩＴ産業をターゲットとした産業の多角化も進めている。しかし、人口約１３６万人の狭小な市場で海外からの投資を誘致し多角化を進めることは容易ではない。多角化を後押ししつつも、官民一体となって天然ガス資源、エネルギー下流部門のさらなる開発にも注力している。

2　トリニダード・トバゴを代表する産業

(1) 国内経済を支えるエネルギー部門

トリニダード・トバゴ（ＴＴ）のエネルギー産業の歴史は、今から１５０年以上前に遡る。

１８５７年にトリニダード島南部のピッチ・レイクで初めて石油の掘削が行われ、１９０８年には商業生産が開始された。精製所の設立、新油田の発見、石油関連会社の発足及び従業員数の増加に伴い生産量、輸出量が伸び、同島南西部の発展につながった。１９３０年には現有生産量が年間１０００万バレルに達した。[*5] １日当たりの石油精製能力は、１９１９年には９０００バレルだっ

国営石油会社ペトロトリンの施設（2012年12月15日、トリニダード島ポイント・フォーティン、筆者撮影）

たが、１９４０年には28万５０００バレルに向上した。[6]

１９６２年になると石油・鉱物資源省が発足し、１９６０年代末から１９８０年代には次々とエネルギー関連の国営企業が法律のもと設立された。また、１９５９年には天然ガスを活用したアンモニア生産が提唱され、１９７７年になると米国とヨーロッパ向けの輸出が始まった。１９８０年代にはメタノールの商業生産のほか、これまでの陸上油田に加え海底油田の開発も本格的に進められた。

だが、１９８０年代中盤から国際石油価格の下落が続き、これを契機にＴＴ経済は厳しい局面を迎えた。以降は、既存の国営企業の改編、欧米企業による投資増加、新たなエネルギー関連プラントの建設などにより、近代化、エネルギー下流部門の多角化が図られた。１９９０年代初めには、天然ガス部門が石油部門を上回るようになった。今日、エネルギー産業は、ＴＴの国内総生産（ＧＤＰ）の34・9パーセント（２０１５年）を占める重点産業であり、日本を含め海外からの直接投資を最も多く集めている。[7]

英国大手のＢＰ及びＢＧ、蘭英のロイヤル・ダッチ・シェル、スペインのレプソルのほか、日本の三菱グループがトリニダード島で活動を展開している。

TTの主な輸出産品は液化天然ガス（LNG）で、2016年の輸出量はカタール、オーストラリア、マレーシア、ナイジェリア、インドネシア、アルジェリア、ロシアに次いで世界第8位、輸出市場の4・1パーセントを占め西半球最大であった。[*8] また、2013年におけるアンモニア輸出量は世界第1位、エタノール輸出量は世界第2位を記録した。[*9]

以前は、米国がLNGの主要輸出先で2005年時点では89パーセントのシェアを誇っていたが、米国のシェール革命の影響を受け、2011年には19パーセントに激減した。[*10] 最近は、ヨーロッパ、南米、アジアへと輸出先がシフトしている。

他方、原油生産量は減少の一途を辿っており、2008年10月～2009年9月は1日当たり10万8268バレルを記録していたが、2014年10月～2015年9月には、1日当たり8万0617バレルにまで落ち込んだ。[*11]

これに加え天然ガス埋蔵量についても見通しは明るいとは言えず、埋蔵量は、2005年の0・5兆立方メートル（tcm）から2015年には0・3tcmに減じ、可採年数は8・2パーセントと発表された。[*12]

政府は、財政面でのインセンティブ拡大のほか、ベネズエラとの間で両国国境海域のエネルギー資源の開発に乗り出し、エネルギー産業のさらなる発展を目指している。また、パナマ運河の拡張により、エネルギー資源の輸出先が広がるとの期待感も高めている。

(2) 非エネルギー部門

① 観光部門

トリニダード・トバゴ（TT）は、エネルギー産業への依存を減らすべく、非エネルギー産業の発展にも力を入れている。

特に製造業は、民営化や外資参入の影響で次第に競争力をつけ始め、1990年代以降成長を続けてきた。現在は、主に国内市場及びカリブ共同体（カリコム）加盟国向けに食料や清涼飲料水などを生産している。実際、カリコムの国々に行くと、スーパーマーケットや商店でTT産の食料品を目にすることが多い。

観光業に関しては、トバゴ島を中心に観光開発が進められている。同島では、エネルギー産業で栄えるトリニダード島とは異なり、リゾートやエコツーリズムを売り物にした観光業が盛んであり、トバゴ島の国内総生産（GDP）の約半数を占めている。[*13] 地元の労働人口の5割以上が観光業に従事している。[*14] トリニダード島のほか、英国やドイツ、ブラジルからの航空便もトバゴ島に乗り入れており、主要観光地の西部は観光客で賑わっている。

トリニダード島でもハイキングやウミガメの産卵・孵化、野鳥観察などを楽しむことができるが、同島に観光客が最も押し寄せるのは、カーニバルの時期で、普段はポート・オブ・スペインを除いては街中で観光客を見かけることは稀である。

TTに入国した観光客は、年間40万人程度で2016年は40万8782人、2015年の43万9749人より7パーセント減少した。[*15] 国籍別に見ると、米国、カナダ、英国、ドイツ、カリコム諸国からの観光客が上位5位を占めている。しかし、観光業を主産業とするカリコムの島国と比較すると、欧米からの観光客数はそれほど多くない。観光開発が遅れていること、クルーズ船の寄港が少ないこと、周辺のカリブ諸国よりも治安が悪く外国人をターゲットとした強盗・殺人事件の多くが未解決であることも影響していると思われる。

現在、ジャマイカのホテル大手サンダルス社によるトバゴ島での大型リゾートホテル建設計画が持ち上がっており、雇用及び観光客の増加が見込まれているが、地元では環境への影響を懸念する声も根強い。

② 農業部門

エネルギー開発が進んで以来、砂糖産業をはじめとする農業が衰退した。EU向けサトウキビの優遇措置の撤廃もこれに追い打ちをかけた。1985年の時点で農業は国内総生産（GDP）の約3パーセントを占めていたが、2015年には0・48パーセントにまで減少し、農業人口も減少の一途を辿っている。[*16] 2003年には砂糖産業の主要企業であった国営のカロニ（1975）社が閉鎖され、同社の社員9000人が職を失った。同社がトリニダード島中部に所有していたサトウキビ畑は元社員に分配され、その後は中部一帯で急速に住宅開発が進められている。

こうした状況は、トリニダード・トバゴ（TT）産の農産品価格の上昇、海外からの食料品の輸入増加につながっている。2014~2015年における食料輸入価格は55億TTドルで、地元の生産高7億6400万TTドルを上回った。[*17] TTのスーパーマーケットには、地元産のほか、米国など海外から輸入した野菜・果物が並んでいるが、地元産のものは種類が少なく、輸入品の方が圧

かつてのサトウキビ工場（2014年7月5日、トリニダード島クーバ、筆者撮影）

倒的に品数が多い。ところが、輸送コスト等が上乗せされるため、米国本土の価格の2～3倍に膨れ上がる。また、全国各地でかつてのサトウキビ畑、その他農地が放置されている光景を見ることも珍しくない。

　食料安全の観点からも農業振興により力を入れ、地元産品を増やすべきとする声も出ている。しかし、高学歴化が進む若年層の農業離れを食い止めること、国民に地産地消の考えを根付かせることは容易ではない。

　TTを代表する農作物には、サトウキビのほか、ココア、コーヒー、キャッサバ、バナナ、トマト、トウガラシ、キュウリ、マンゴー、パイナップルなどがある。

3　貿易

世界貿易機関（WTO）によれば、2016年におけるトリニダード・トバゴ（TT）の商品輸出額は80億米ドル、輸入額は88億米ドルで、輸入額が輸出額を上回っている。[*18] 2010年における主要輸出品目のトップ5は全てエネルギー関連で、石油のシェアが高い（図3）。主要輸入品目は、エネルギー・鉱物資源、機械で、瀝青油《れきせいゆ》*19の割合が圧倒的に高い（図4）。

2010年における主要輸出相手国は、米国、ジャマイカ、バルバドス、スリナム及びコロンビ

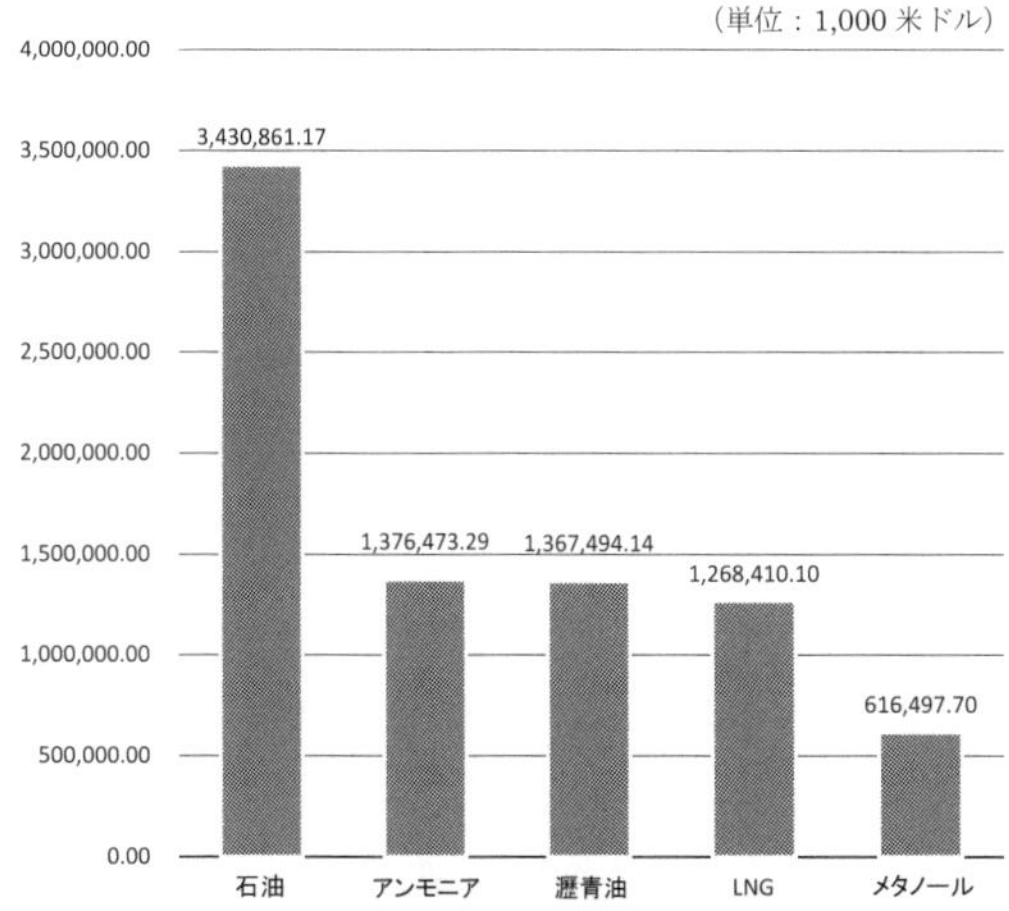

図3　商品輸出品目（2010年）

出典：世界銀行　http://wits.worldbank.org/CountryProfile/en/Country/TTO/Year/2010/Summaryより筆者作成。

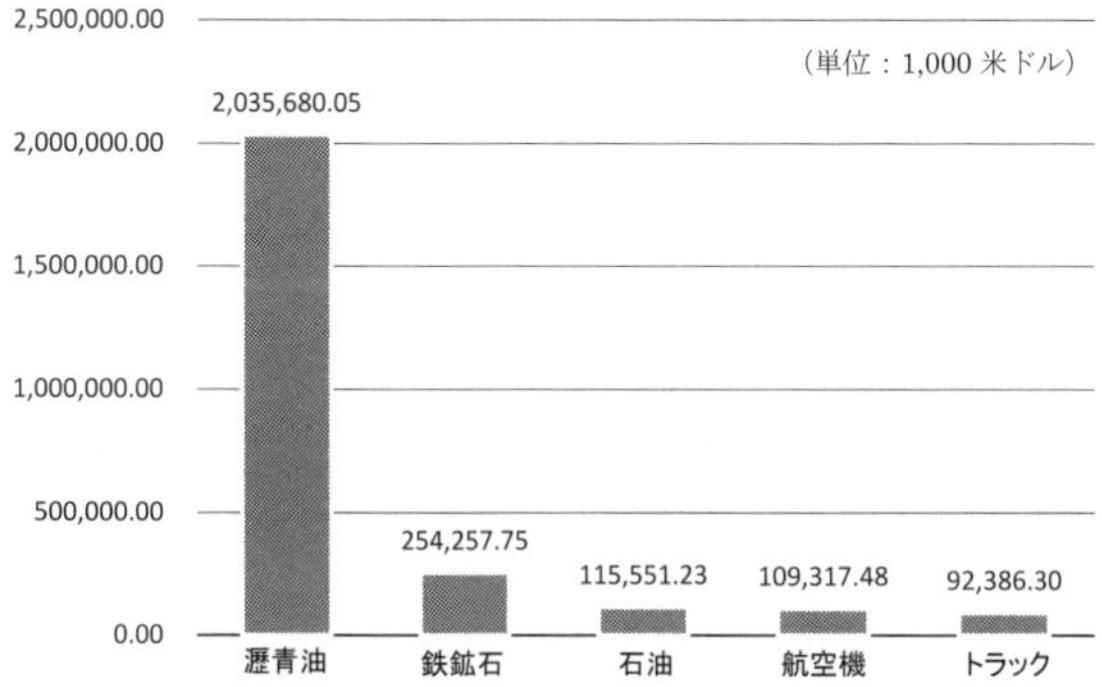

図4　商品輸入額（2010年）

出典：世界銀行 http://wits.worldbank.org/CountryProfile/en/Country/TTO/Year/2010/Summaryより筆者作成。

アで、米国は全体の48パーセントを、残りの4か国が25パーセント強のシェアを持つ（図5）。主要輸入相手国は、米国、ガボン、コロンビア、ブラジル及び中国であり、輸出先と比較すると、相手国がアフリカや南米、アジアにまで広がっている（図6）。全体では、米国が約28パーセント、

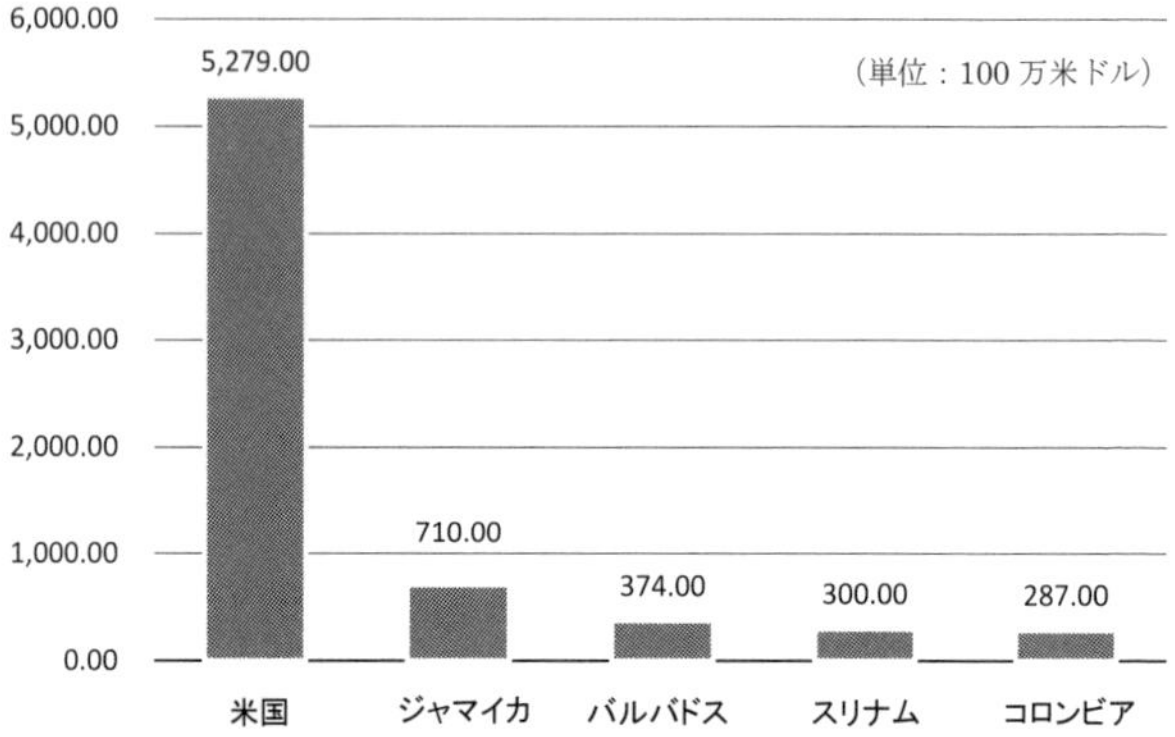

図5　主要輸出相手国（2010年）
出典：世界銀行 http://wits.worldbank.org/CountryProfile/en/Country/TTO/Year/2010/Summaryより筆者作成。

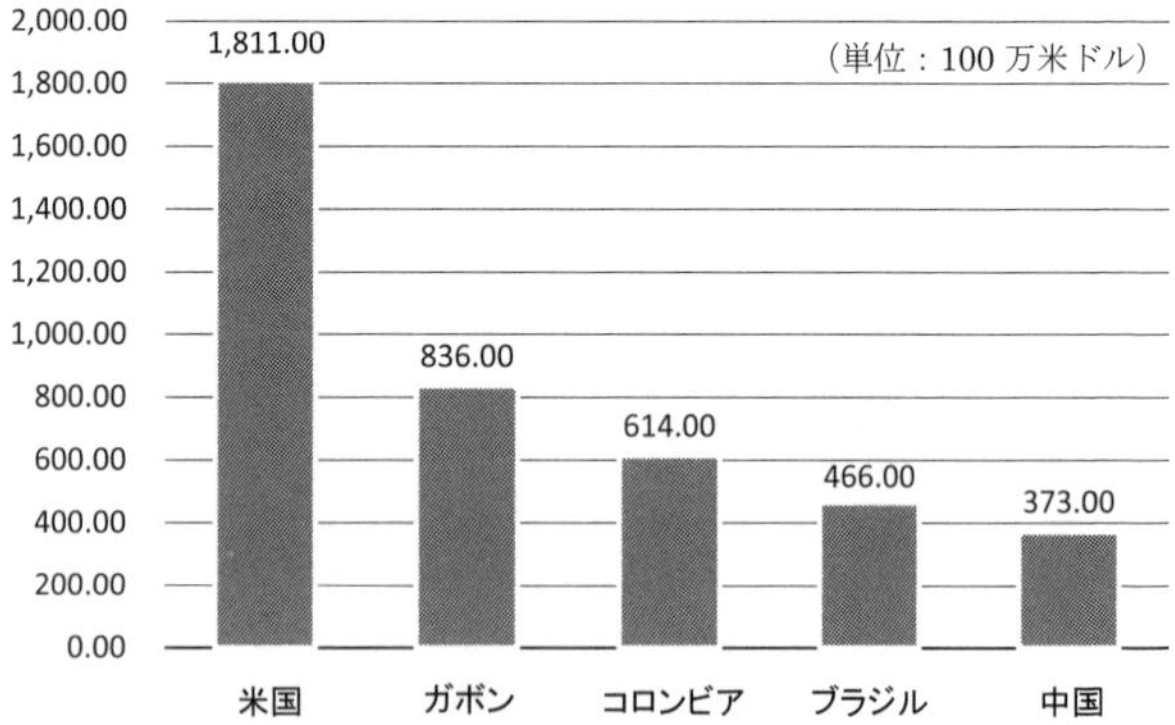

図6　主要輸入相手国（2010年）
出典：世界銀行 http://wits.worldbank.org/CountryProfile/en/Country/TTO/Year/2010/Summaryより筆者作成。

残り4か国が35パーセント強のシェアを誇る。輸出入共に米国のプレゼンスが大きいことが分かる。

TTは、カリブ共同体（カリコム）の一員として、対EU経済パートナーシップ協定、対ベネズエラ貿易投資協定、対コロンビア貿易経済技術協力協定、対ドミニカ共和国自由貿易協定、対キューバ貿易経済協力協定、対コスタリカ自由貿易協定に署名あるいは締結している。カナダとの間では、現在自由貿易協定締結にかかる交渉を進めている。

また、二国間では、米国、カナダ、英国、ドイツ及びインドの間で二重課税防止条約を締結している。

このほか、米国、カナダ、英国、スイス、フランス、ドイツ、スペイン、メキシコ、キューバ、インド、中国、韓国との間で投資保護もしくは投資協定を、エルサルバドルとの間では貿易協定、パナマとグアテマラの間では部分的貿易協定を署名もしくは締結している。

4　周辺諸国との経済統合に向けた動き

トリニダード・トバゴ（TT）は、2006年に発足したカリブ共同体（カリコム）単一市場・経済（CSME）に加盟している。これは、バハマ、ハイチ及び英領モンセラットを除く12か国のカリコム加盟国間で、ヒトの自由な移動に加え、原産地証明書が発行された域内商品に対し関税を撤廃する仕組みである。1章で説明したとおり、このCSMEのもとでジャマイカやガイアナ、カリコムの島国の国民がTTに出稼ぎに来ている。また、大量のTT製品がカリコム諸国に輸出されている。

カリコムは、当初2015年までに単一経済を実施するとの目標を定めていたが、加盟国の経済構造などの違いで調整は難航しており、早期実現は難しいと見られている。

カリコムのほかにＴＴは、カリブ諸国連合（ＡＣＳ）をはじめとするラテンアメリカ・カリブ地域、南北アメリカ大陸の地域機構の場でも周辺国との経済面での協力を進めている。これまでの主要貿易相手国であった米国のシェアが落ち込んでいることから、ブラジル・ロシア・インド・中国（BRICs）や中米・南米との経済関係強化に注力している。

〔注〕

＊1 “S&P downgrades T&T”, Trinidad Guardian, April 22, 2017, http://www.guardian.co.tt/business/2017-04-22/sp-downgrades-tt

＊2 “Moody's downgrades Trinidad and Tobago's issuer rating to Ba1 from Baa3 and changes outlook to stable from negative”, April 25, 2017. https://www.moodys.com/research/Moodys-downgrades-Trinidad-and-Tobagos-issuer-rating-to-Ba1-from--PR_364121

＊3 ＴＴ中央銀行（2017）*Summary Economic Indicator*, p.7.

＊4 ＴＴ財務省（2016）*Statement by the Hon. Minister of Finance on the Withdrawal from The Heritage and Stabilization Fund* http://www.finance.gov.tt/wp-content/uploads/2016/06/Statement-by-the-Minister-of-Finance-on-the-HSF-10-June-2016.pdf

＊5 ＴＴエネルギー省、”Historical Facts on the Petroleum Industry of Trinidad and Tobago”, http://www.energy.gov.tt/historical-facts-petroleum/

＊6 同ウェブサイト。

＊7 ＴＴエネルギー省、“Oil and Gas Industry: Overview”, http://www.energy.gov.tt/our-business/oil-and-gas-industry/

ＴＴ財務省、“Shaping A Brighter Future- A Blueprint for Transformation and Growth: Review of the

Economy 2016".

＊8　International Gas Union (2017), *2017 World LNG Report LNG*, p.9. http://www.igu.org/sites/default/files/103419-World_IGU_Report_no%20crops.pdf

＊9　TTエネルギー省、"Oil and Gas Industry: Overview", http://www.energy.gov.tt/our-business/oil-and-gas-industry/

＊10　TTエネルギー省、"Media Release: 81% of Trinidad and Tobago's Exports Going to Markets Other Than The United States of America", January 20th, 2012. http://www.energy.gov.tt/wp-content/uploads/2013/11/MEEA_Media_Release_LNG_Exports.pdf

＊11　国営ガス社、"Energy Map of Trinidad and Tobago 2017 Edition" http://ngc.co.tt/wp-content/uploads/pdf/publications/Energy-Map-of-Trinidad-Tobago-2017.pdf

＊12　"T&T stagnant as top LNG countries boost production", *Sunday Express*, June 9, 2016. http://www.trinidadexpress.com/20160609/business/tt-stagnant-as-top-lng-countries-boost-production

＊13　TT投資促進機構（InvesTT）、"Tourism Overview", http://www.investt.co.tt/available-industries/tourism

＊14　同ウェブサイト。

＊15　TT観光省、"Visitor Arrivals", http://www.tourism.gov.tt/Resources/Statistics/Vistor-Arrivals

＊16　"Why TT should focus on robust Agricultural Sector", *Business Day*, *Newsday*, September 29, 2016, p. 3, 5.

＊17　同記事。

＊18　世界貿易機関、http://stat.wto.org/CountryProfile/WSDBCountryPFView.aspx?Country=TT&Language=F

＊19　関税定率法に定められた用語で石油とは区別される油である。瀝青油にはオイル・シェール、タール・サンドその他に含まれる瀝青質から得られる油も含まれる。瀝青質は黒色または黒褐色の、通常粘着性を有する半固体、固体で、全部または大部分が二硫化炭素に溶解する特徴をもっているものの総称である。また、瀝青質は狭義にはアスファルトと同義語である。独立行政法人石油天然ガス・金属鉱物資源機構(JOGMEC)「石油・天然ガス用語辞典」http://oilgasinfo.jogmec.go.jp/dicsearch.pl?sort=KANA&sortidx=1&target=KEYEQ&freeword=%E7%80%9D%E9%9D%92%E6%B2%B9

コラム 9 筆者が観たトリニダード・トバゴ人

損得勘定が強く反映される人間関係

トリニダード・トバゴ（TT）人の大半は知人を多く持つが、大抵は浅い付き合いに留まっている。「友人」と言っても、日本人が考える友人の概念とは異なり、実際には知人以上友達未満の場合が多い。

集団行動が中心のTTでは、知り合って間もない相手と面と向かって一対一で話し込む機会は限られている。イベントで顔を合わせることが多くても、距離を縮め、中身の濃い会話をするまで関係を発展させることは簡単ではない。顔見知りになりSNSでもつながってから何年も経過しているものの、まともに会話したことがないという状況がよく見られる。

また、彼らは会話よりもアクティビティの方を重視する傾向にある。BGMが大音量で流れるレストランやバー、クラブでは、落ち着いて話ができずバカ騒ぎが中心になる。友人や知人に招待を受けたホーム・パーティー（野外のことが多い）で他のゲストと顔を合わせても、彼らとはただ同じ空間にいるだけであり、軽い挨拶や世間話に留まり、それぞれのグループが内輪で盛り上がっている。

このほか、ライフステージが変わった途端、それまで頻繁に行動を共にしていたのが夢だったのかと思うほど、あっさりと相手を切ってしまう面もある。特に、どちらかが海外に移住すると、その傾向が強くなる。今でこそEメールやスカイプ、SNSで簡単にコミュニケーションが取れる時代だが、だからといって、TT人同士の人間関係が密になったかというとそうとは限らない。今この瞬間に自分にとって必要な人間かどうかという視点から相手を見極めていると思わざるを得ない。

相手が自分の気分を害するような言動をした時は、相手の間違いを指摘したり、自分の気持ちを正直に伝えたり、関係改善の努力をしたりしないまま、すぐに距離を置く、絶交してしまう人が多いのもTT人に見られる特徴である。大の大人の間でもつい先日まで家族のように一緒にいた友人同士が急に仲違いする、疎遠になるケースが多いように思える。

TT人は、一般的に恋愛面での乗り換え、切り替えが早いが、これは友人や知人との関係にも当てはまる。残念ながら、相手が自分にとって役に立つかどうかといった損得勘定で人間関係を構築している人が意外にも多い。相手が期待ほど自分の役に立たない、相手からこれ以上得るものはないと感じる、あるいはその相手を上回る経済力やステータスを持つ人物に出会うと、簡単に相手を見切る。これは他国でも起こり得る話だが、TTではこのような仕打ちを受けて気分を害した、傷ついたという話があまりにも多い。

コラム 10 筆者が観たトリニダード・トバゴ人

根強い男性優位主義

ラテンの国々では男性優位主義、いわゆるマチスモが根強いが、トリニダード・トバゴ（TT）においても、未だに男性優位の信奉者が多い。

TTでは、日本以上に女性の社会進出が進んでおり、多くの女性が、医師や弁護士といった専門職、政治家や企業の重役として活躍している。2010年5月から2015年9月まで初の女性首相を務めたカムラ・パサード＝ビセッサー氏がその典型的な例である。この点に関し、日本がTTから学ぶべき点は多い。

ところが、男女関係や家族関係になると、話は別である。日本では料理上手で家事をテキパキとこなす女性が持てはやされる傾向が強いが、TT

においても大半の国民が、料理は女性の役目と考えている。

女性がフルタイムで働きながらも家事や育児をこなせるのは、両親や兄弟と同居している、あるいは彼らが近くに住んでいることが多く、サポートを受けられるためである。また、日本や韓国のような長時間労働をすることは稀で、大体定時で退社し、プライベートの時間を確保していることも大きい。経済的に余裕のある家庭は、主に掃除や洗濯を担当するパートタイムのメイドを雇うこともある。

他方、欧米の影響を受けレディ・ファーストが徹底している。男性が女性のために建物や車のドアを開けること、女性の荷物を持つこと、女性のために力仕事をすることは当然のこととして捉えられている。

また、TTにおいては、男性がデート代を負担することは当たり前と見なされている。男性にバッグや服、宝石を買ってもらうのは当然という考えを持つ女性もいる。このため、TT人男性の中には、「女性と付き合うと貧乏になる」と考える者も少なくない。

TT人男性は、長髪でセクシーな格好をした女性を好む傾向が強く、ショートカットでボーイッシュな格好をした女性を奇異の目で見る。TT人女性を見ると、化粧が濃く、長髪で体の線がはっきり出た服に身を包んでいることが多いが、これは、女性側が男性の望む「女性らしさ」に合わせていることの表れと言っても過言ではないであろう。

社会で活躍する女性が増えているといっても、欧米のような自立心の強い女性は敬遠されるようである。

第6章 エネルギー輸出国・東カリブ地域の大国としての地位を活かした外交

1 トリニダード・トバゴの外交の特徴

(1) カリブ共同体（カリコム）加盟国と共通の利益を追求

トリニダード・トバゴ（TT）は、①全ての国家の主権と領土保全の尊重、②他国の内政不干渉（ただし、著しい人権侵害やジェノサイドが発生した時は国際社会と集団行動を取る責務を負っている）、③国際法及び国連憲章の遵守の3つを基本原則としながら外交を展開している。*1

人口も国土も小さく、資源に限りがある小島嶼国のTTは、国際情勢や自然災害に大きく左右されるという脆弱性を持つ。こうした弱みを踏まえつつ、自国の利益を確保するため、二国間、地域及び多国間レベルで外国との関係を構築している。気候変動問題や先進国の政府開発援助（ODA）基準の見直しに対し高い関心を寄せている。

これらの問題は、カリブ共同体（カリコム）加盟国共通の関心事項となっていることから、TT政府は、他のカリコム諸国と協調路線を取ることが多い。また、TTは、北米と南米を結ぶ中継地点、米州（南北アメリカ大陸）のエネルギー輸出国、東カリブ地域最大の産業国という強みを活かした外交を繰り広げている。

地域レベルでは、カリブ共同体（カリコム）、カリブ諸国連合（ＡＣＳ）、ラテンアメリカ・カリブ諸国共同体（ＣＥＬＡＣ）、米州機構（ＯＡＳ）で、米州の国々と密接な関係を築いている。英連邦（英国及び元英領の国々から成る緩やかな国家連合）の国々、アフリカ・カリブ・太平洋（ＡＣＰ）諸国とは、多国間レベルでもつながりを持つ。

旧外務省（2010年12月5日、ポート・オブ・スペイン、筆者撮影）

(2) 国際機関で活躍する人材と在外公館設置状況

トリニダード・トバゴ（ＴＴ）には、海外で教育を受けた高学歴保持者、英語を雄弁に操る人材が多いことから、国際機関で重要な役割を果たす者も少なくない。例えば、アンソニー・カルモナ（１９５３〜）前大統領は、旧ユーゴスラビア国際戦犯法廷とルワンダ国際戦犯法廷の弁護士として活躍後、２０１２年３月から大統領に就任する直前の２０１３年３月まで国際刑事裁判所（ＩＣＣ）の判事を務めていた。国連ハイチ安定化ミッション（ＭＩＮＵＳＴＡＨ）のサンドラ・オノレ事務総長特別代表もＴＴ出身である。

トリニダード・トバゴ（TT）は、国際機関の拠点がある場所（ニューヨーク、ジュネーブ、ブラッセル）、TT人移民が多い国（米国、英国及びカナダ）、経済的な関係が強い国（ジャマイカ、中国、ナイジェリア及びパナマなど）、伝統的な関係を持つ国（インド、キューバ及びベネズエラ等）に在外公館を設置している。近隣のカリブ共同体（カリコム）加盟国については、ジャマイカにのみ大使館をしており、残りのカリコム諸国については名誉総領事が対応している。その他の国々については兼任という形を取っている。

この中でも非常に密接な関係を持つ米国、英国及びカナダに関しては、これらの国々に移住した自国民のパスポート更新・発行、外国人との結婚・離婚手続きにかかる各種証明書の発行、不法移民や犯罪人の強制送還などにかかる領事業務が業務のかなりのウェイトを占めることが想像できる。

5章で述べたように、TTは自国で生産したエネルギー関連商品の輸出先を増やすべく外交の多角化に注力している。しかしながら、財政面の制約、欧米以外の言語に堪能な人材の不足、一般国民の外交に対する関心の低さなどが外交活動を展開する上での障害となっており、今のところ目に見えた成果は得られていない。

2　最も密接な関係を持つ米国・英国・カナダ

(1) 全分野で関係が深い米国

① アメリカナイズされたトリニダード・トバゴ人

トリニダード・トバゴ（TT）と最も密な関係を有しているのは、隣国のベネズエラでも周辺のカリブ共同体（カリコム）加盟国でもなく米国である。関係分野は、貿易・投資、教育・文化のほか、治安や医療、観光など幅広い。米国が米州最大かつ英語圏最大の経済大国であることに加え、TTから最も近い超大国であることも大きいと考えられえる。

TTのスーパーマーケットやショッピングモールに並ぶ商品の大部分は米国製である。店頭に並ぶ商品の中には第三国で生産され一旦米国に輸出されたものまである。

国民はケーブルテレビを通じて米国の番組をオンタイムで視聴している。上映される映画の大半はハリウッドの大作で、これらも米国本国とほぼ同じタイミングで封切られている。ラジオやレストラン、クラブやバーでは、米国のポップスがかかることが多い。街中には、米資本のファースト・フード店やレストランが立ち並んでいる。宗教面では、キリスト教のほかに、ヒンドゥー教やイスラム教の伝統も維持しているものの、文化的にはかなりアメリカナイズされていると言っても過言ではない。

上・中流階級は、イースター休暇や夏休み、クリスマス休暇になると、家族連れで米国を訪問している。米国からは、年間14万5000人程度の観光客（ビジネス客含む）がTTを訪れる。*2 また、国民の多くの親族がニューヨークやフロリダに在住しているため、これらの都市と自国を往来することは珍しいことではない。

②経済・治安分野における関係

貿易・投資・商業面に関しては、最近まで米国がトリニダード・トバゴ（TT）にとって最大の液化天然ガス（LNG）輸出国であったことは周知の事実で、多数の米系企業がTTに投資してきた。今後は米国内でのシェールガス開発・生産増大により、TTのエネルギー分野における米国のプレゼンスは低下していくものと思われるが、商業分野に関しては米国のシェアが落ち込む可能性は低いであろう。

米国が対TT関係で強い関心を持つのは、移民・治安分野である。これは、違法銃器・薬物、不法移民の流入を食い止めたいという思惑に基づく。詳しくは8章1で説明するが、TTは人口10万人当たりの殺人率が世界トップクラス、銃器や麻薬を巡るギャング間の抗争も絶えない。また、イスラム教過激派組織に参加するTT人が増加傾向にあり、イラク・レバントのイスラム国（ISIL）の戦闘員になったTT人の事例が報告されていることから、米政府もTTのイスラム教過激派の動向を注視している。

TTは、カリブ全域を対象としたカリブ地域安全保障イニシアティブ（CBSI）を通じた、警察や軍に対する機材供与、警察官や軍人に対する技術移転で恩恵を受けている。米国がカナダや米州機構（OAS）、国連機関と協力して実施した治安分野のプログラムでも支援を得ている。

両国は犯罪人引渡し条約を締結しているが、引渡しが多いのは米国国内で犯罪を犯したTT人の方である。現在懸案事項となっているのは、マネーロンダリングなどの罪に問われているジャック・ウォーナー元国際サッカー連盟（FIFA）副会長兼元TT下院議員の案件である（8章⑵）。

③ 両国の優先分野・関心事項に乖離

トリニダード・トバゴ（TT）は、米系企業からの投資や米政府からの開発協力増加を期待しているが、これは米国側の思惑とは一致していない。市場が小さいTTで投資活動を行うには限界がある。その上、ＴＴは一人当たり所得が高いため、国際機関の基準では政府開発援助（ＯＤＡ）卒業国に分類され、大型支援対象国にはなり得ない。

しかし近年、米国は、カリブ地域でプレゼンスを拡大する中国やベネズエラ、その他の大国の動向にも高い関心を抱いている。

２０１３年５月、ジョセフ・バイデン副大統領（当時）がＴＴを訪問した。その直後に習近平中国国家主席も訪問したことから、メディアや有識者の間では、「ＴＴがラテンアメリカ・カリブ地域における米中間の競争の場として選ばれた」という見方が広まるとともに、地政学的地位を活用した外交戦略の見直しを求める声が相次いだ。

同年6月には、新聞紙上で米、中それぞれとの会談内容を分析・評価する記事が掲載されたが、中国との会談の方が成果があり、中国が発表した支援内容の方が実質的という意見が圧倒的であった。バイデン副大統領の滞在期間は1日、召集したカリブ共同体（カリコム）の独立14か国の首脳と多国間会議を実施したに過ぎなかった。議題は、移民・治安が中心であった。これに対し、習主席は2日強滞在し、カリコム加盟国のうち外交関係を持つ9か国と個別に会談を実施し、それぞれのニーズに合った支援を発表した。これに関し、グレナダのキース・ミッチェル首相は、「米国は我々の根本的な問題に対処していない。（中略）これ以上リップサービスを続けてもらうわけにはいかない」と苦言を呈したが、ＴＴも同様の不満を抱えていることは想像に難くない。*3

アフリカ系人口の割合が高いカリコム諸国ではバラク・オバマ前大統領は絶大な人気を誇っていた。オバマ政権発足時は、カリコム・米関係の進展に対する期待感が高かった。ところが、２００９年にＴＴで開催された第5回米州首脳会議、２０１３年5月のバイデン副大統領のＴＴ訪問及び2016年5月にワシントンDCで開催された米・カリブ・中米・エネルギー・サミット（日本も参加）以外はハイレベルでの交流はなかった。米国の対カリコム支援は対ハイチ支援の比重が大きく、その他のカリコム諸国に関しては、これらの国々が求める大型インフラ案件の建設支援や大型融資ではなく、小規模プログラムが実施されたに過ぎない。オバマ政権の外交優先事項は、テロとの戦い、対ヨーロッパ・中東・アジア外交、キューバとの関係改善で、その中でカリコムは軽視された、オバマ政権以前と状況は変わらなかったという評価が地元では下されている。

ドナルド・トランプ現政権は、米国第一主義を掲げ不法移民の取り締まり強化を繰り返し明言していることから、TTを含むカリコム諸国は、不法移民の強制送還に関し、米国との間で軋轢が生じるのではないかと懸念を抱いている。

そのような中2018年1月、トランプ大統領は、カリコムの一員であるハイチを「肥だめのような国」と発言し、カリコム加盟国の市民の反感を買った。カリコム事務局が非難声明を出すまでに至った。

(2) 関係希薄化が目立つ旧宗主国英国

① 司法分野に残る英国の影響

独立以降米国やカナダとの関係が急速に発展し、これら2か国に移住するトリニダード・トバゴ（TT）人が増えたのに対し、英国との関係は希薄化している。中でも1976年に立憲君主制から共和国制に切り替えたことは大きい。

他方、TTは現在も英連邦を通じ、英国やかつての英植民地と緩やかな関係を維持している。

2009年11月にはポート・オブ・スペインで第20回英連邦首脳会議（CHOGM）が開催された。開発協力に関しては、英国にとってもやはりTTの一人当たり所得の高さがネックになっており、TT側が期待する大型支援を実施することはできない。

このような中で司法分野に関しては現在も英国の影響を受けている。カリブ共同体（カリコム）には、最高控訴裁判所としてカリブ司法裁判所（CCJ）が設置されている。しかし元英領諸国は、独立後も最高控訴裁判所を英国枢密院と定めてきたため、英国枢密院から独立しCCJに加盟するためには国内手続き、つまり法改正が必要になる。CCJの本部はポート・オブ・スペインに設置されているが、TTは未だにCCJへの加盟を果たしていない。また、英国はTTに対し死刑制度の廃止を求めている。TTでは、殺人発生率が非常に高いにもかかわらず検挙率は10パーセント前後であり、国民は警察や司法制度そのものを信用していない（8章1）。殺人を食い止め治安を回復させるには死刑制度を残すしかないと考えるTT人は多く、本件に関しては英国や他のEU諸国の政策と相容れない。

このほか両国は、エネルギー、IT、医療、教育、治安分野で関係を深めている。このうち、エネルギー大手のBG社及びBP社はTTで大規模な活動を展開し、同国に投資する外国企業の中で最も高い知名度を誇る。

② 英国のEU離脱問題が与える影響

特筆すべきは、英国のEU離脱問題である。

両国ともカリブ共同体（カリコム）の独立14か国にドミニカ共和国を加えたカリブ・フォーラム

（ＣＡＲＩＦＯＲＵＭ）と欧州委員会の間の経済連携協定（CARIFORUM-EC EPA）に署名している。

ＴＴ・英国間の貿易は、ＴＴ・米国間の貿易には到底及ばず、２０１１年におけるＴＴから英国への輸出額は１億９３００万ポンド、輸入額は１億１８００万ポンドであった。[*4] それでも、ＴＴでは、英国を窓口としたＥＵ市場へのアクセスに対する期待感が高まっていた。

同協定の詳細にかかる交渉は未だに続いているが、英国のＥＵ離脱によって影響を受けることは必須である。これに加えて、ＥＵがカリコム全体を対象に実施しているプロジェクトにも影響が出ることが予想される。

(3) 米国に次いで関係が密接なカナダ

① 両国の関係発展と要人訪問

トリニダード・トバゴ（ＴＴ）がカナダと外交関係を樹立したのは、英国から独立を果たしたのと同時の１９６２年８月である。実際には、元英領という共通の歴史、地理的な近さもあり、カナダは１９３０年代後半よりＴＴに貿易担当コミッショナーを派遣していた。

両国は貿易・投資、教育、科学・技術、治安、ガバナンス、文化、医療などで密接な関係を築いており、投資促進・保護協定や二重課税防止協定などを締結している。現在は、カリブ共同体（カリコム）を通じた貿易協定の交渉の真っただ中である。英連邦や米州機構（ＯＡＳ）、国連や国際機関を通じても協力関係を構築している。また、カナダは米国に次いでＴＴ人移民が多い国であり、この点においても一般のＴＴ人はカナダに親しみを感じている。

要人往来は比較的活発であり、閣僚レベルの会談の実現には至らなくても、国際会議や国際イベントへの出席の関係で、ＴＴからは毎年のように閣僚がカナダを訪問している。

最近のカナダからＴＴへの要人訪問の中で目立ったのは、２０１２年５月のデービッド・ジョンソン総督夫妻（当時）による訪問で、これはＴＴ独立50周年に合わせてのものであった。

また、最近のＴＴからカナダへのハイレベルの訪問で大掛かりであったのは、２０１３年４月のパサード＝ビセッサー前首相による訪問で、同首相はカウンターパートのスティーブン・ハーパー首相（当時）と貿易・投資、エネルギー、治安分野などで協議した。

② 関係が深い分野

貿易・投資面を見ると、２０１２年におけるカナダからトリニダード・トバゴ（ＴＴ）への商品輸出額は、３億２９６０万カナダ・ドルに上る。[＊5] 主な輸出品は、鉱石、機械、紙、板紙、銅などであった。[＊6] ＴＴからカナダへの商品輸出額は、２億４８２０万カナダ・ドルで、主に有機化学薬品、鉄鋼などが輸出されていた。[＊7] ２００５〜２０１２年の間、両国間の貿易は45パーセント増加した。[＊8]

カナダは、石油化学、石油・ガス、金融部門でＴＴに投資しており、２０１２年時点の投資額は８億９３００万カナダ・ドルを記録した。[＊9] トリニダード島南中央部のポイント・リサス産業団地で活動するメタネックス社、ＰＣＳナイトロジェン社は、ＴＴのメタノール、アンモニア、尿素の生産に大きく貢献している。スコシア銀行及び関連企業のスコシア生命は、ＴＴ人に広く利用されている。

司法・治安分野での協力もＴＴ・カナダ関係の重要な側面である。ＴＴは、１９７０年よりカナダ軍事研修協力のもとで支援を受けてきた。カナダ政府によれば、過去10年の間に同政府は、治安分野でＴＴに対し総額１００万カナダ・ドルの支援を行ってきた。[＊10] また、英国と連携し司法改革に関する支援も行っている。

教育面においては、TTの独立前からカナダのキリスト教長老派が各地で学校を運営し、地元の教育に貢献してきたことが知られている。今日、多くのTT人の多くが奨学金を獲得し、カナダの教育機関で高等教育を受けている。

2015年11月より政権の座にあるジャスティン・トルドー政権は、前政権の対TT政策を踏襲しており、今のところ両国の関係に変化は見られない。

3　共通の開発課題を持つカリブ共同体（カリコム）

(1) カリブ共同体（カリコム）の一員として利益を追求

カリブ共同体（カリコム）の独立14か国は、国土が狭く人口が少ない上に、気候変動や自然災害、世界経済に対する脆弱性を持つ、資源に乏しく産業構造に偏りがある、南米からの麻薬の中継地になっており治安改善が急務、頭脳流出の割合が飛びぬけて高い、などの共通の課題を持つ。したがって、ブロックでまとまって行動し、共通の政策を取った方が国際条理では有利に働く。それゆえカリコムには、貿易・投資、環境、防災、教育、司法、公衆衛生、通信、民間航空などに関する下部組織や委員会が設置されており、トリニダード・トバゴ（TT）もこれらの組織や委員会を通じて域内調整に関わっている。

最近欧米の銀行の間では、テロやマネーロンダリングのリスクを軽減するために海外送金の窓口となっている地元銀行（コルレス銀行）との関係を終了する動きが出ているが、海外在住の移民からの送金に大きく依存しているカリコムには打撃になっている。TTも、本件についてはカリコムの同盟国と一体となって域内・域外の国際会議で強い懸念を表明している。

また、TTは、近隣のカリコム諸国に対し、自国の製品を輸出しているほか、自然災害などが発生した時には人道支援活動も行っており、カリコムの大国としての存在感を示している。

(2) 周辺国との関係の希薄さ・軋轢

トリニダード・トバゴ（TT）には、カリブ共同体（カリコム）単一市場・経済（CSME）のもとで、域内各地からの移民や観光客がやって来る。しかし、TTの入管の問題、移民や観光客自身の問題で入国が拒否されるケースが時折発生している。中でもジャマイカ人がその影響を受けることが多いことから、ジャマイカ国内でTT産製品のボイコット運動、さらには外交問題に発生することもある。ジャマイカもまたカリコムの中では経済大国であることから、TTに強いライバル意識を持っていると言われている。

個々の国との二国間関係を見ると、近隣であるにもかかわらず、米国や英国、カナダとの関係と比較すると、それほど密接ではない。域内・国際会議で閣僚が顔を合わせる程度であり、それぞれの国の間の往来はそれほど活発ではない。

他方、カリコムの閣僚や高度人材は域内の西インド諸島大学（UWI）の卒業生であることが多く、例えばTTの首相と他のカリコム諸国の首相が同窓生、友人同士という例も珍しくない。第三国はこの人脈を利用して、他のカリコム諸国の情報を入手したり、自国にとって有利な情報を他のカリコム諸国に広めてもらったりすることができる。

4　歴史的なつながりが強いアジアの大国

(1) 伝統的同盟国インド

① 要人のインド訪問

1845年に当時の英領インドから225人の年季奉公人がトリニダード島に渡って以来、インドはトリニダード・トバゴ（TT）にとって重要な国であり続けている。その証拠に、TTはインドに高等弁務官事務所を設置している。インドもまた、ラテンアメリカ・カリブ地域で最大のインド系人口（TTの人口約4割に相当する約54万人）を抱え、カリブ共同体（カリコム）加盟国に対する経済的影響力も強いTTを重視しており、ポート・オブ・スペインに高等弁務官事務所を構えている。

これまでの歴史を振り返ると、両国の関係が一層密になったのは、TTにおいてインド系を支持基盤とする統一国民会議（UNC）が政権を担った時であった。TT初のインド系首相に就任したパンデイ首相は1997年に訪印、パンデイ政権時の1999年にはインドのアタル・ビハリ・ヴァジパイ首相がTTを訪問した。この間、両国は、二重課税防止条約及び二国間投資促進保護協定のほか、政治・経済・技術協力・文化・農業といった多様な分野で協定や覚書に署名した。アフリカ系を基盤とする人民国家運動（PNM）が与党の座にあった2009年11月には、マンモハン・シン首相がTTを訪問したが、これは同地で英国とかつて英領だった国々が集う英連邦首脳会議が開催されたことによる。

最近注目を浴びたのは、UNC出身のパサード＝ビセッサー前首相のインド訪問（2012年1

祖先の出身地ビハール州で熱烈歓迎されるパサード＝ビセッサー前首相（前列中央）（2012年1月12日、ガーディアンのウェブサイト http://www.guardian.co.tt/lifestyle/2012-05-26/tracing-roots-indiaより）

月）で、7名の閣僚に加え官民の関係者160人から成る大集団を引き連れての外遊であった。首脳会談、民間航空・文化などに関する協定への署名のほか、同首相に対するプラヴァシ・バラティヤ・サマン賞（各種分野で輝かしい功績を残した在外のインド人、インドに出自を持つ人々を対象に授ける賞で、インドの在外インド人省が主管）授賞式も催された。さらに、同首相が自身の祖先の出身地であるビハール州に赴き、親族と涙ながらの対面を果たすという視聴者・読者の涙腺を刺激するような企画も実施された。

　そのほかにも、毎年のように両国の閣僚の往来が続いてきた。

② 貿易・文化面での関係

　貿易分野を見ると、２０１２〜２０１３年のインドからトリニダード・トバゴ（ＴＴ）への輸出額は８１５２万米ドル、ＴＴからインドへの輸出額は８９０万米ドルで、インドの方が有利な状況であった。[*11] インドは、ＴＴ向けに主に原油、医薬品、鉄鋼、衣料品、コメ、香辛料、ＩＴサービスなどを輸出している。[*12] インド系ＴＴ人は、現在もカレーを主食とし、冠婚葬祭でサリーなどの衣装をまとい、日々の生活でインド製の医薬品や化粧品を使用していることからも、ＴＴではインド製品が身近なことが分かる。TTからインドへは、石油製品、屑鉄、アスファルト、液化天然ガス（LNG）などを輸出している。[*13]

このほか、両国は、インド政府によるTT人学生への奨学金提供、西インド諸島大学（UWI）セント・オーガスティン校のヒンディー語クラス、両国が設立したマハトマ・ガンディー文化協力機構のもとでのヒンドゥー音楽・インド舞踊などのクラスを通じて協力を深めている。留学や研修でインドに滞在したTT人による同窓会も存在する。

さらに、英領時代に年季奉公人としてTTに渡ったインド移民の関係でも両国の関係は強固で、毎年5月30日の「インド人上陸の日」には、インド人年季奉公人の歴史や両国の関係を綴った特集記事が新聞に掲載されるとともに、トリニダード島では記念イベントが開催されている。

他方、パサード＝ビセッサー前首相一行による盛大な外遊の後、両国の関係は期待ほど進展していないという声もある。地理的な距離に加え、自発性や海外への関心が薄いというTT人の国民性も影響していると思われる。しかし、貿易相手国の多角化、自国のプレゼンス拡大を求めるTTにとって、ブラジル・ロシア・インド・中国（BRICs）の一員として目覚ましい発展を遂げ、世界中に印僑ネットワークを有するインドは今後も重要な国であり続けることは疑いの余地がない。

(2) 急速にプレゼンスを拡大させた中国

① 中国に「忠実な友人」と見られているトリニダード・トバゴ

トリニダード・トバゴ（TT）と中国の関係は、1806年に中国人年季奉公人が当時英領であったトリニダード島に到着した時に遡る。以降、これまでに大きく分けて4回、中国からの移民が流入した。現在、中国系移民の子孫及び最近到着した新移民は人口の約1パーセントを占めると言われており、国内各地に中国系団体が存在する。

両国が外交関係を樹立したのは1974年6月である。周辺のカリブの独立国に中国や台湾と断交あるいは国交樹立した国が多いのに対し、TTは、一貫して「一つの中国」を支持する姿勢を維持している。また、TTは、国交樹立前の1971年に中国の国連復帰を支持する国連安保理決議に賛成票を投じた。このような経緯から、中国は、TTをカリブ地域における「忠実な友人」と見ている。

TT側も、国家の発展に寄与してきた中国人移民及びその子孫を通じて中国の存在を意識し、中国人移民上陸200周年にあたる2006年10月12日を一度限りの祝日に設定した。2011年3月には、春節祭関連行事を初めて政府主催で開催した。

2013年5月31日から6月2日にかけては、習近平中国国家主席がTTを訪問し、国交を持つカリブ共同体（カリコム）加盟国の9か国首脳と会談した。中国国家主席による英語圏カリブ諸国の訪問は初であり、カリコム地域にとっては歴史的事件となった。同主席は、同地域の中国承認国に対する、30億米ドルの優遇借款提供、100名の医療従事者派遣、100名の大学院生養成、1000名の学生に対する奨学金提供を大々的に発表するとともに、友好国に対する個別の支援も打ち出した。[*14] また、中国は、TTとの間で、社会開発プロジェクトにかかる経済・技術協力協定（5000万元）、線形加速器、X線検査及び探知・走査システム獲得のための交換書簡に署名するとともに、トリニダード島中西部クーバの児童病院及び同島南部アリマの病院建設に対する支援を表明した。[*15]

外交関係樹立40周年を迎えた2014年には、上半期から秋頃まで両国政府主導で記念レセプションや各種文化イベントが華々しく執り行われた。同年3月には北京に在中国TT大使館が開設された。かつてはTTがアジアに持つ在外公館は在インド高等弁務官事務所のみで、同事務所が日本と中国を兼轄していた。元々在外公館数が少ないTTが中国大使館設立に踏み切った背景には、両国の関係の緊密化があると見てよいであろう。

最近では2018年5月にローリー現首相が中国を訪問し、李克強首相と会談した。ローリー首相は、「一つの中国」を堅持するとともに、中国と「一体一路」でも協力を強化したいと述べた。[*16]

② 経済・インフラ開発分野で進出する中国

トリニダード・トバゴ（TT）は、前述のとおり、貿易・投資、教育、治安分野で米国、英国及びカナダと密な関係を築いてきたが、高所得国、政府開発援助（ODA）卒業国と見なされているため、これらの国々から経済協力を受けることは難しい。他方、所得格差、地域格差は一層拡大しており、インフラ建設・改修、福祉サービスの改善は依然として大きな課題である（8章5）。中国は、そうしたTTのニーズを汲み取り、幅広い分野でプレゼンスを示している。

貿易・投資に関して、TTは、アスファルト、メタノール、LNGなどを中国に輸出し、中国から、ディーゼル・バス、ケイ素鉄マンガン、鉄・スティール製チューブ及びパイプ、煉瓦、婦人服及びカーニバル衣装などを輸入している。[*17]他方、米国やその他の国々から輸入している商品にも中国製のものが多いため、実際のところは中国製品の割合は高いと思われる。中国からの投資はエネルギー部門を中心に行われており、近い将来には港湾整備関係にも進出すると発表された。

中国のプレゼンスが突出しているのは、インフラ開発分野である。主なものとして、外交センター、国立芸術アカデミー（NAPA）、トリニダード島南部サン・フェルナンドの国立芸術アカデミー（SAPA）、トバゴ島のスカボロー総合病院、トリニダード島中西部のクーバの児童病院及び水中競技場が知られている。中国は、このほかにトリニダード島北東部のアリマ病院建設（約240億円）、同島南西部のラ・ブレー港建設（約5億米ドル）、6つの産業団地の建設（総額2億5000万米ドル）を進めている。[*18]

ところが、NAPAについては完成からたった5年で膨大な数の欠陥や問題が指摘され、改修工事の必要性から2014年に急遽閉鎖された。ようやく再オープンしたのは2017年のことであった。パサード＝ビセッサー前政権にとっての大型プロジェクトであったクーバ児童病院についても、2015年9月の政権交代前に完成にこぎつけたものの、営業開始日は未定な上、当初の計画から変更となる可能性が強まった。

これら経済協力は、中国と被援助国が、供与にかかる条件及び金額、資材の調達方法などを決定する二国間支援の枠組みのもとで実施されている、中国企業が設計、資材及び労働力の調達等の全てを実行するフルセット型事業となることが多い。欧米や日本からのODAを受けることが困難なTTにとって、優遇条件のもと迅速に融資を行ってくれる中国は有り難い存在と認識されているが、莫大な額の借り入れは将来的には国の負担になる。インフラ案件の場合、定期的なメンテナンスも必要になる。地元では、建築資材やその他部品は中国製のものが多く、修理の際には中国から取り寄せなければならないという情報が広まっている。また、こうしたインフラ・プロジェクトに地元の労働者ではなく中国本土から来た労働者が投入されることが多いが、これに関し、中国はTT人の雇用に貢献していないとの不満が地元で高まっている。プロジェクト終了後に中国に帰国せず居残った中国人が商店やレストランを経営し、地元のビジネスを脅かしたり、中国人不法移民を雇用し彼らを劣悪な環境で勤務させたりしていると危惧する声もある。

③ 文化・医療・軍事分野での関係

中国は、貿易・投資、経済協力だけでなく、文化面でもトリニダード・トバゴ（ＴＴ）への関与を深めている。

２０１３年10月には、西インド諸島大学（ＵＷＩ）セント・オーガスティン校に孔子学院が開設したことに伴い、中国語や太極拳などのクラスが開講された。２０１４年5月に同校に外交官養成校であるディプロマティック・アカデミーが設立されると、中国は、建物の工事や研修への関与を通じた支援をいち早く打ち出した。加えて中国は、現在トリニダード島南部で工事が進んでいるＵＷＩ南部キャンパスの建設支援にも関与している。

ＵＷＩは東カリブ地域を代表する総合大学で、セント・オーガスティン校には、ＴＴだけではなくカリブ共同体（カリコム）の他の国々からも学生が集うことから、ＵＷＩに対する支援は、中国と国交を結んでいない国も含めカリコム全体に多大な影響をもたらす。中国は、ソフト・パワー外交の効果を強く認識していると思われる。

ＵＷＩ以外では、毎年数回にわたって雑技団や音楽団、舞踏団が一般客を対象とした公演のため来訪している。海外からのアーティストによる娯楽、東洋の文化との接点に限りがあるＴＴ国民に貴重な機会を提供している。

そして、近年目立っているのは、医療分野での協力である。中国は、2015~2016年にかけて、トリニダード島南部サン・フェルナンドの総合病院に自国の医療団をローテーション方式で派遣した。同医師団は、TTで不足している神経外科医などで、地元医師の研修に携わるとともに、地元住民に対する手術を実施した。最後には、医療機器が寄贈された。公立部門の医療崩壊が叫ばれる中で、中国は自国の資源を最大限に活用しながら、TTのニーズを直接汲み取る支援を実施したのである。キューバの医療外交（後述）の成功事例を参考にした戦略であることが窺える。

軍事分野での関係も活発化しており、2011年11月には、中国海軍病院船「平和の方舟」がTTに寄港し、トリニダード島とトバゴ島の両島で地元住民2900人に対し医療サービス・相談を提供した。[*19] 2015年10月には、中国企業が造船に携わった戦艦「TTSネルソン」がTT国防軍に引き渡された。

5　他国とは異なる支援・協力内容で距離を縮めるベネズエラ・キューバ

(1) 近いけれど遠い隣国ベネズエラ

① チャベス政権時から関係が変化

トリニダード・トバゴ（TT）からベネズエラは目と鼻の先の距離（両国の距離が最も近い場所で10キロメートル程度）であり、トリニダード島北西部のチャカチャカレ島、最南端のイカコスからは晴天時にベネズエラが見えることもある。

かつてスペイン領時代を経験したトリニダード島では、ベネズエラから流入した移民がベネズエラ系の音楽や食文化を持ち込み、今日のTT文化の発展の一役を担った。

しかし、一般のTT人は、隣国のベネズエラよりも、米国、英国及びカナダに対し親近感を持っており、日常生活でベネズエラの情報を見聞きしたり、TT国内に在住するベネズエラ人と交流したりする機会はそれほど持ち合わせていない。両国の公用語が異なるという事実のほかに、ベネズエラ自体もカリブ共同体（カリコム）の国々よりもラテンアメリカや他地域の大国の方に目を向けてきたことも大きい。

ところが、1999年に誕生したウーゴ・チャベス政権は、カリコムとの関係強化に乗り出した。エネルギー資源を持たず経済構造が脆弱なカリコム諸国に対し、ペトロカリブ・エネルギー協力協定（ペトロカリブ）のもとで優遇的な石油供給及びインフラなどの支援を行うようになった。また、ベネズエラ主導の米州人民ボリーバル同盟（ALBA）を通じてもカリコムとの関係を深めた。さらに、以前はエネルギー輸出国同士ということでライバル関係にあったTTへの関与も強化した。TTはペトロカリブにもALBAにも加盟していないため、両国は国境海域にまたがるエネルギー資源開発や治安分野に重点を置き関係を深めてきた。

チャベス政権は、米国や同国に同調する国々との対立を深める中で、小国といえども独立国で、国連の7パーセントを占めるカリコムの外交力に目をつけたと思われる。ラテンアメリカ・カリブ地域の中で大国であるメキシコやブラジル、コロンビア、そして自国との間に領土問題を抱えるガイアナを牽制する意味でもカリコムを重視し始めたと考えられる。

ニコラス・マドゥーロ現政権もチャベス前政権の対カリコム政策を踏襲しており、2016年5月にはマドゥーロ大統領が閣僚数名を引き連れてTTを訪問、同年12月にはTTのローリー首相及び閣僚数名がベネズエラを訪問し、両者はエネルギー開発分野での協力を一層進めていくことで合意した。

さらに、同年5月、近年深刻な経済危機の影響で食料不足が深刻なベネズエラに対し、TTから5000万米ドル相当の食料品を輸出することが発表された。[*20]

この翌月に第1回目の輸送が始まり、トリニダード・トバゴ産のケチャップやマヨネーズ、鶏肉などがベネズエラに運ばれた。[*21]

② 両国の懸案事項

他方、両国の間には懸念材料も残っている。

2014年3月、巡礼のためベネズエラ経由でサウジアラビアに向かっていたイスラム教徒のトリニダード・トバゴ（TT）人20人以上がテロ容疑でベネズエラ当局に身柄を拘束され、うち5人がベネズエラの刑務所に投獄されるという事件が発生し、外交問題に発展した。2016年11月末に5人が帰国を果たすまで、TT国内ではイスラム教団体を中心に5人の即時解放を求める抗議運動がたびたび起きた。

また、TT人の漁師が国境海域で不法入国したとベネズエラ当局に身柄を拘束される事例も後を絶たない。

ベネズエラのオリノコ川河口はコロンビア産の麻薬の流通ルートと見られており、麻薬絡みの犯罪で治安の悪化が深刻な両国は国境海域の警備に頭を抱えている。そのような中で、イスラム教過激派の国際テロ組織に参加するTT人が増えていることから（8章1）、両国にとっては治安面での協力強化も課題となっている。

このほか、昨今のベネズエラの政治・経済危機が原因で、難民がTTにも流入している。私がTTに在留していた時には、トイレット・ペーパーや食糧を買いに違法にTTに来ていたベネズエラ人のことが報じられていたが、現在はより深刻な状況にあると思われる。

(2) 冷戦時代から密接な関係にあるキューバ

① 冷戦時代にいち早くキューバと外交関係を樹立

独立から10年後の1972年12月8日、トリニダード・トバゴ（TT）は、ガイアナ、ジャマイカ及びバルバドスとともにキューバと外交関係を樹立した。当時、東西冷戦はデタント（緊張緩和）期に突入していたが、ラテンアメリカ、特に南米では左翼勢力弾圧の嵐が吹き荒れていた。そのような状況下におけるキューバとの国交樹立は大胆な決断であった。以降、TTとキューバの外交関係が途切れることはなかった。冷戦の影響を受け一時キューバと断交したグレナダやジャマイカ、スリナムやハイチと同じ道を辿らず、独自路線を貫いた。1990年代初期からは、国連総会で米国の対キューバ経済制裁解除を求める決議に賛成票を投じている。また、カリブ共同体（カリコム）首脳会議をはじめ、その他の国際会議でも米国の対キューバ政策を批判する姿勢を取ってきた。例えば、2011年12月にカリコム・キューバ首脳会議が開催された際、米国側の決定の影響で、同会議の会場及びキューバ代表団（ラウル・カストロ国家評議会議長（当時）が団長）の宿泊先であった米系資本のヒルトン・ホテルの利用が不可となり、米国とは無関係の会場、ホテルへの変更を余儀なくされた。これに対し、TTを含むカリコム首脳は米国を批判した。TTは、機会あるごとに自国の勇気ある決断とキューバとの強固な関係を強調している。

米国や英国をはじめとする欧米諸国、中国との関係と比較すると、規模は小さいものの、ＴＴは、キューバと医療、教育及びスポーツといった分野で密接な関係を築いている。一般のＴＴ人は、キューバに親近感を抱いており、２０１４年にオバマ政権がキューバとの国交正常化交渉開始を発表した時、そして２０１６年11月にフィデル・カストロ前国家評議会議長が亡くなった時には、地元で大きな反響が巻き起こった。私の周りでも、キューバに旅行したことがあるというＴＴ人が多く、その数は増加の一途を辿っている。

② トリニダード・トバゴの医療・スポーツ分野に貢献するキューバ

医療分野においては、他のラテンアメリカ・カリブ地域の国々と同様、キューバ人の医療関係者が地元の医療機関で活躍している。彼らの滞在期間は最大2年で、1~2年ごとに入れ替わっている。しかし、待遇面の詳細は明らかにされておらず、業務時間外の地元住民との接触は制限されているとの情報もある。また、最近は、トリニダード・トバゴ（ＴＴ）の経済不況の影響で、帰国を余儀なくされているキューバ人が多いようだ。

教育分野に関しては、毎年数名の学生がキューバ政府の奨学金を得てキューバの大学に留学している。若干名とはいえ、国内における進学先の選択肢が少ないＴＴ人にとってインパクトは大きい。

スポーツ分野では、コーチの派遣、スポーツ奨学生の受け入れを通じ、キューバはＴＴに支援を行ってきた。２０１２年のロンドン・オリンピックの男子やり投げ種目で金メダルに輝いたケショーン・ウォルコットは、キューバ人コーチの指導を受けていた（2章7⑶）。

他方、両国の経済・貿易関係は発展途上の段階にある。現在、ＴＴのリパブリック銀行、サーシャ化粧品及びアンゴストゥーラ社（飲料）の3社のみがキューバ国内で活動している。米国とキューバの国交正常化交渉が進展した後は、キューバ進出に関心を持つ企業が増え、２０１５年6月にはＴＴ商工会議所が、初のキューバ貿易ミッションを派遣した。これにＴＴ製造業協会の貿易ミッションも続いた（２０１6年3月）。２０１6年11月に開催されたハバナの国際見本市には39社が参加した。

しかしながら、米国でトランプ政権が誕生し、同政権は対キューバ通商規制を強化する旨発表したことから、これがＴＴ・キューバ間の経済・貿易関係にマイナスの影響を与える可能性もある。

6　その他の国々との関係

(1) 西欧・ラテンアメリカ諸国との関係

植民地時代から関係を持つフランス及びスペインは、現在もトリニダード・トバゴ（ＴＴ）が重視する国々である。フランスに関しては、トリニダード島に流入した農園主の末裔が残っており、フランス系の名前を持つ白人がこれに当てはまる。文化的つながりも強く、例えばフランスは自国の助成団体であるアリアンス・フランセーズを通じたソフト・パワー外交に力を入れている。スペインは、エネルギー大手のレプソル社を通じた投資面で密な関係にある。また両国とは、ＥＵを通じ環境や社会開発、人権や治安分野でも関係がある。ＴＴ国籍保持者は、２０１5年よりシェンゲン協定締結国への短期の渡航に関し入国査証を取得する必要がなくなったため、最近はＥＵ諸国に向かうＴＴ人の数が増加している。

欧米諸国の中では、英連邦の仲間であるオーストラリアともエネルギーや環境分野で関係を構築している。

カリブ共同体（カリコム）加盟国、キューバ及びベネズエラ以外のラテンアメリカ・カリブ地域に関しては、メキシコ及びブラジルがＴＴに大使館を設置しているが、二国間関係はそれほど活発ではなく、むしろそれよりもこれらの国々は、カリコム地域の中で規模が大きく国際機関のカリコム地域統括事務所が集中するＴＴに拠点を構えていると言った方が正しいかもしれない。近年関係が密になっているのは、運河拡張工事が完了したパナマであり、ＴＴはパナマ運河を活用した自国製品の輸出先の多様化、増加とともに、カリコム地域のハブとしての自国のプレゼンス向上に期待を抱いている。２０１５年４月にはパサード・ビセッサー前首相がパナマを訪問、これに合わせて在パナマＴＴ大使館が開設した。

(2) アジア諸国との関係

アジアに関しては、韓国がトリニダード・トバゴ（ＴＴ）を含めたカリコムとの関係強化を図っており、カリブ共同体（カリコム）との間で数年ごとにハイレベル・フォーラムを開催している。韓国産の家電や携帯電話、自動車はカリコム地域でも普及しており、サムソン（三星）製のテレビや携帯電話、ヒュンデ（現代）やＫＩＡ（起亜）製の自動車を見かけることは珍しくなくなった。ただし、一般市民レベルでは日本製と韓国製の区別がつかない、そもそも日本と韓国、中国の違いが認識出来ていないことも多い。韓国政府は、奨学金支給、文化行事の開催などで力を入れているが、自国に対する理解を深めたいという思いの表れであると思われる。

実は北朝鮮もTTと外交関係を持つが、両国とも互いの国に在外公館を設置しておらず、ほとんど交流がない。TTは伝統的に域外国の問題への不干渉の姿勢を貫いており、2016年の国連総会本会議で審議された北朝鮮人権状況決議を棄権した。他方、国民レベルでは、核実験やミサイル発射を次々と実施する金正恩政権を危険視する見方が強まっている。当然ながら、2018年6月の初の米朝首脳会談も大きな注目を集めた。

フィリピンに関しては、医師・看護師・薬剤師の受け入れを通じた医療分野での関係が主で、日常生活でフィリピン人と接する機会を持つTT人は少なくない。現在TTに滞在するフィリピン人の数は、日本人や韓国人の数よりも圧倒的に多く数千人に達し、地元住民と結婚する者も増えている。しかし、フィリピン政府は英語圏カリブ地域に在外公館を設置していない。在米大使館が英語圏カリブ諸国を兼轄している。TTでは、現地在住のフィリピン人名誉総領事が領事業務の仲介役となっている。TTもまた、フィリピンに在外公館を置いておらず、在インド高等弁務官事務所に兼轄させている。このことから、医療分野以外における両国の関係はほぼ皆無の状況である。加えて、キューバ人のケースと同様、近年はTTの経済不況で契約終了を言い渡され帰国を余儀なくされているフィリピン人医療関係者の数が増加している。

(3) 中東・アフリカ諸国との関係

アフリカ・中東地域では、ガーナ、ナイジェリアなどとエネルギー分野で協力している。また、人口の4割を占めるアフリカ系トリニダード・トバゴ（TT）人は、音楽やダンス、衣装や宗教などを通じてアフリカ文化を保持しており、アフリカに対し強い親近感を抱いている。2012年には、8月1日の奴隷解放の日に合わせ、ナイジェリアからグッドラック・ジョナサン大統領（当時）が来訪した。2015年に南アフリカのネルソン・マンデラ大統領が逝去した際には、パサード＝ビセッサー首相が当時野党代表だった現ローリー首相とともに、故マンデラ大統領の葬儀に参列した。

TTにはシリア・レバノン系の移民の子孫がいるものの、中東諸国との関係はそれほど密接ではなく、経済面で細々続いているに過ぎない。他方、毎年TT人イスラム教徒がメッカへの巡礼をするためにサウジアラビアを渡航しているほか、近年ではイスラム過激派が第三国を経由してシリアなどに向かうケースが散見され、宗教面だけでなく治安面でも見過ごすことはできなくなってきている（3章3⑶、8章1⑵）。

なお、2017年12月に国連総会において賛成多数で採択された米国のエルサレム首都認定撤回を求める決議案に関し、TTは棄権に回った。あらゆる面で関係の深い米国との関係に配慮した決定であることが窺える。

〔注〕

＊1　TT外務省、"Foreign Policy", https://foreign.gov.tt/foreign-policy/

＊2　在TT米国大使館、"U.S.- Trinidad and Tobago Relations", https://tt.usembassy.gov/our-relationship/policy-history/us-country-relations/

＊3　"Grenada PM in call for more deportee support says: No more US lip service", Guardian, May 29, 2013. http://www.guardian.co.tt/news/2013-05-29/grenada-pm-call-more-deportee-support-says-no-more-us-lip-service

＊4　InvesTT, "UK-Trinidad Trade- We make good company", http://www.investt.co.tt/blog/investt-blog/2012/september/uk-trinidad-trade-we-make-good-company

＊5　在ＴＴカナダ高等弁務官事務所、"Canada-Trinidad and Tobago Relations", http://www.canadainternational.gc.ca/trinidad_and_tobago-trinite_et_tobago/bilateral_relations_bilaterales/canada_trinidad_tobago-trinite_tobago.aspx?menu_id=7&lang=eng

＊6　同ウェブサイト。

＊7　在ＴＴカナダ高等弁務官事務所、前掲ウェブサイト。

＊8　ＴＴ政府ニュース、"PM speaking notes on her arrival from Canada", April 27, 2013 http://www.news.gov.tt/archive/index.php?news=12763

＊9　在ＴＴカナダ高等弁務官事務所、前掲ウェブサイト。

＊10　在ＴＴカナダ高等弁務官事務所、前掲ウェブサイト。

＊11　インド外務省、"India- Trinidad and Tobago Relations", http://mea.gov.in/Portal/ForeignRelation/Trinidad_Tobago_April_2014.pdf

＊12　同ウェブサイト。

＊13　前掲ウェブサイト。

＊14　"No $$ for St Lucia, St Kitts, 3 others", *Trinidad Express*, June 3, 2013, p.3, "China offers $3b in loans to Caribbean", *Trinidad Guardian*, June 3, 2013, p.3.

＊15　"The Couva Children's Hospital", *Office of the Prime Minister, Republic of Trinidad and Tobago*, June 1, 2013, http://www.opm.gov.tt/media_centre.php?mid=14&eid=412, "Chinese Government to invest in Health Care in Trinidad and Tobago", *Trinidad and Tobago Government News*, June 2, 2013, http://www.news.gov.tt/content/chinese-government-invest-health-care-trinidad-and-tobago, "Number of MOUs signed between T&T and China, more to cone", *Trinidad and Tobago Government News*, June 2, 2013, http://www.news.gov.tt/archive/index.php?news=12991, "China to fund new Arima hospital", *Trinidad Express*, June 2 ,2013, p.5, "Persad-

Bissessar, Xi visit hospital site", *Trinidad Express*, June 2, 2013, p.7, "100 Chinese medics for TT, funding for Arima hospital", *Newsday*, June 2, 2013, Section A, p.3, "China to fund new children's hospital in Trinidad", *Caribbean News Now!*, June 3, 2013, http://www.caribbeannewsnow.com/headline-China-to-fund-new-children's-hospital-in-Trinidad-16151.html,『カリブ海地域へ　習氏が援助拡充』産経新聞、２０１３年６月３日朝刊８面、『習氏、経済協力「強化」』毎日新聞、２０１３年６月３日朝刊９面。

＊16　『李総理、トリニダード・トバゴ首相と会談』中国国際放送、２０１８年５月15日、http://japanese.cri.cn/20180515/6d7b9ec6-93ee-95df-4557-6af2adca2c80.html

＊17　"Historic Visit of a Chinese President", *The Office of the Prime Minister of the Republic of Trinidad and Tobago*, June 1, 2013, http://www.opm.gov.tt/media_centre.php?mid=14&eid=410

＊18　"Work starts on $1b Children's hospital", *Trinidad Express*, November 9, 2012, http://www.trinidadexpress.com/news/Work_starts_on__1b_children_s_hospital-178249151.html, "Chinese to build new Arima hospital", *Trinidad Guardian*, October 4, 2013, http://www.guardian.co.tt/news/2013-10-04/chinese-build-new-arima-hospital,"T&T to access US$750m for La Brea Port", *Trinidad Guardian*, February 26, 2014, http://www.guardian.co.tt/business/2014-02-26/tt-access-us750m-la-brea-port

＊19　在ＴＴ中国大使館、"'Peace Ark' successfully concluded visit to Trinidad and Tobago", http://tt.china-embassy.org/eng/zt/peaceark2011/t878544.htm

＊20　"Venezuela to buy US 50 m in Goods", *Guardian*, May 24, 2016. http://www.guardian.co.tt/news/2016-05-23/venezuela-buy-us50m-goods

＊21　ＴＴ政府ニュース、"T&T's local manufacturers goods to be shipped to Venezuela", June 22nd, 2016. http://www.news.gov.tt/content/tt%E2%80%99s-local-manufacturers%E2%8

コラム11 筆者が観たトリニダード・トバゴ人

性的マイノリティに対する差別・偏見

多様な文化が入り乱れるトリニダード・トバゴ(TT)は日本以上に性的マイノリティのレズビアン、ゲイ、バイセクシャル、トランスジェンダー、ジェンダークィア(LGBTQ)である人々に寛容な国と思われがちだが、実際にはその逆でTT人の大半は彼らに対し強い偏見を持っている。意外なことに、TTでは、同性愛者間の性交渉が法律で禁止されてきた。欧米の出版社が発行したガイドブックにも、その旨明記されていた。

2018年4月、高等裁判所が同法が憲法に違反するとの判断を下し、ようやく流れが変わりつつある。

私のTT人友人・知人の間でもLGBTQの人々に対する偏見、差別は非常に根強く、特にゲイの人々を毛嫌いする者が多い。

TT人がLGBTQの人々に不寛容なのは、宗教的理由によるものが大きい。男女間の恋愛に関しては比較的オープンで、性的欲求の追求も積極的であっても、TT人と宗教は切り離せないものであり、「同性同士がセックスし結婚するのは、神の意志に反する」という考えが根強い。

コラム4でTT人が世間体や体裁を気にする国民であると述べたが、「結婚をしていないと周りに同性愛者であると誤解される」と焦り、強引に結婚話を進めることも多い。

国際社会や国内のNGOからの圧力を受けて、これまでに何度も法律改正について議論が行われたことがあるが、政府や国民の意見は否定的でなかなか進展しなかった。

TTが性的マイノリティに寛容な社会になるまでまだまだ時間がかかることは目に見えている。

コラム 12 筆者が観たトリニダード・トバゴ人

恵まれすぎているがゆえに節約概念ゼロ

トリニダード・トバゴ（TT）在住の外国人の多くは、「ここは贅沢さえ言わなければ、とても恵まれた国である」と言う。

まず、TTでは自然災害が発生することは滅多にない。幸運なことに、カリブ海のハリケーン・ベルトから外れており、隣国のグレナダのように、国民総生産（GDP）の250パーセント以上の被害を受け復興に長い時間費やさなければならないという事態は起こらない。ごく稀にハリケーンが通過することもあるが、かすめる程度で、本土を直撃することはあまりない。大雨や強い風でインフラが脆弱な地域、低地で洪水が発生したり、山間部で地滑りが発生したりすることもあるが、一時的なものにしか過ぎない。

地震も少なく年に数回発生するかしないかという状況である。このため、TT人は地震に慣れていない。十分な避難訓練を受けていないため、大きな地震が発生するとパニックに陥ることが多い。

自然環境の良さに関しては、気候についても当てはまる。TTは、常夏の国で、5～10月頃までの雨季と11～4月頃までの乾季の2つの時季があるに留まる。昼間の日差しは強いが、日本や東南アジアのようにうだるような蒸し暑さに見舞われることは滅多にない。乾季の間は、ドアや窓から入る風が心地良く、朝晩は冷房なしで過ごすことも可能である。

また、エネルギー資源、水資源に恵まれたTTでは、光熱費、ガソリン代が驚くほど安価である。

水に関しては、年によっては多少の水不足になることもあるが、山川がなく頻繁に水不足に喘いでいるアンティグア・バーブーダやバルバドスと比較すると、適度に雨が降り、山川にも恵まれた

TTが深刻な水不足で悩むことは滅多にない。水道料金は、2か月に一度の支払いで、私のような単身者の場合は、日本円にして数千円しかかからない。なお、TTでは、賃貸の場合、大家側が水道料金を負担することが通例になっている。

ガソリン代は、元々安価なところ、政府による助成金が出ている。もっとも最近は、経済状況悪化が著しく、政府は支出削減のため助成金を削減に踏み切った。それでも日本のガソリン価格と比べると低く抑えられていることには変わらない。普通車のレギュラー満タンは3000円程度である。

さらに、医療費は公的機関での診察・治療であれば基本的には無料、教育費については義務教育は当然のこと、高等教育機関に進学した後も一定の要件を満たせば、政府授業料支援プログラム(GATE)のもとで政府から助成金を獲得できる仕組みになっている。

加えて、東カリブ地域の大国のTTは、欧米諸国との貿易が盛んなため、スーパーマーケットやショッピングモールは常にモノで溢れている。大量購入しても、レジではビニール袋を無料で配布しているので、エコバッグを持参する必要はない。TTのスーパーマーケットでは、基本的に従業員が商品の袋詰めをするのだが、袋いっぱいに詰めることはなく、野菜、冷凍食品、生モノ、洗剤といったように、種別に袋詰めしていくので、量や種類が多いと大量の袋を受け取ることになる。追加の袋を希望しても、文句を言われることはない。

詰め替え用の洗剤や調味料はほとんど存在せず、なくなったらボトルごと新品を購入するのが一般的である。

ホームパーティーやイベントではプラスチック製の食器を使うことが一般的で、主催側としては洗い物の手間が省けていいのだが、大量のゴミが発生する。

電気や冷房はつけっぱなしで、大量に水を使うことを厭わない。冷房に関しては、どのオフィスも建物も20度前後まで下げており、中にはあまりの寒さに長袖やストールを羽織る者もいる。日本のようなクールビズの概念は全く存在しない。

ガソリンの消費量の多さは、当然ながら環境への悪影響につながる。TTで販売されているガソリンの質は先進国のものよりも劣るため、環境にも健康にも悪影響が出ていると思われるが、そのことを意識している国民は少ない。

石油資源には限りがあり、実際TTの石油生産量はかつてと比べると落ち込んでいる。しかし、いつかは石油資源が枯渇するという認識も薄い。燃費の良い車、環境に優しい車に乗った方がいいという考えも広まらず、ハイブリッド車や軽自動車は人気がない。政府は、天然ガス自動車の導入を進めているが、なかなか普及していない。

車は中古車でも高額なため修理し使い続けることが一般的だが、一方で、家具、家電・電化製品に関してはアフターサービスが充実していない。まだ使用可能で新品購入の場合値が張るものについては、親戚や知人に譲ったり、新聞広告やSNSを通じて売りに出すこともあるが、故障の場合はすぐに買い換えになる。TTには、車の部品や金属ごみを除いて、日本のような廃品回収業者、リサイクル業者がほとんど存在しないため、捨てられた粗大ゴミは埋め立てのゴミ処理場行きになるか、不法投棄されるかの運命にある。

こうして見ると、国民全体に節約意識や環境保全意識、モノを大事に使おうという意識が欠けていると言わざるを得ない。

TTのエネルギーや電気の消費量、ゴミの排出量の多さについては、世界銀行のデータでも示されている。2013年における人口一人当たりのエネルギー使用量は、カタールの1万9120キログラム、アイスランドの1万8177キログラムに次ぐ、1万4538キログラムで、世界平均の1894キログラム、ラテンアメリカ・カリブ地域平均の1373キログラムを大きく上回っている。[*1] また、2013年における人口一人当たりの電力使用量は、6876キロワット、世界平均の3104キロワット、ラテンアメリカ・カリブ地域平均の2118キロワットを上回り、先進国レベルである。[*2] 2016年初めの報告では、TTは、人口一人当たりのゴミ排出量が世界で最も多い国という不名誉な称号を贈られている。[*3]

先述のGATEの助成金に関しては、要件に適当とは思われない者、学士号・修士号・博士号の肩書きだけを求め真剣に勉学に励む意欲がない者が受給しているケースが散見され、税金の無駄使いになっているとの声も根強い。

恵まれ過ぎた生活は、当然ながら国民の精神面にも影響を及ぼす。特に、若者世代は、ガソリンの助成金や公的医療費だけではなく、親世代が若かった頃には存在しなかったGATEの恩恵を受け、モノに溢れた生活をしている。

学校で学んだ分野に関連した職業に就ける可能性は低いとはいえ、日本の学生のように必死に就活することはほとんどない。雇用形態や分野に偏りは見られるものの、職自体はある。コネで職を手に入れることも一般的なため、困った時は周りに頼れば何とかなると考える傾向もある。前述のとおり若者の多くは親や兄弟、祖父母と同居しているため、よほどの貧困世帯でない限り家賃や食費、光熱費の支払いで追い詰められることはない。

日本や欧米の若者のように、若いうちから単純労働やサービス業などのアルバイトをして小遣い稼ぎをする学生をTTで見かけることはほとんどない。平均的な家庭であれば、高級ブランド品ではないが、車や携帯電話、服は親や親戚が買い与えている。力仕事、汚れ仕事は、男性や自分より低い階級の人々が担当するのが当たり前だという意識が根付いている。周りから与えられることが当たり前の時代に生まれ育ってきたことで、自分たちがいかに恵まれているか、そのありがたみを感じる機会が少ないと思われる。

〔注〕

*1 世界銀行、http://data.worldbank.org/indicator/EG.USE.PCAP.KG.OE

*2 世界銀行、http://data.worldbank.org/indicator/EG.USE.ELEC.KH.PC

*3 "Trinidad generating trash world per capita", *Caribbean 360*, March 10, 2016, http://www.caribbean360.com/news/trinidad-generating-trash-world-per-capita

第7章 文化交流から経済協力まで広がる日本とトリニダード・トバゴの関係

1 日本の対トリニダード・トバゴ政策

日本は、1964年5月にトリニダード・トバゴ（TT）と外交関係を樹立、1979年TTに大使館を開設した。同大使館は、2015年までカリブ共同体（カリコム）加盟国の独立14か国のうち、TTを含めた10か国を管轄し、日本の在外公館の中で最も管轄数が多い公館であった。[*1]日本にとってカリコムは、法の支配、民主主義といった基本的価値観を共有するパートナーであるとともに、自然災害や気候変動など共通の課題を持つ仲間でもある。

また、TTは、カリコム地域では在留邦人数が多い国の一つである。

しかし、地理的にも心理的にも遠いことに加え、両国の間には貿易摩擦や安全保障上の対立といった問題がないため話題に上ることも少なく、さらに両国を行き来する観光客や長期滞在者も少ないことから、関係はそれほど活発ではなかった。

その流れに変化が生じたのは2000年以降である。同年11月には初の日・カリコム外相会議が開催され、その後同会合は2016年までに5回実施された。1970年代より、TTからは閣僚レベルが不定期で来日していたが、日本の要人訪問は、2010年以降に増え、2014年7月には安倍晋三首相の訪問が実現した。同年は、日・カリコム事務レベル協議開始から20周年、日・TT国交樹立50周年を記念した「日・カリブ交流年」とされ、両国で各種記念事業が実施された。

日本のTTへの関与が拡大した背景には、カリコム諸国が上記の基本的価値観や課題を日本と共有することに加え、国連加盟国の7パーセントを占めるという認識が日本政府の間で広まったためである。日本は、カリコム諸国が外交政策で足並みを揃えることが大きいという点に注目し、カリコムを自国の味方に引き入れることが、国連安全保障理事会や非常任理事国選挙や国連改革などにおいて、日本の利益につながることを認識したのである。また、日本と同様カリコム諸国の外交力や地政学的プレゼンスに目をつけた大国、特に中国に対する対抗意識もあると考えられる。

2　初の日本の首相によるトリニダード・トバゴ訪問

(1) 初の日・カリコム首脳会議及び日本の首相夫人と地元住民との交流

2014年7月27～28日にかけて、安倍晋三氏が日本の首相として初めてトリニダード・トバゴ(TT)を訪問した。滞在期間は僅か1日であったが、その間同首相は、カリブ共同体（カリコム）加盟国の首脳とともに初の日・カリコム首脳会議に出席、これに加えカリコム9か国の首脳との二国間会談を実施するという多忙スケジュールをこなした（閣僚が団長として出席したバハマ及びベリーズについては杉山晋輔外務審議官が会談に出席）。

ピアルコ国際空港に降り立つ安倍首相（2014年7月27日。ガーディアンのウェブサイト http://www3.guardian.co.tt/news/2014-07-28/pm-japan-help-tt%E2%80%88-arms-treatyより）

28日の日・カリコム首脳会議には、カリコム14か国の首脳及びラロック事務局長が出席した。安倍首相は、会議の冒頭において、①小島嶼国特有の脆弱性克服を含む持続的発展に向けた努力、②交流と友好の絆の拡大と深化、③国際社会の諸課題の解決に向けた努力、の3つの柱からなる日本のカリコム政策を発表した。[*2]

これに対しカリコム諸国は、日本の対カリコム政策を歓迎し、特に、小島嶼国特有の脆弱性についての日本の理解を高く評価するとともに、債務問題、ハリケーン被害、再生エネルギーなどにおいて、各国が抱える課題に対する日本の協力に対し期待を表明した。[*3]

その直後、同首相は、開催国であるTTのパサード＝ビセッサー首相、当時カリコム議長を務めていたブラウン・アンティグア・バーブーダ首相とともに日・カリコム首脳会合に関する共同記者発表を実施した。[*4] その冒頭においては、カリブ8か国を対象とした環境・気候変動対策無償資金協力「気候変動に対応するための日・カリブ・パートナーシップ計画（国連開発計画（UNDP）連携）」及び再生可能エネルギー分野での協力に関する国際協力機構（JICA）、米州開発銀行（IDB）、カリブ開発銀行（CDB）の協力覚書の署名が実施された。[*5]

また、安倍首相が日・カリコム首脳会議や二国間会談に出席している間、安倍昭恵首相夫人は、自閉症患者や障害者のための職業訓練施設である西インド諸島訓練・作業所を訪問したほか、西インド諸島大学（ＵＷＩ）セント・オーガスティン校を訪問し、同校の語学学習センター（ＣＬＬ）の日本語講座で日本語講座を学ぶＴＴ人学生と交流するとともに、同校に対し日本語学習教材などを寄贈した。このほか、日本が「草の根・人間の安全保障無償資金協力」のもとで支援したグリーンハウスがあるヒンドゥー系のスプリングベール小学校（トリニダード島中西部）を訪問し同校の生徒と交流した。その後には同地域に住む一般のＴＴ人宅も訪れ、同宅の家族やその隣人と交流した。日本が技術協力等を行っているカリブ漁業研修・開発機構（ＣＦＴＤＩ）も訪問した。

安倍昭恵首相夫人のヒンドゥー系小学校訪問（2014年7月28日。ガーディアンのウェブサイト http://www.guardian.co.tt/news/2014-07-29/japan%E2%80% 99s-first-lady-visits-housewifeより）

(2) 日本の首相夫妻来訪に対する地元の反応

２０１４年7月28～29日の地元紙では、安倍首相一行の訪問が1面あるいは主要面で取り上げられた。同首相がパサード＝ビセッサー首相から寄贈されたスティール・パンを叩き笑顔を見せる姿、カリブ共同体（カリコム）加盟国の首脳や閣僚と挨拶・会談する様子、同首相夫人が開発途上地域を訪問し、地元小学校でヒンドゥー式の歓迎を受ける様子、地元の同世代の女性と交流し彼女たちが調理したマンゴー・

チョウ（3章4⑵）を試食する様子、カリブ漁業研修・開発機構（CFTDI）で漁船に乗る様子が、新聞記事やテレビのニュースを通じて大々的に伝えられた。特に、これまでトリニダード・トバゴ（TT）を訪問した要人夫人の中には、貧困地帯の民家を訪問したり、漁船に乗り込んだりする夫人はいなかったとのことで、こうしたサプライズは地元住民に大歓迎された。私の元にも、同夫人プログラムに対する地元住民からの好意的なコメントがいくつか届いた。

他方、TTでは、日・カリコム首脳会談及び二国間会談については、政府やカリコム事務局のプレスリリースの内容がそのまま伝えられるのみで、その背景にある状況、これまでの日・カリコム関係、日・TT関係を分析し、今後の展望を述べるような取材はほぼ皆無であった。前年のバイデン米副大統領や習近平中国国家主席の訪問時と比べると、超大国の覇権争いとTTの地政学的位置の間の関係を論じるコラムや分析記事が掲載されることもなかった。他のカリコム諸国においては、政府のプレスリリースをコピー&ペーストした内容が新聞やネットニュースで報じられたのみで、会談の具体的な中身や現地の様子が地元住民に届いたかどうかは疑問符が残る。今回日本が打ち出した支援がカリコム全体を対象としたもので、個々の国に対するインフラ支援、融資といったものでなかったため分かりにくかったという点が、その要因の一つとして考えられる。また、残念ながらカリコム域内に日・カリコム関係を専門的にフォローしている識者やジャーナリストが存在しないという事実も大きい。

とはいえ、安倍首相の訪問に関しては、カリコム首脳による米国の対カリコム支援への不満が浮き彫りになったバイデン米副大統領の訪問時、TT政府側に外交儀礼上の不手際があったのではないかとの見方がセンセーショナルに報じられた習近平中国国家主席の訪問時とは異なり、表立った批判や不満、トラブルは一切見られず、円満な形で終了した。

日本はその後もカリコム各国に政務レベルを派遣するとともに、日・カリコム外相会合や日・カリコム事務レベル協議を定期的に実施している。2015年9月には安倍首相がカリコム2か国目となるジャマイカ訪問を果たした。2017年7月には、薗浦健太郎外務副大臣がTTを訪問した。また、日本政府は、同首相が発表した日本の対カリコム政策の三本柱に沿って、再生エネルギー・省エネルギーに関するカリコム域内での調査、西インド諸島大学（UWI）における日本語教育支援推進やUWIと上智大学の交流にかかる側面支援のほか、気候変動や防災分野での支援などを実施している。

日本や米国、中国の動向に触発されてか、この後英国もキャメロン首相やヘンリー王子をカリコム地域に派遣した。このほか、米・キューバの国交正常化交渉再開及びオバマ前大統領のキューバ訪問（2016年3月）の影響もあり、2016年の時点では、キューバも含めたカリブ地域に目を向ける国が増えていた。

3　経済・開発協力関係

(1) 日本企業進出状況

2016年10月現在、トリニダード・トバゴ（TT）に在住する日本人は53人、その約半数は日本大使館職員とその家族で占められる。[*6] かつての日・TT関係を知る日本人や地元住民によれば、数十年前はTTに進出する日本企業の数は現在よりも多く、日本人長期滞在者数が数百人に上る時代もあったという。ラテンアメリカの国々は１９８０年代に「失われた10年」と呼ばれる経済不況を経験したが、ＴＴも同時期に深刻な経済不況を経験した。これに日本のバブル崩壊が加わり、多くの日本企業がラテンアメリカから撤退したが、ＴＴも例外ではなかった。

現在、ＴＴに進出している日本企業が関わる事業の中で最大規模を誇るのは、三菱ガス化学株式会社（以下、三菱ガス化学）、三菱商事株式会社（以下、三菱商事）、三菱重工業株式会社（以下、三菱重工）によるメタノール／ジメチルエーテル（ＤＭＥ）製造販売事業である。三菱側は、２０１５年４月に、トリニダード・トバゴ国営ガス社（ＮＧＣ）、地元企業のマッシー・ホールディングス社（以下、マッシー）との間で、メタノール、次世代クリーンエネルギーとして注目を集めるＤＭＥに関するプロジェクト契約、製造プラントの設計・調達・建設契約、ガス供給契約等に調印した。[*7] これら5社は共同出資で、カリビアン・ガス化学社（ＣＧＣＬ）を設立した。同年9月には、国際協力銀行（ＪＢＩＣ）がＣＧＣＬとの間で貸付契約に調印した。[*8] 三菱ガス化学、三菱商事、マッシーの3社は、当該事業において生産されるメタノール（年間１００万トンを製造予定）を世界中で販売するとともに、ＴＴ政府との協力のもと、同国並びに周辺カリブ諸国において、ＤＭＥ（年間2万トンを製造予定）のディーゼル燃料代替促進に向けた準備を行っている。[*9] 三菱重工はプラントの設計から建設までを担当し、現在トリニダード島南西部のラ・ブレーでプラントの建設工事を進めている。同地区は、ＴＴの中でも失業率が高いことから、２０１６年には、雇用創出や地元企業への貢献をＴＴ政府や三菱側に期待していた地元コミュニティが、自分たちの期待どおりに事が進んでいないと不満を高め幾度にもわたって抗議活動を起こし、政府が介入する事態となった。２０１７年4月には、賃金や労働環境に不満を持つＣＧＣＬ社員が仕事をボイコットした。これに先立ち同年

2月、CGCLと労働省の間で公平で透明性のある雇用を目的とした覚書が締結されたが、CGCL側と労働者側の利害が一致していないことが浮き彫りとなった。

TTは、近年エネルギー関連の新規大型投資案件に恵まれなかったこともあり、地元では同プロジェクトに対する期待は高い。同プロジェクトの交渉が始まったのはパサード＝ビセッサー前政権時であったが、現ローリー政権も同プロジェクトに熱い視線を注いでいる。やはりエネルギー産業の活性化、ラ・ブレー地域の経済・雇用創出効果を期待してのことであろう。

三菱商事のほかにTTに進出した商社は丸紅である。同社は、2007年にアメリカ大手卸発電事業者のミラント社のグループ企業で、カリブ地域の電力事業持株会社であるミラント・カリビアン・ホールディングス社（MCH）保有のミラント・インターナショナル・インベストメンツ社との間で株式売買契約を締結した。[*10]

MCHは、TTの電力事業の80パーセントを供給する国営企業パワージェン（PowerGen）社の39パーセントの事業を保有している。[*11]

また、TTでは、日本車のシェアが高いことから、トヨタ、日産、ホンダ、マツダ、三菱、いすゞなどが現地にディーラーを設置し、他国に駐在する日本人社員が定期的に巡回訪問している。

このほか、YKKや富士通は現地法人がTTで事業を展開している。私のTT人知人2人も富士通に勤務している。

こうしてみると、TTにおける日本企業の進出分野は、エネルギー産業や自動車産業に偏っていることが分かる。

(2) 二国間貿易

2016年の統計によれば、トリニダード・トバゴ（TT）の対日輸出額は82・8億円、対日輸入額は170億円であり、輸入額が輸出額の2倍近くの貿易不均衡になっている。[*12] 対日輸出における主要品目は、液化天然ガス（LNG）、化学製品などで、対日輸入における主要品目は、自動車、原動機、自動車部分品などである。[*13]

TTにとって、貿易多角化の一環としての対日輸出の拡大が課題となっている。

(3) 開発協力関係

トリニダード・トバゴ（TT）に対する日本の開発協力は、1975年の研修員受入れから始まり、1987年に専門家の派遣を、1999年に草の根・人間の安全保障無償資金協力を開始した。[*14] 2015年度までの援助形態別の実績を見ると、有償資金協力（円借款）はゼロ、無償資金協力は2・12億円、技術協力は33・37億円である。[*15] 技術協力に関し、受け入れた研修員は180人、派遣した専門家は70人に達した。[*16] 有償資金協力が行われなかったのは、TTの人口1人当たりの所得が高く、国際機関の援助受取国・地域リストの卒業生と見なされているためである。

しかし、日本は、1人当たりの所得が高いとはいえ、TTが抱える小島嶼国特有の脆弱性を認識している。2014年11月の第4回日・カリブ共同体（カリコム）外相会合において採択された日・カリコム共同閣僚声明に基づき、小島嶼開発途上国特有の脆弱性克服を含む持続的発展に向けた協力のために、TTに対しても防災・環境分野、省エネルギーの推進及び再生可能エネルギーへの展開、廃棄物管理などの分野において、日本の技術や知見を活かした協力を展開するとしている。[*17]

最近の草の根・人間の安全保障無償資金協力に関する代表的事例としては、安倍首相夫人が視察したトリニダード島中西部の小中学校におけるグリーンハウス・プロジェクト（本章2）が挙げられる。また、2016年11月末の大雨・洪水により地滑り、道路寸断等の被害を受けた同島北東部マテロットも草の根・人間の安全保障無償資金協力の対象地域になっている。このほか、同夫人が訪問したカリブ漁業研修・開発機構（CFTDI）では長年にわたりTTを含むカリブ地域に対する技術協力（立縄漁法指導を含めた漁業技術研修、船外機保守など含めた漁船機関研修、水産加工研修など）が行われてきた。[*18]

4　日本の国際化に貢献するトリニダード・トバゴ人英語教師・留学生

(1) 日本の中学校・高校に派遣されるトリニダード・トバゴ人英語教師

読者の方々の中には、中学や高校時代に週1回あるいは月に数回程度、ネイティブの英語教師による授業を体験した方も多いであろう。私もその1人で、中学や高校で日本人の英語教師の助手として来た米国や英国の若い教師に月1回程度授業を受けた。後に私が米国に留学した際に仲良くなった米国人の中には、数年後に英語教師として日本の地方に向かった者もいた。

彼らは、一般財団法人自治体国際化協会が実施する語学指導等を行う外国青年招致事業（JETプログラム）のもと、派遣された外国語指導助手（ALT）である。ALTは世界40か国から派遣されており、2017年7月現在5163人から成る。[*19] その約6割は米国人によって占められ、これに英国人、オーストラリア人、ニュージーランド人、そしてカナダ人が続く。カリブ共同体（カリコム）加盟国からは、アンティグア・バーブーダ、ジャマイカ、トリニダード・トバゴ（ＴＴ）、セントビンセント及びグレナディーン諸島、セントルシア、バルバドスの6か国が参加している。ＴＴ人については２０１５年までの派遣実績は95人で、２０１７年7月現在46人が日本に在留している。*20 ＴＴ

募集・専攻は、参加国にある日本の在外公館で実施される。ＴＴの場合は、毎年夏の終わり頃に募集が始まり、秋に締切り、冬から春にかけて選抜、夏にオリエンテーションを経て出発というスケジュールで動いていたと記憶している。

ＪＥＴプログラムは1年ごとの契約で最長5年間滞在可能で、派遣地域は地方になることが多い。例えば、私のＴＴ人の知人は東日本大震災後に仙台に派遣された。

要件として、日本における外国語教育への関心、教職資格または経験、高い日本語能力などが求められているものの、ＴＴ人の場合は米国人やオーストラリア人と比べると、日本語能力が高い候補者は少ないため、この点に関しては緩和され、日本における外国語教育、日本の地域社会における国際交流に対する意欲の方が重視されていると思われる。

ＪＥＴプログラムの応募者の大半は、後述の西インド諸島大学（ＵＷＩ）セント・オーガスティン校の語学学習センター（ＣＬＬ）の日本語講座受講生であるが、口コミを通じて同プログラムについての情報を得ている者も多い。実際、私も近隣住民や習い事を通じて知り合いになった人々から照会を受けたことがある。しかし、中には「国内での就職が難しいため、（現地の基準からすると）待遇の良いＡＬＴの職で貯金したい」「（自分で渡航費用を負担する必要がなく、派遣システムが整備されている日本政府のプログラムのもと）留学・異文化体験を満喫したい」「先進国日本に仕事で行くことで自分のステータスが上がり周りに自慢できる」という安易な考えで応募する者も少なくない。このような動機で応募し合格すると、日本に行った後に日本語や日本の習慣を全く覚えようとせず、結果として周りから孤立する、素行不良で勤務先の学校に迷惑をかけるといった問題につながるリスクが高まる。最悪の場合は、受け入れ地域一帯でTTに対するイメージが悪化する恐れもある。

どんなに志を高く持っていても、日本の文化や食べ物に馴染むのに時間がかかったり、出発前に抱いていた日本に対するイメージと実際の日本とのギャップに苦しんだりする時期が来る。漢字や平仮名・片仮名、方言で苦戦する者も多い。日本の学生や地域の国際化に貢献すると言っても、ALT本人の異文化適応能力・忍耐力・粘り強さも求められている。

また、任期終了後はTTに帰国することになるが、母国で日本で得た経験や知識を活かすような職を見つけることは残念ながらほぼ不可能である。したがって、数年後にまたALTとして日本に渡航するケースもよく見られる。

課題も多いJETプログラムであるが、日・TT関係を語る上で欠かせない要素となっている。ALTが日本の地方の国際化に貢献していることは言うまでもなく、一般の日本人に日本では知名度の低いTTの存在を認識してもらうという点でも大きな意味を持つ。

さらに、ALT経験者の多くが親日家になってTTに帰国している。TTの中で仕事を通じて日本とのつながりを維持することは難しいが、日本大使館やCLLなどが主催する文化行事での活躍の場は存在する。彼らは、TT人の目線で、地元住民に日本文化を紹介することが可能という強みを持っている。イベントで寿司作りのデモンストレーションをしたり、地元の子供たちに折り紙を使った遊びを教えたりして日本文化の普及の一役を担っている。また、稀なケースではあるが、日本大使館の現地職員の職やＣＬＬの日本語教師の職を得て日本とのつながりを維持している者もいる。

ＪＥＴプログラム経験者に関連した組織としては、ＪＥＴプログラム帰国生連合会（ＪＥＴＡＡ）があり、任意で加盟した帰国生同士のネットワーク作りの一役を担っている。ＴＴには、ＪＥＴＡＡの支部に当たるＪＥＴＡＡＴＴがある。

(2) 日本政府の支援で来る国費留学生

日本は、語学指導等を行う外国青年招致事業（ＪＥＴプログラム）のほかに、文部科学省が担当する国費留学生の受け入れを通じても文化交流を図っている。学部以上の国費留学生には、研究留学生と学部留学生の2種類があり、前者は大学院、後者は大学に所属する。これも日本の在外公館で募集・選考が実施されるが、選考においては書類審査や面接のほか学科試験も行う。学部留学生の学科試験には、数学やその他理数科目が含まれ、トリニダード・トバゴ（ＴＴ）人には理数科目が苦手な者が多いため、合格は狭き門のようだ。これまでのところ、ＴＴからの国費留学生は年に1、2名いるかいないかの程度である。

私の友人の1人は、国費留学生として日本に1年滞在した。彼は名門校で有名な米国のマサチューセッツ工科大学から留学したという変わった経歴を持つ。日本の生活は慣れないことも多かったようだが、ホストファミリーに暖かく迎えられ、とても有意義で思い出の多い時間を過ごしたと述べている。帰国後は西インド諸島大学セント・オーガスティン校の語学学習センター（ＣＬＬ）で日本語クラスの初級レベルを担当したり、ＴＴ在住の日本人やスティール・パン奏者の日本人と交流を深めたいと、日本とのつながりを維持するよう努めてきたそうだ。現在、彼は米国のシカゴ在住で、ここでも日本語サークルに通い、これまで出会った日本人の友人・知人との連絡を欠かさないように努めている。２０１４年には久々に日本を訪問し、かつてのホストファミリーや友人と再会し、感激の日々を送ったそうだ。彼のような日本の大ファンは、日本とＴＴをつなぐ非常に貴重な人材である。

5　スティール・パン・コミュニティの中で圧倒的プレゼンスを誇る日本人スティール・パン奏者

(1) 日本人スティール・パン奏者のプロフィール

日本からトリニダード・トバゴ（ＴＴ）に訪問する観光客は年間数百人程度と極端に少ない。その大半がカーニバル・シーズンに渡航する。中でも、全国大会「パノラマ」（3章2(1)出演を目的として来るスティール・パン奏者が圧倒的割合を占める。毎年年が明けると、全国各地のスティール・パン・バンドの練習場（パン・ヤード）で「パノラマ」に向けた練習が始まるが、そこで日本人の姿を見かけることが増える。多くは20～30代の若者で、日本の音楽大学の卒業生あるいは在校生、日本のスティール・パン教室の生徒である。圧倒的に未婚の女性が多い。2月、3月は日本では年度末に当たり、普通の会社では休みを取りにくい時期である。したがって彼らは、比較的自分の都合で休暇が取得しやすいアルバイトや派遣職員として渡航費用を稼いでいる。そして、現地滞在中は、日本人同士でルームシェアしながらやりくりしている。

(2) 日本におけるスティール・パンの普及

トリニダード・トバゴ（TT）を発祥とするスティール・パンは、海外に住むTT人移民やスティール・パン愛好家の外国人によって、米国や英国、カナダを経て日本にも広まっていった。日本でスティール・パンがメジャー・シーンに躍り出たのは、ニュー・ミュージック系の演奏にYMOの細野晴臣が使用し始めた1975年頃のことである。[*21] 日本におけるスティール・パンの受容と普及を研究している冨田によれば、1970年代から1980年代は、日本政府や日本企業が遊園地・博覧会などでスティール・パン・バンドを大道芸的に見せるとともに、「カリブ海」「TT」からやってきたことを強調し「国際色」を表そうとしたと指摘できる。[*22] 1990年代になるとワールド・ミュージック・ブームの到来に伴い、TTの音楽として知られるようになると同時に、ヤン冨田や原田芳宏をリーダーとする「PANCAKE」によって、スティール・パンの知名度がさらに上がった。[*23] 関東では、1994年に「スチールドラム振興会」が設立され、スティール・パンの普及体制が強化された。

同時期、各地でスティール・パンを購入する学校が出始め、いくつかの自治体やその他有志がオーケストラやバンドを結成するようになった。[*24] 国際交流や町おこしの一環としてスティール・パン使われることも増えた。自治体によるスティール・パン・オーケストラとしては、富山県福野町の「スキヤキ・スティール・オーケストラ」が北陸を中心として演奏実績を積んできた。[*25] また、鹿児島県の宝島では、島を挙げてのスティール・パン・バンド活動が行われているほか、静岡県伊東市や愛知県犬山市にも2000年頃よりスティール・パン・オーケストラが結成された。[*26]

1999年になると、スティール・パンをリーダーとするバンド「リトル・テンポ」がメジャー・デビューを果たした。[*27]「リトル・テンポ」は、UAのCDやコンサートに参加したほか、「ブルーノート東京」でもライブを実施した。[*28]

2003年には、弘前大学で日本の大学では初のスティール・パン・サークルが結成された。その後同サークルは、青森県を中心に実績を積み、これまでに4枚のCDを発表している。

スティール・パン・バンド「フェーズII」で演奏する日本人奏者（2011年3月8日、ポート・オブ・スペイン、筆者撮影）

最近は、日本各地にスティール・パン教室が開講しており、日本人と結婚したTT人ミュージシャンや日本人ミュージシャンが講師を務めている。TTから取り寄せたスティール・パンを販売する店もある。調律技術を習得した日本人もいる。

2001年時点では、日本のスティール・パン人口は1000人程度と見積もられており、現在はそれを上回っている可能性が高い。[*29]

私の元上司や元同僚の中にも、TT滞在中にスティール・パンの魅力に取りつかれ、現地の教室に通ったり、「パノラマ」に出演したりした者がいる。

さらに、在留邦人の中には、国立のTT大学で教鞭を執りながら、各イベントでバンドの演奏の録音やミキシングで汗を流し、長年にわたってスティール・パン界に多大な貢献を行っている者もいる。

TTのスティール・パン・コミュニティの間では、日本人にもスティール・パン愛好家が大勢いること、若い日本人奏者がリピーターとしてカーニバルの時期にTTにやって来ることは有名で、地元の新聞では年に数回日本人奏者に関する記事が掲載されている。技術が高く余裕がある演奏者は、複数のバンドを掛け持ちしているため、ネットワークはさらに拡大していく。中には、同じスティール・パン奏者の地元男性と知り合い結婚した日本人女性もいる。

TTのバンドが来日公演を行うこともあり、これまでに「レネゲイズ・スティール・オーケストラ」や「エクソダス・スティール・オーケストラ」などが日本で演奏した。

スティール・パンの世界では大御所であるアール・ブルックスやレイ・ホルマンは、地元の日本関連イベントで日本人ミュージシャン（伝統音楽専門）とコラボレーションした実績を持つ。

2015年8月には、TTで「国際スティール・パン会議・パノラマ」が5日間にわたって開催された。これは、「パノラマ」の初開催から50年を記念して行われたイベントの一つであった。また、海外のバンドを対象とした国際大会はこれが初であった。当日は、TTだけではなく、米国やカナダ、ヨーロッパや他のカリブ諸国、そして日本から20団体以上が参加し腕を競い合った。日本の「パノラマ・スティール・オーケストラ」は、9位に輝いた。

2016年2月には、日本人奏者が殺害されるという痛ましい事件が発生したが（本章8⑵）、これを機にスティール・パンを通じた日本とTTのつながりが改めて知られるようになったことは事実である。日本でも、夏を中心にスティール・パンの音色を聴くことは珍しくなくなった。

今後も日本人奏者は、両国の懸け橋として活躍し続けることであろう。

6　アニメやスポーツを通じて親日家になる若者

アジアやヨーロッパほどではないが、トリニダード・トバゴ（TT）にもアニメやスポーツがきっかけで日本や日本文化に関心を持ち始める若者が少なくない。

TTの一般家庭では、民放のほかケーブルテレビを通じて主に米国の番組を視聴している。ケーブルテレビでは英語に吹き替えた日本のアニメ番組が放映されている。また、違法ではあるが、ユーチューブなどの動画サイトに他国の人々が投稿した英語の字幕付き日本のアニメや漫画を観ている者も多い。宮崎駿作品はもちろんのこと、「ドラゴン・ボール」や「NARUTO」、「セーラームーン」なども人気を博している。

最近ではコスプレ熱も高まっており、イベントでアニメのキャラクターなどのコスプレを披露する若者も増えているようだ。

TTでは、西インド諸島大学（UWI）の語学学習センター（CLL）が日本語を教えている教育機関では最大で、ほぼ独占状態と言っても過言ではない。毎年70～80人の学生が日本語を学んでいる。UWIにはカリブやその他の国からの学生もいるほか、語学講座は学外からの生徒も募集しているため、他のカリブ諸国出身の学生らが参加することもある。

CLLでは、フランス語やスペイン語のほか、中国語やヒンディー語などのクラスも開設している。中国語クラスには、ビジネス目的で受講する生徒が多いのに対し、日本語クラスには、アニメやその他日本のポップカルチャーに関心があり受講する生徒が多いと言われている。また、最終的に語学指導等を行う外国青年招致事業（ＪＥＴプログラム）（本章４⑴）を通じて日本に英語を教えに行くことを目的としている者もいると考えられる。日本関連イベントに足を運ぶと、来客の多くはＣＬＬの生徒、ＪＥＴプログラム経験者である。中には、自分で着付けた着物でやって来る若者もいる。

他方、いかに日本文化に対する関心が高くても日本語を習得するのは困難なようで、中級以上のクラスまで残る生徒はそれほど多くないようだ。やはり文字の習得や普段の生活で耳にすることのない日本語をゼロから覚えなくてはいけないという点でつまずくことが多いようだ。せっかく日本語を習得しても、国内で活かせる場所がないということも学習の継続が難しい要因になっていると思われる。

このほか、子弟を柔道や剣道道場に通わせている家もあり、彼らは日本の礼儀作法を学んでいる。地元には、柔道協会、剣道協会があり、日本大使館から支援を受けたり、他国の類似組織と交流したりしている。私の知人の息子も柔道を習っており、時々国際試合のために海外遠征している。

7　自動車を通じた日本との関係

日本に英語教師の助手として派遣される語学指導等を行う外国青年招致事業（ＪＥＴプログラム）や西インド諸島大学（ＵＷＩ）の日本語クラスは、高学歴保持者、ＵＷＩからのアクセスが容易な場所に居住している者が自然と対象になる。残念ながら、トバゴ島、トリニダード島北東部や南部の開発が遅れた地域では日本人と交流する機会、日本文化に触れる機会はほとんどない。

一般のトリニダード・トバゴ（TT）人が日本と聞いて思い浮かべるのは、日本製の自動車である。TTでは、英領時代の名残で道路は日本と同じ左側通行で走行するため、日本車の人気が高い。日本車は長持ちするという考えが根付いている。ただし、新車の場合は、輸送費や税金が上乗せされ、日本の販売価格の1・5倍以上の費用に膨れ上がり、一般庶民には手が届かない。地元では、日本の中古車が広く普及しており、日本では廃車同然の車、今日の日本では目にすることのない車を見かけることも少なくない。

TT人、特に男性は、日本人に会うと真っ先に日本車の話をすることが多い。「自分の車の（中古車）のカーナビやボタンが日本語表示なので使い方が分からないので何が書いてあるか教えて欲しい」「エンジンをかけると日本語の声がするが何を言っているのか分からないので教えて欲しい（大抵「ETCカードを挿入して下さい」といったアナウンスが流れる）」といった依頼を受けることも日常茶飯事である。親しくなると、「日本に行った時に自分の車の部品を買ってきて欲しい」、さらに飛躍したものでは「スカイラインを日本から輸入したいので手伝って欲しい」といった依頼も来る。私はこれまで45か国以上を訪問し、様々な国籍の人々と接してきたが、日本について車の話ばかりするのはTT人の特徴だと考えている。

TT人の間で人気が高いブランドはトヨタ、日産である。地元に代理店があるという理由に加え、国内で中古部品が手に入れやすいという理由も大きい。したがって、自然と同じ車種が国内に増えていく。需要が高い車は当然ながら強盗・窃盗のターゲットにもなりやすい。

また、スポーツカーやレース用の車に対する憧れも強い。日本国内では速度制限が厳しく、信号や横断歩道、バイクや歩行者にも注意を払わなければならないため、実際のところ都市部では猛スピードで車を乗り回すことは不可能に近い。派手なあるいは奇抜なデザインの車、車高が極端に低い車は周りと調和が取れず目立つ。しかし、TT人の多くは、日本を舞台にしたハリウッド映画「ワイルド・スピードX3 Tokyo Drift（原題：The Fast and the Furious: Tokyo Drift）」の影響で、日本人はデザイン性の高い車に乗って首都高や湾岸線を駆け抜けるように猛スピードで運転していると思い込んでいる。当方がその誤解を解くのに必死であったことは言うまでもない。

欧米で人気を博しているハイブリッド車や日本で主流になりつつある軽自動車をTTで見かけることはない。政府の助成金のおかげでガソリン価格が低く抑えられていることもあり、燃費や環境に対する意識が低いためと思われる。また、国民の多くが毎日車で長距離移動しており、中には坂やカーブが急な場所、道路が舗装されていない場所を行き来している者もいる。彼らにしてみれば、軽自動車よりは頑丈でエンジン出力が高い車の方が都合がいいのである。

TT人と接すると、いかに彼らが車を重要な資産の一つとして捉えているか、自身のステータスを示す道具として捉えているかを感じる。

こうした理由もあり、国内の至るところで車関連のビジネスを目にする。代理店のほか、中古車販売店、部品販売店、タイヤ専門店、洗車専門店、車全般修理店など、大手から個人事業主まで様々である。トリニダード島北中央部のバンブーは、中古車販売店や中古部品販売店が密集する場所として知られており、高速道路からは「JAPAN」の文字を掲げた店を目にする。私も現地滞在中、車の修理や点検で何度も修理工や部品販売店に世話になったが、部品販売店の従業員の中には年に数回日本に渡航している者が少なくなく、片言の日本語で話しかけられたこともあった。実際、日本大使館を通じて日本入国査証の申請をするTT人には中古車関係者が多いようだ。なお、私には、中古部品販売を営むTT人と結婚したフィリピン人女性の知人がいるが、2人は日本で出会ったそうだ。

他方、中古車関連に関しては、日本の盗難車が輸出される、地元ギャングが中古車や部品販売店に関与しているという話もある。また、片言の日本語を話せても読み書きはできないTT人が日本側の業者に騙されて古いパーツを高価格で購入させられる、最悪の場合入金したものの商品が届かず日本との連絡も途絶えてしまったといった詐欺問題も発生している。

最近は韓国車の人気も高まっているものの、未だに日本車に対する信頼は根強い。中流以上の階級では一家で複数の車を所有すること珍しくなくなってきた。10年前と比較すると、やはり車の所有台数は増えているという。

8　日・トリニダード・トバゴ関係に影響を与えた近年の2つの事件

(1) トリニダード・トバゴ人にも大きな衝撃を与えた東日本大震災

2011年3月11日に東日本を襲った大震災、それに続く福島原発における事故はトリニダード・トバゴ（TT）人にも大きなショックを与えた出来事であった。日本との時差が13時間の現地では、東日本の11日の様子が現地の11日朝のニュース（日本時間11日夜）、新聞で一斉に報じられた。通常であれば、政治や殺人事件、大規模イベントの写真で飾られる1面、スポーツ記事が掲載される最終面は東日本大震災一色であった。これは、3つの主要紙（エクスプレス、ガーディアン、ニュースデイ）全てに共通していた。

凄まじい破壊力を伴った津波が船舶やビルを飲み込み、畑やビニールハウスをなぎ倒していく映像、まるで戦場のような被災地の映像は、地元のテレビで繰り返し報じられた。また、混乱の最中にあっても、モラルを失わず秩序を乱さない日本人の精神力や忍耐力の高さ、礼儀正しさ、そして強い地震にもかかわらずほとんど倒壊しなかった建造物の耐震性の高さを褒め称える声も相次いだ。

TTは、ハリケーン・ベルトから外れ地震も少ないため、これまで死者が多数発生したり、国内経済が打撃を受けたりするような大災害を経験したことはない。東日本大震災並みの地震や津波が発生したならば、耐震基準を満たしていないであろう多くの建物が倒壊し、海岸から近く人口が多いポート・オブ・スペインが最も大きな被害を受けることは目に見えている。街では略奪や暴動が発生し、性犯罪なども増加すると予想される。東日本大震災直後は、TTももしもの時に備え防災意識を高める必要があるのではないかという声も地元では出た。

しかし、それ以上に関心を集めたのは、語学指導等を行う外国青年招致事業（JETプログラム）のもとで日本に滞在する英語教師助手や国費留学生、日本人の配偶者として日本に滞在するTT人の安否であった。TT外務省は即座に彼らに連絡を取り、全員の無事を確認した。その一方、中には原発事故による放射線被害を恐れ日本脱出を希望する者がおり、TTの家族からも本人の即時帰国を求める声が出た。原発施設にも原子爆弾にも縁のない歴史を送ってきたTT人にとって、放射線は得体の知れないものである。日本から輸入された自動車が放射性物質に汚染されているのではないかとの危惧も高まった。

また、政府は、原発停止によりエネルギー不足に陥った日本に対し、自国のエネルギーの輸出量を増やす好機と捉えた。日本は、2011年3月に5・5万トン、4月に5万トンの液化天然ガス

（LNG）をTTから緊急調達した。[*30] 同年11月には、関西電力が、英国のBP社のグループ会社であるBPシンガポール社を通じて、BPグループがTTやその他の国々に保有するLNG供給源からLNG供給を受けることになった旨発表した。[*31]

2012年1月末から2月初旬にかけては、TTの主要紙「エクスプレス」紙のリア・テイト記者が日本政府のジャーナリスト招聘プログラムのもと他のラテンアメリカ・カリブ地域のジャーナリストとともに訪日し被災地を訪問した。震災から約1年を経た被災地の様子、日本政府の対応などについて特集記事で紹介するとともに、日本大使公邸で開催された震災復興レセプションにおいても、自身の日本での体験を語った。[*32]

市民レベルでは、震災発生直後から被災者に対する募金を呼びかける動きが広まり、西インド諸島大学（UWI）の学生が募金活動を実施したほか、有志団体がチャリティ・イベントを企画・運営し、歌手のデストラ・ガルシア（3章2(3)）などが出演した。このほか、国立のTT大学（UTT）に勤務する日本人が追悼CDを発表し、収益の一部を赤十字社に寄付した。[*33] 同CDには、ゴスペル・グループのリディアン・シンガーズのほか、スティール・パン界の大御所であるレイ・ホルマンやアール・ブルックスなど錚々たる顔ぶれが参加した。

私の元には、近隣住民からお悔やみのメッセージや被災地の状況報告を求める声が相次いだ。同じアパートに住んでいた有名歌手のケルウィン・ハッチョンからは手書きのお悔やみカードが届いた。TT人の思いやりや優しさに触れた瞬間であった。

(2) 日本人スティール・パン奏者の死

2016年のカーニバルの翌日にあたる2月10日午後（日本時間11日午前）、ポート・オブ・スペイン中心部の公園サバンナで日本人女性の遺体が発見されたというニュースがトリニダード・トバゴ（TT）全土を駆け巡った。

被害者は北海道出身で横浜に在住していた長木谷《ながきや》麻美さん。プロのスティール・パン奏者で、毎年カーニバルの時期になるとTTに渡航し「パノラマ」に出演していたため、TTや日本のスティール・パンの世界では有名人であった。検視の結果、長木谷さんの死亡推定時刻は9日（カーニバル最終日）の夜（日本時間10日午後）で、何者かに首を絞められて殺されたことが判明した。

国中がお祭りムードで包まれているカーニバルの最中に痛ましい殺人事件が起きた、しかも被害者は地元で知られている外国人女性ということで、本ニュースは瞬く間に拡散した。TT人のSNSは、長木谷さんの死を悼む投稿、スティール・パンを通じてTTを愛した彼女への尊敬と感謝を述べる投稿、一日も早い犯人の逮捕を願う投稿で溢れた。翌11日の新聞では、3大主要紙全てが1面で報じるとともに、他のページでも本事件をセンセーショナルに取り上げた。本事件はその後もかなりの期間にわたって紙面を賑わせた。

本事件は、周辺のカリブ諸国のほか、日本のメディアでも大々的に取り上げられたが、日本には馴染みの薄いTTのマイナス・イメージの増幅につながった。また、長木谷さんは6日のスティール・パンの全国大会「パノラマ」に出演した後に、9日にビキニの衣装を着てカーニバルのパレードに参加した。長木谷さんにとっては、「パノラマ」の出演がTT渡航最大の目的だったが、余力があったため、他の日本人奏者とともにパレードに参加したものと思われる。長木谷さんの遺体はそのビキニの衣装をまとった状態で発見されたため、日本のメディアの中には、彼女が露出度の高い衣装を着ながらスティール・パンを演奏したかのように報じているところも少なくなく、これが日本人視聴者・読者に誤解を与える結果となった。長木谷さんを知る友人や知人の愛と悲しみに溢れたコメントのほか、長木谷さんを追悼し同時に彼女の功績を回想するために集会を開いたり、彼女が作曲した曲を演奏したりするスティール・パン奏者たちの姿を取り上げるTT側の報道内容との間に乖離が見られた。

さらに、ポート・オブ・スペイン市長のレイモンド・ティム＝キー氏が「女性は自分の身を守る責任がある」と発言し、まるで長木谷さんが露出度の高い衣装をまとっていたがゆえに襲われたとも取れる内容であることから、地元住民、特に女性の怒りに火をつけた。この発言の直後、地元の女性団体を中心に同市長の辞任を求める声が高まり、ポート・オブ・スペインでは抗議運動が発生した。SNS上でも本件が話題になり、地元の多くの市民が同市長の辞任を要求する画像をシェアしていった。長木谷さんの殺人事件が政治問題化したのである。事態を重く見た同市長は2月14日に辞任を表明した。

私の元には、同じ日本人ということで、地元の人々から長木谷さんの死を追悼するメッセージ、TTの日本人コミュニティに対するお見舞いメッセージが次々と届いた。

長木谷さんと同様「パノラマ」への出演のために当時TTに来ていた日本人スティール・パン奏者やTT在留邦人の間では、ショックや悲しみで重苦しい雰囲気が漂ったが、彼女やご家族のためにできることをしようと疲労を振り切って、警察からの事情聴取やマスコミからの取材を受けたり、

長木谷麻美さん（本人のフェイスブックより抜粋）

報道やSNSで事件を知り動揺する日本のスティール・パン関係者への連絡をしたりと連日動き回っていた。

一連の出来事を通じて感じたのは、本事件に対する地元の反響の大きさである。TTでは、連日のように殺人事件が発生しており、残念ながら治安の悪さは当たり前の状況になっている。欧米人の観光客や長期滞在者が殺人事件の被害者になるケースも少なくない。しかし、地元では、リピーターとして何度もTTに足を運び地元住民と積極的に交流し、同国から生まれたスティール・パンを心から愛し、そして自身のブログでも「自分からは生まれてこないような音楽が聴けたり、本当に本当に素晴らしい、この国は素晴らしい」[*34]とその熱い思いを綴っていた長木谷さんの姿に心を打たれた人が多かったようである。普段日本人を含むアジア人との交流がなく、スティール・パンに対する関心もない若者層がこぞって本事件に関するニュースや他人の投稿をSNSでシェアしていたのが印象的であった。

さらに、ティム＝キー市長の発言をきっかけに「女性もカーニバルで羽目を外す権利がある」と女性の権利にスポットライトが当たったのも事実である。

そして、当時は通常と比べると人通りが多かったはずの遺体発見現場に目撃者がいなかったこと、同現場周辺の防犯カメラが十分に機能していなかったこと、検死の詳細な結果が不明なままであること、多くの関係者が警察の事情聴取を受けたものの犯人につながるような手掛かりが見えていないことなどが明らかになり、殺人事件の検挙率の低さに対する懸念、警察に対する不信感も一層高まった。

あの痛ましい事件から2年半近くが経過したが、捜査の進展は見られず、犯人逮捕の手掛かりをつかむのはますます困難になっている。一日も早い犯人逮捕、事件の解決を願うばかりである。

〔注〕

＊1　2016年1月に在バルバドス大使館が開設したことに伴い、バルバドスに関する業務は同大使館に引き継がれた。

＊2　外務省プレスリリース「日・カリブ共同体諸国（カリコム）首脳会合 日本の対カリコム政策」、2014年7月30日、http://www.mofa.go.jp/mofaj/files/000047227.pdf

＊3　外務省「安倍総理のトリニダード・トバゴ訪問（概要と評価）」、2014年7月30日、http://www.mofa.go.jp/mofaj/la_c/crb/page4_000606.html

＊4　同ウェブサイト。

＊5　前掲ウェブサイト。

＊6　外務省領事局政策課（2016）「海外在留邦人数調査統計　平成29年要約版（平成28年（2016年）10月1日現在）」http://www.mofa.go.jp/mofaj/files/000260884.pdf

＊7　三菱商事、プレスルーム「トリニダード・トバゴ共和国におけるメタノール／ジメチルエーテルの製造事業に関する契約に調印」、2015年4月13日、http://www.mitsubishicorp.com/jp/ja/pr/archive/2015/html/0000027090.html

＊8　国際協力銀行「トリニダード・トバゴ向け　初のプロジェクトファイナンス　メタノール／ジメチルエーテル製造事業プロジェクトを支援」、2016年、https://www.jbic.go.jp/wp-content/uploads/

interview_ja/2016/03/47308/JBIC_interview28.pdf

＊9 同ホームページ。

＊10 丸紅株式会社、「カリブ地域の電力事業持株株式会社の株式取得について～垂直統合型電力事業への参画」、２００７年4月19日、http://www.marubeni.co.jp/dbps_data/news/2007/070419.html

＊11 同ホームページ。

＊12 外務省、「トリニダード・トバゴ」http://www.mofa.go.jp/mofaj/area/trinidad/data.html#section4

＊13 同ホームページ。

＊14 外務省『政府開発援助（ＯＤＡ） 国別データブック２０１６』、２３２ページ。

＊15 同データブック、２３２ページ。

＊16 前掲データブック、２３３ページ。

＊17 前掲データブック、２３２ページ。

＊18 独立行政法人国際協力機構「トリニダッド・トバゴ：漁業訓練計画」https://www.jica.go.jp/activities/evaluation/tech_ga/general/2002/pdf/03/03_34.pdf

独立行政法人国際協力機構「昭恵夫人―東カリブエンジニアたちとの交流―ヤマハとＪＩＣＡは日本の誇りです」、２０１４年9月24日、https://www.jica.go.jp/project/all_c_america/003/news/20140924.html

＊19 一般財団法人自治体国際化協会、「参加国」、http://jetprogramme.org/ja/countries/

＊20 同ホームページ、在トリニダード・トバゴ日本国大使館、「ＪＥＴプログラムについて」、http://www.tt.emb-japan.go.jp/jet.html

＊21 日本スチールドラム振興会、http://www.steeldrum.info/

＊22 冨田晃（２００１）「Pan in Japan: 日本におけるスティールパンの受容と普及」『ポピュラー音楽研究』Vol.5、20ページ。

＊23 日本スチールドラム振興会、前掲ウェブサイト。

＊24 日本スチールドラム振興会、前掲ウェブサイト。

＊25 日本スチールドラム振興会、前掲ウェブサイト。

＊**26**　日本スチールドラム振興会、前掲ウェブサイト。

＊**27**　日本スチールドラム振興会、前掲ウェブサイト。

＊**28**　日本スチールドラム振興会、前掲ウェブサイト。

＊**29**　冨田（２００１）、前掲書、30ページ。

＊**30**　一般財団法人日本エネルギー経済研究所（２０１１）「東日本大震災後のＬＮＧ輸入量の変化と国際ＬＮＧ価格」、http://eneken.ieej.or.jp/data/3986.pdf

＊**31**　関西電力株式会社、「ＢＰシンガポール社からの液化天然ガス購入契約に関する基本合意書の締結について」、２０１２年11月19日、http://www.kepco.co.jp/corporate/pr/2012/1119-2j.html

＊**32**　テイト記者が執筆した記事、報告内容については下記を参照。
“Post-quake Japan a lesson in resilience”, *Express*, February 26, 2012.
http://www.trinidadexpress.com/news/Post-quake_Japan_a_lesson_in_resilience-140515493.html
“A place for T&T in Japan's future”, *Express*, February 28, 2012.
http://www.trinidadexpress.com/business-magazine/A_place_for_T_T_in_japan_s_future-140820863.html
“Japanese Resilience in Motion”, *Express*, February 31, 2012.
http://www.trinidadexpress.com/sunday-mix/Japanese_Resilience__In_Motion-145461455.html

＊**33**　“A message of love, hope from T&T to Japan”, *Guardian*, April 14, 2011, http://www.guardian.co.tt/entertainment/2011/04/14/pan-tribute

＊**34**　長木谷さんのブログ「Ｉ♥ＰＡＮ」より。http://ameblo.jp/steelpan-asami/

コラム13 筆者が観たトリニダード・トバゴ人

少ない選択肢・情報量がもたらした外への関心の薄さ

トリニダード・トバゴ（TT）では、贅沢を言わなければそれなりの生活が保障されているが、先進国と比較すると、非常に選択肢が少ない世界である。

まず、娯楽の種類が限られ、仕事の後や週末に集まる場所が少ない。車社会であるため、車を所有していないと行動範囲が狭まりがちになる。地元では、自分が生まれ育った地域や職場近辺以外の場所には滅多に足を運ばないという者もかなりの割合いる。

海外の有名アーティストやスポーツ選手が来るイベント、海外の文化イベントが開催されることは少なく、アジア関係になるとなおさらである。そうしたイベントに優先的に招待を受けたり、実際に会場に足を運んだりするのは富裕層や外交団であり、一般庶民が海外と触れ合う機会はそれほど多くない。そもそもこれらイベントの情報は、新聞やニュース、SNSをまめに確認しなければ入手できないことが多い。

大学の数も限られており学べる分野に偏りがあるため、特定の学校・学部の出身者が多く、法学や地質学、医学や教育学、工学といったように仕事の需要がある分野に集中する。

スーパーマーケットで品不足になることは滅多にないが、商品は調味料を除くと種類がは限られる。ほとんどが米国やカナダからの輸入品で、皆同じ商品を購入している。

人間関係も家族や親戚、隣人のほか、同じ人種やエスニック集団の人々を基盤としている。これに、階級が加わる場合も多い。人口136万人のTTでは、自分の周囲の人間がつながっていることが当たり前である。よほどドラスティックな形でこれまで全く足を踏み入れなかった世界に飛び込んでいかない限り、新しいタイプの人間と出会うことは難しい。

こうしたことからTT人には、仕事以外の時間には自分の生まれ育った地域に留まり、幼少時から続く人間関係の中で単調な生活をしている者が少なくない。と言っても、生活に支障は出ないため、ますます内にこもりがちになる。すると、自分に直接関係のない他人のことはどうでもいいという考えが強くなる。

一般的に、TT人は、世界情勢や他国の文化への関心が低い者が多い。隣国のガイアナやグレナダ、ベネズエラのことはおろか、自国の他地域の事情にも疎いことが多い。

こうしたTT人の外への関心の薄さは、日常生活の随所で見られる。殺人事件やセックス・スキャンダル、政治家の大規模な汚職に対しては高い関心を持つ一方、社会的弱者に関するニュース、他国の災害やテロについては、さほど関心を示さない。周辺のカリブ諸国がハリケーンで大被害を受けても、一部の国民やNGOを除いては、国民の間で義援金を募ろうという動きは出てこない。政府の動きも鈍い。

TTには、障がい者や貧困地域の人々、自閉症患者やDVの被害者などを支援するNGOが複数存在するが、こうしたNGOの活動にスポットライトが浴びることはほとんどない。そもそも、障がい者や自閉症、DVに対する社会の関心が驚くほど低い。

私は仕事で、障がい者や自閉症患者に対する職業訓練を実施する慈善団体と関わる機会があった。同団体の幹部は、国民による障がい者や自閉症患者への関心の低さを嘆いており、「TTでは、家族に障がい者や自閉症患者がいると恥だとして、家の中に閉じ込めてしまうケースも多い」と述べていた。外部からの寄付金は微々たるもので、寄付された中古品の中には使用不可能な「ゴミ」も多いという。

私は、この他にもプライベートで文化イベントやチャリティ活動に関与したことがあるが、積極

職業訓練を受ける女性（2014年6月13日、ポート・オブ・スペイン、筆者撮影）

的に宣伝活動をしても、参加者・出席者の大半は主催者の知人で、一般のTT人が来ることは稀であった。他の文化イベントやチャリティ活動も同様で、一般客を対象とした集客・広報の難しさを感じた。

コラム14 筆者が観たトリニダード・トバゴ人

切り替えと乗り換えを繰り返す男女関係

トリニダード・トバゴ（TT）人には、複雑な家庭で育った者が少なくない。親が離婚・再婚した、異父兄弟や異母兄弟がいるという話を耳にすることが多い。

TTでは、離婚は珍しくなく、最近は若者の離婚が増えているという。私の知人は、「若いカップルは皆離婚している」と述べている。確かに私の周りのTT人を見ても、若くして結婚しその後離婚した女性が多い。離婚に至った理由は、大抵男性側の浮気やアルコール問題である。

しかし、離婚の傷をいつまでも引きずらず、すぐに次の相手を見つけるという切り替えの早さは、TT人が持つ特徴である。私の周りでも、20代で離婚し親に勘当されたものの、TT人との恋愛を経て、その後米国人と出会い短期間で婚約に至りあっという間に米国に移住してしまった女性がいる。このほか、30年近く連れ添った妻に離婚を切り出され、それまでの愛が憎しみに代わるような離婚調停に加え、子供の1人に連絡を絶たれるような家庭崩壊までをも経験したものの、離婚から1年も立たないうちに10歳近く年下の容姿端麗な女性と交際を開始し、3年以内に再婚にこぎつけた男性がいる。この男性は、「自分には幸せになる権利がある」とたびたび主張していたが、日本では、家族や親戚だけではなく大勢の人間を巻き込んだ泥沼離婚をし、離婚調停が終了していない中で、10歳も歳の離れた女性とベタベタしている場面を所構わず見せつけられ、SNSでも散々自慢されたら、不快に感じる人は少なくないであろう。

切り替えの早さは、結婚・離婚に限らず、普通の恋愛でも一般的に見られる。TT人の間では、男性側からアタックすることが多いが、そのアプローチ期間に意中の女性を落とせないことが分かると、手のひらを返したように態度を変える。それまで友人として仲良くしていたとしても、恋愛関係あるいは肉体関係にこぎつけられないと悟った途端、態度を急変させるのである。日本のように数か月、あるいは1年近くも片思いの状態を経てやっと告白するというシチュエーションはあまり見られない。気に入った相手にはすぐに猛アタックをするが、相手が自分に振り向いてくれないことが分かると、早い段階で見切りをつけて次の相手を探しに行く。

また、日本人の感覚では、付き合っていた相手と別れた後は相手の家族、相手とつながっている友人には会いにくい。傷が癒えないまま、前回の恋愛からの教訓を認識しないまま、すぐに次の恋人探しに走るのは良くないと考える者は少なくない。過去の恋愛にいつまでも囚われないよう別れた相手に関わる人間関係を断捨離すべきという意見もよく聞かれる。

これに対し、TT人にとってはいつまでも失恋を引きずる、独り身でいることは格好悪いと映る。国が小さいため、自分の周りの人は互いにつながっており、毎回リセットすることは不可能に近い。恋人と別れて間もないにかかわらず、あっという間に次の相手を見つけ、別れた恋人の家族やその友人にも平然と新しい恋人を紹介するという光景もよく見られる。

また、TT人には、切り替えだけではなく、乗り換えが早い人も多い。付き合っている相手に飽き始めたり、相手が自分の欲求を満たしてくれないと感じると、二股あるいはそれ以上の人数の相手と同時に関係を持ったり、新しい相手に走り、それまで付き合っていた恋人を捨てることを厭わない冷酷な面を持ち合わせている者も少なくない。これは、「フラれる前に自分から振った方が傷つかない」「フラれて一人になるぐらいであれば、先に新しい相手に乗り換えた方がいい」「自分にはもっとふさわしい相手がいるはずだ」という心理に基づくものであると思われる。特に、男性にはこのような考えのもと、複数の女性と関係を持つ者がかなり多い。プライドが高く体裁を気にするTT人男性にとっては、いかに多くの女性を落とせるか互いに競い合っている面もあるようだ。

残念なことに、TTには、付き合っていた相手に二股をかけられた、裏切られたというつらい経験をした者が驚くほど多い。そのせいか、男女ともに嫉妬深く、男女間の友情は成り立たないと考える者が大半である。たとえ男女がプラトニックな関係を維持していても、二人きりで食事をしたり映画を観に行ったりすると、周りからは「二人は付き合っている」「一線を越えた」と誤解を受けてしまう。

「恋愛やセックスはしたいが、惨めな思いをするのは二度とゴメンだ」「一人になりたくない」と考える人々は、うまく乗り換え、切り替え、時には複数の相手と交際して保険をかけるという生き方を選ぶしかないのであろう。

日本人は、欧米人やラテン系はオープンで積極的に恋愛をしているような印象を持つが、TT人はそれ以上と言っても過言ではない。実際、私は、TTに滞在する外国人からも、TT人のオープンな男女関係に驚いたという声を聞いた。

オープンな恋愛がヒートアップするのはカーニバルの時期で、カーニバルのパレードの最中にも、カーニバル前後に行われる野外イベントでも、乱れに乱れた男女の姿が嫌でも目に入る。

当然ながらこの状況に危機感を抱いている層もおり、特に、カトリック、ヒンドゥー、イスラムの宗教関係者は、たびたびメディアを通じて、国民のモラル低下を嘆いている。

第8章　独立50周年を経た今直面する課題

1　悪化の一途を辿る治安

⑴ 世界最悪の殺人発生率

① 人口136万人なのに年間の殺人被害者数は日本を上回る

一般的に、ラテンアメリカ・カリブ地域で治安が悪い場所としては、ベネズエラ、ブラジルやメキシコが知られている。最近は青少年ギャングが幅を利かせているエルサルバドルやホンジュラスも悪名高い。

しかし、人口10万人当たりの犯罪発生率を見ると、カリブ共同体（カリコム）の国々が上位に位置する。中でもトリニダード・トバゴ（TT）は、カリコム域内では最も治安の悪い国の一つと認識されている。TTの人口10万人当たりの殺人率は、2000年に9・3パーセントであったのが、2010年には35・2パーセントにも達し、世界トップクラスに入る。[*1] 日本の場合1990～2009年の人口10万人当たりの殺人率は0・4～0・6パーセントの間で推移しており、これと比

表1　トリニダード・トバゴにおける犯罪報告件数（2013～2017年）

（単位：件）

	2013年	2014年	2015年	2016年	2017年
詐欺	307	223	592	1,016	568
負傷・銃撃	542	558	600	522	718
強盗	2,958	2,672	2,469	2,595	2,913
侵入窃盗・侵入	2,968	2,592	2,111	2,187	2,176
車の窃盗	1,046	742	785	647	785
住居における窃盗	370	289	237	238	246
深刻なわいせつ行為	71	80	70	32	19
身代金誘拐	3	3	4	3	6
薬物関係	475	439	453	395	469
殺人	408	403	420	462	495
誘拐	112	94	106	75	102
その他	734	767	793	773	770
性的暴行・近親相姦・性犯罪	550	829	625	496	531
一般窃盗	2,603	2,364	1,870	1,952	2,153

出典：TT警察ウェブサイトより筆者作成。

較しても、TTの殺人発生率は異常なほど高いことが分かる。[*2]

TT警察が発表した統計を見ると（表1）、2013～2017年は強盗、侵入窃盗・侵入などの犯罪が減少傾向にある。ところが、詐欺は2016年に前年の3倍以上、殺人は10パーセント以上増加している。殺人による被害者（死亡者）数は400人台で推移している。これに対し、日本の場合、死亡者数は2013年に400人を割り以降は300人台に留まっている。2016年の被害者数は、TTの420人を下回る362人であった。[*3]人口136万人に過ぎないTTの1年間の殺人被害者数が人口1億2000万人の日本のそれを上回るという驚くべき事態なのである。

2017年においては、1月の1か月だけで前年同期比6・1パーセント増の52件の殺人事件が発生、12月末現在2016年を上回る495件に上った。[*4]

日本の場合、殺人事件の検挙率が例年9割を超えるのに対し、TTの場合は、2017年で17・9パーセントに留まっている。[*5] これは、2016年2月に発生した日本人女性殺人事件の犯人が未だに捕まっていないことからも分かる（7章8(2)）。

② 地元紙の1面は殺人事件ばかり

地元紙の1面や主要面を飾るのは殺人事件で、政治や経済関連のニュースは影が薄い。1日に4件の殺人事件が発生したり、幼い子供が犠牲になったりすることも少なくない。また、トリニダード・トバゴ（TT）では、先進国と比較するとプライバシーや肖像権の保護に対する意識が低く、これはメディアにも共通する。首なし死体、銃で撃たれ死亡した子供の遺体の写真や映像が新聞やテレビで報道されることも珍しくない。遺族や当局の了承が得られていないにもかかわらず、個人情報が漏洩されることもある。

殺人の内訳を見ると、麻薬や銃器絡みのギャング団同士の抗争が大半を占めるが、強盗や家庭内暴力による殺人も多い。他人の物を盗んだりそれに損害を与えたりすること、殺人を犯したりすることへの罪の意識が軽いと思わざるを得ない。

窃盗や強盗、性犯罪等に関しては警察に報告されていないものも多く、実際には相当数発生していると思われる。私の周りのTT人やTT在住の外国人（日本人含む）の中には、強盗や窃盗被害に遭った者が少なくないが、警察に被害届けを出していないと思われる。

なお、中国人や中国系TT人は強盗・窃盗の被害の標的になりやすいと言われている。彼らが経営する商店やカジノが強盗被害に遭ったというニュースがたびたび報じられている。地元住民の間で「中国人＝金持ち」というイメージが定着しているためであろう。

このほか、警察官や刑務官がギャング団による脅迫・暗殺の標的にされ、殉職したり非番中に襲撃されたりする事件も後を絶たない。

③ 常に治安を意識せずにはいられない生活

トリニダード・トバゴ（TT）の街を歩くと、日本やヨーロッパとは異なり散策を楽しむような環境でないことを肌で感じる。どの街でも昼間は教会や市場、ショッピングモールが集まる中心部や繁華街は人の流れが活発であるが、それ以外の場所は閑散としている。住宅地においては全般的に歩行者が少なく、ほとんどの人が自家用車や公共交通機関で移動している。

昼間であっても、森林地帯や観光地化されていないビーチや沼地周辺は全くと言ってよいほど人気がない。日が暮れオフィスやスーパーマーケット、ショッピングモールが閉店すると、レストランやバー、クラブを除いては外で人の姿を見かけなくなる。子供や運動に励む大人で賑わっていた公園もたちまち物騒な雰囲気に様変わりする。

アフターファイブや週末夜の外出時に友人に車での送迎を頼んだり、友人をつかまえたりすることができない場合に家族に迎えに来てもらうことは当たり前のこととなっている。駐車スペースの問題、公共交通機関に対する不信感のほかに、防犯の意味合いも強いことは言うまでもない。友人や知人と会って帰宅した後に、電話やメールで自分が無事家に到着したことを関係者に知らせるのも習慣となっている。

トリニダード島より治安が良く、観光客が多いトバゴ島でさえも、観光地以外の場所、人気のない山やビーチは昼間であっても単独や少人数で近寄るべきエリアではないという認識が地元の人々の間にはある。同島では、ヨーロッパ出身の人々が別荘を所有していることが多いが、毎年のように彼らを狙った殺人や強盗が発生している。

TTで最も治安が悪い地域として知られているのは、トリニダード島北西部でダウンタウンと接するラバンティルである。特に、ダウンタウンの東側のイースト・リバーから東側の地域は、最貧困地帯であり他の場所と比較すると老朽化した住宅が並び、道路や下水道といったインフラの整備が放置されている。地元の人々も近寄りたがらないエリアである。また、人口密集地帯のトリニダード島北部は全体的に犯罪が多い。

トリニダード島の都市部や人口密集地帯では、どの家も厳重な門を構え、窓やドアを鉄格子で覆っている。強盗被害のリスクが高いガソリンスタンドや商店、バーも厳重な鉄格子を設けている。多くの住民が犬を番犬代わりに飼っており、それゆえ大型犬が好まれる。日本のように小型犬に服を着せたり、散歩に連れ歩いたりすることは稀である。他の東カリブの島国に行くと、このような門や鉄格子を目にしたり、緊張感漂う雰囲気を感じたりすることはほとんどないため、その差に驚かされる。

私は、主に中流以上の住民が住む地域に暮らしていたが、年に数回コミュニティ全体で雇用していた警備員が強盗被害に遭っていたほか、近所では発砲事件も発生し、決して安全とは言えなかった。警備が厳重な地域、富裕層が集まる地域に住んでいても、買い物や食事、習い事などでは、他の地域や階層出身の人々との接点が多い場所に足を運ぶことになる、あるいはこうした場所を通るため、窃盗・強盗に遭うリスクが高まる。

④ 治安悪化の社会背景

中高年の地元住民によれば、かつてのトリニダード・トバゴ（TT）は治安が良く、玄関のドアを開放しても全く問題はなく、近隣同士の交流が盛んだったという。南米から麻薬や銃器が流入し、TTが北米やヨーロッパの麻薬・銃器の輸送中継地になると、治安の悪化に拍車がかかった。

政治家も一般国民も早急な治安改善の必要性を強く認識している。TTでは、警察や軍、刑務所を管轄する国家安全保障大臣のポストは重要なポストであり、どの政権も有力な政治家や元軍人を任命してきた。米国やカナダ、英国もTTの治安の悪化を懸念しており、これまで技術支援や機材の供与などを通じて支援を行ってきた。しかし、治安は一向に改善されず、むしろ悪化の一途を辿っている。

治安が一向に改善しない要因としては、以下が考えられる。

まず第一に、警察官や刑務官、軍人や沿岸警備隊員といった法執行機関職員を取り巻く厳しい状況を取り上げる必要がある。犯罪捜査や刑務、沿岸警備にかかる施設や機器、資金に加え、高度な知識、豊富な経験を持つ人材が不足していることが大きい。パサード＝ビセッサー前政権が2010年にカナダ警察のカナダ人2人を警察長官と警察副長官のポストに登用したのも人材不足が背景にあったと言えよう。また、以前と異なり、警察によるパトロールは警察車両によるものが中心となり、住民との直接の触れ合いが減ったことも大きいであろう。刑務官の場合は、老朽化が進み収容能力が限界に達している施設で受刑者を適切に管理しなければならないストレスを抱えている。沿岸警備隊について言えば、限られた人員・予算のもと、海に囲まれた全土をパトロールすることは容易ではない。警察官も刑務官も沿岸警備隊が属する国防軍の兵士も試験や身辺調査、訓練を経て選抜されているが、先進国よりも募集要件・選抜基準が緩く、訓練期間・内容が十分でない可能性も考えられる。

こうしたことから、犯罪が発生しても迅速かつ効率的に対応し、成果を上げることは難しくなる。国民からの批判が増し、彼らからの信頼が低下すればするほど、当然ながら職員の士気は下がっていく。真面目に職務を遂行していても、賃金が低く、労働環境が過酷、さらに常日頃犯罪者・犯罪分子からの脅迫に晒され、命の危険を感じているとなれば、ますます仕事への意欲を失うことは想像に難くない。

国民の法執行機関に対する信頼度の低さは世論調査にも表れている。エクスプレス紙が2016年8月末から9月初めに実施した調査の結果、回答者の52パーセントが警察を「信用していない」と述べた。[*6] 逆に「信用する」と答えた者は22パーセントに留まった。[*7]

第二に、司法制度そのものの問題が挙げられる。逮捕から起訴までの手続きに要する時間、裁判にかかる時間が非常に長いのである。これに伴い刑務所の収容人数は許容量を超え、受刑者を取り巻く環境はますます悪化している。さらに、前述のとおり施設の老朽化や刑務官数の不足も深刻な問題となっている。このため、刑務官は過酷な環境での勤務に耐えなければならない。こうした中で苛立ちを募らせた受刑者が刑務官を攻撃したり、脱走を企てたりする事件も発生している。これは、周辺のカリブ海諸国にも共通する問題である。

第三としては、深刻な汚職が挙げられる。汚職は、法執行機関に限らず、社会全体に蔓延しており、治安と並びTTにおける最大の社会問題となっている。これについては本章2で詳しく述べる。

四番目には、国民の間の所得格差の拡大が考えられる。これまで繰り返し述べてきたように、TTは人口一人当たりの所得は高いが、実際には富裕層と貧困層の格差は激しい。インフラ改善が一向に進まず、失業率も高い不利な環境に生まれ育った人々が非行と隣り合わせの生活を送っているのは、どの国にも見られる状況である。

第五としては、ギャング団の勢力拡大が考えられる。TT警察によれば、ギャング団の数は2011年9月の92から2017年1月には179に増加、メンバーは約1500人から1600人に増えた。[*8] これに伴い、ギャング団の勢力地域は全国に広がりつつある。また、彼らは、イングラムM10、ウージー、Tec-9、AK-47、M16自動小銃といった武器を備えている。[*9]

麻薬や銃器を巡ってギャング団同士が争い、ギャング団のメンバーだけでなく、その家族や友人にまで魔の手が伸び、結果としてコミュニティ全体がギャング団からの攻撃あるいは報復に怯え、彼らの悪事を黙認してしまうという構造につながっていく。

第六には、手薄な国境警備と島国という地形の弱点をついた麻薬・銃器の流入というきわめて深刻な問題がある。未開発地域や森林地帯も多いことから、こうした場所を経由して麻薬・銃器が輸送されている。腐敗した税関職員や港湾関係者が密輸に関与しているケースも少なくないと言われている。国外への密輸方法は巧妙化しており、近年ではジャマイカから輸入された鶏肉のコンテナの中から麻薬が見つかったり、麻薬が詰まったオレンジジュースの缶が輸出先の米国で発見されたりするという事件も発生した。

そして最後に、国民の犯罪に対する意識の問題を挙げたい。連日のように窃盗・強盗・殺人が発生すると、それが当たり前の状況となる。元々法執行機関に対する信頼が低いため、さらに諦めムードが広がる。

これに加えて、自分や家族、親しい友人に関する事件でなければ遠い世界の出来事と捉え、都合の悪いこと、つらく悲しい出来事を早い段階で忘れる、あるいはこれらに関わりたがらない傾向が強いＴＴ人の国民性の影響も強いと考えられる。隣人同士の付き合いが希薄になり、互いに対する信用が低下していることも治安維持にはマイナスになっている。さらに、他人の財産を盗んだりこれに損害を与えること、他人を傷つけたり殺すこと、法律に違反したりすることに対する罪の意識が薄い点も無視できない。国全体として、幼少時からの意識改革に取り組むことが望まれる。

(2) イスラム過激派によるテロの脅威

① イスラム過激派が関与したクーデター未遂・テロ未遂

近年、世界的にイスラム過激派によるテロに対する懸念が高まっている。米国の同時多発テロを始め、この数年の間ではこれまで比較的安全と見られ観光客も多い英国やフランス、ベルギーやドイツ、スペインでも相次いでテロが発生し、以前にも増してテロが身近な脅威となっている。アメリカ大陸全体を見ると、同時多発テロ以降大規模なテロ事件は発生していないものの、麻薬組織やギャング団による暴力は身近に存在する。

そうは言っても、イスラム教過激の脅威が消えたわけではない。米国内、最近ではブラジルとパラグアイの国境地帯にイスラム教徒が在住し、その一部が急進化している恐れがあると指摘されているが、その陰で盲点になっている場所がある。それは、トリニダード・トバゴ（ＴＴ）である。

２章で説明したとおり、ＴＴは、人口の５パーセントがイスラム教徒に該当し、カリブ地域で最大のイスラム教人口を抱えている。大半は穏健派でイスラム教の慣習を守りつつもかなり西欧化した生活を送っている。他宗教の信者との軋轢もなく、TT社会を構成するメンバーとして広く受け入れられている。

だが、他国のイスラム社会にも見られるように、TTにおいてもイスラム教過激派の思想に看過され急進化する者が後を絶たない。

1990年7月には、ヤシン・アブ・バカ率いるジャマート・アル・ムスリミーン（JAM）がクーデターを企て、ロビンソン首相（当時）を含む閣僚・政治家を人質に取るとともに国営テレビ局を占拠したことは、4章1で述べたとおりである。アブ・バカ及びその他のメンバーは政府に身柄を拘束されたが、後に恩赦を受け自由の身となった。

JAMは今日も活動を継続しているが、何人かのメンバーは、パサード＝ビセッサー前首相暗殺容疑及びディナ・シータハル元上院議員暗殺事件の容疑者として逮捕された。2016年6月には、イラクとレバントのイスラム国（ISIL）の警備員としてシリアに滞在していたところ、米軍による空爆に巻き込まれ死亡したクリス・スティーブ・ルイス（別名：アブドゥール・ラヒム）が、JAMのモスクに通うイスラム教徒であったことが報じられた。[*10] こうしたことから、TT政府も海外の政府もJAMの動向を注視している。

2007年には、トリニダード島のシーア派モスクのイマーム（イスラム教で指導者を意味する）であったカリーム・イブラヒム、ガイアナ出身のラッセル・デフレイタス及びアブドゥル・カディールがニューヨークのジョン・F・ケネディ国際空港爆破未遂の疑いで米国当局に逮捕され終身刑判決を受けた。2015年12月になると、TT高等裁判所は、イブラヒム氏を反テロリズム法のもとで公式にテロリストとして認定した。同氏は同法でテロリストに認定された初の人物となった。

② イラクとレバントのイスラム国（ISIL）の戦闘員になるトリニダード・トバゴ人

近年国民の強い関心を集めているのが、イラクとレバントのイスラム国（ISIL）の戦闘員となるために第三国経由でイラクやシリアに向かうトリニダード・トバゴ（TT）人の動向である。

2015年11月、過去3年間で89人のTT人がISILの戦闘員になったこと、その大半がトリニダード島南部リオ・クラーロのモスクに拠点を構えていたことが明らかになった。[*11] また、2016年7月に配信されたISILのオンライン・マガジンには、2015年にTTを出国したシェイン・クロフォード（ISIL参加後にアブ・サド・アット・トリニダーディに改名）が登場した。[*12] TT人の多くは、自国民がISILの広告塔になっている事実に衝撃を覚えた。

TTにおけるイスラム急進派の存在は、周辺のカリブ諸国にとっても大きな脅威である。特に、欧米からの観光客の受け入れで収入を得ている国々は、テロリストが、盲点となっているカリブ海地域で欧米観光客を狙ったテロを起こすのではないかと危惧を抱いている。

また、TTから飛行機で3時間半のマイアミ、5時間のニューヨーク、6時間のトロントを抱える米国やカナダにとっても他人事ではない。米国とともにカリブ海に領土を持つ英国、フランス、オランダも同様の脅威に晒されている。米国や英国、カナダに関しては、国内のTT人移民やその子孫の中にイスラム過激派の思想に感化される者が出てくる可能性にも備えなければならない。加えて、複数の欧米のエネルギー企業がTTに進出している。テロリストがこうした進出企業のエネルギー施設を攻撃する可能性もある。

ＴＴ政府だけではなく、欧米諸国もＴＴにあるそれぞれの在外公館を通じて、イスラム教急進派の動向を注視している。

2　社会全体に蔓延する汚職

(1) 腐敗度が悪化するトリニダード・トバゴ

トリニダード・トバゴ（ＴＴ）社会を語る上で欠かせないのは汚職である。汚職はＴＴの発展の阻害要因になっている。

国際ＮＧＯのトランスペアレンシー・インターナショナルによれば、２０１７年におけるＴＴの腐敗認識指数[*13]は１８０か国中77位であった。[*14] 中国、セルビア、スリナムがＴＴと同じ順位に並んだ。[*15] カリブ共同体（カリコム）の国々に目を向けると、バルバドスが25位、ジャマイカが68位にランクインした。[*16] 調査対象国のカリコム加盟国のうち、ＴＴよりも順位が下なのは、ガイアナ（91位）及びハイチ（１５７位）のみで、その他の加盟国は30～40位台に位置している。[*17]

また、過去に遡ると、２００１年におけるＴＴの腐敗認識指数は91か国中31位、２０１０年においては１７８か国中73位であった。[*18] 約15年近くの間に腐敗認識指数の順位が大幅に下がったことが分かる。

(2) 生活の隅々にまで染みついている汚職

トリニダード・トバゴ（ＴＴ）では、政治家が企業から賄賂を受けたり、自分の家族や友人が経営する企業が公共事業を入札できるように便宜を図ったりすることは日常茶飯事であり、堂々と行われている。どの政権にも利害関係者から賄賂を受け取ったり、公私混同した結果、更迭または降格処分を受けたり、辞任に追い込まれたりする閣僚がいる。ついこの間まで慎ましい暮らしをしていたはずの人間が与党の閣僚になって間もなく大豪邸を構えるようになった、高級車を乗り回すようになった、本宅のほかにいくつも別荘を持つようになったという話は枚挙に暇がない。

こうしたことから国民の大半は、公共事業、特にインフラ関係には汚職が付き物だと考えている。TTでは、インフラ事業の費用が当初の予算額を上回ることが多いが、同事業に関連した政治家や公務員が請負企業にリベートを要求し、同企業がその予算を国に請求するといった仕組みにより、費用が膨れ上がっていると見られている。こうした公共事業は、言うまでもなく国民の税金あるいは第三国や国際機関から借り入れた費用から賄われている。後者は、将来国民が返済しなければならないものである。

野党側の政党は、事あるごとに与党側の汚職を追求し声高に非難するが、自分たちが与党の座に就くと前政権と同じ道を辿る傾向にある。こうして汚職が負の遺産として蓄積されていく構造となっている。

警察官や軍人、税関職員が、企業やギャングから賄賂を不正に受け取り、彼らの悪事を黙認するケースも後を絶たない。これが、麻薬や銃器の拡散、治安が改善されない要因となっていることは言うまでもない。

汚職・腐敗は政界や公共部門に留まらず、残念ながら社会全体にはびこっている。

最も有名なのは、官僚主義や劣悪なカスタマーサービスで悪名高い公共部門での手続きを迅速に済ませるため、所定の手数料以外に担当者に賄賂を手渡す手法である。

皆、頭では汚職や不正が悪いことであるとは認識している。しかし、社会のあらゆる部門のカスタマーサービスが改善されたり、手続きが迅速化されたりするような見込みはなく、真っ当な方法で対応すると、膨大な時間と労力がかかる。どんなに高い学歴を持っていても、それに見合った職・収入を見つけることは簡単ではない。そのような中で、自分の周りの人間は担当者に袖の下を渡すことで便宜を図ってもらって得をしている。こうした環境で育っていると、汚職や賄賂を受け渡しすることへの罪悪感が薄れていく。

(3) 国際問題にまで発展した汚職事件

トリニダード・トバゴ（TT）と汚職・腐敗のイメージが国際的に広まったのは、国際サッカー連盟（FIFA）副会長のポストを経て、TTの公共事業大臣、国家安全保障大臣を務めたジャック・ウォーナー（1943〜）氏が、FIFAの汚職事件に絡み、2015年5月に米司法当局から起訴された時である。同事件では、同氏のほかに他国の関係者13人が逮捕・起訴された。

この国際的スキャンダルは世界中の関心の的になり、日本のメディアまでもがTTを訪問し、ウォーナー氏を密着取材し特番で取り上げるほどであった。

ウォーナー氏は、1973年にTTサッカー協会（TTFA）の書記に就任、1983年にFIFAの理事、1990年には北中米カリブ・サッカー連盟（CONCACAF）の会長ポスト、1997年にはFIFA副会長ポストの座に上り詰めた。

しかし、その後は幾度にもわたりFIFA絡みの汚職問題が取り沙汰され、国内外のメディアか

ジャック・ウォーナー氏（ガーディアンのウェブサイト http://www.guardian.co.tt/news/2015-06-07/fifa-corruption-documents-show-details-jack-warner-bribesより）

ら厳しく追及される日々に見舞われた。

１９９８年のワールド・カップ招致を目指したモロッコからも、２０１０年のワールド・カップを招致した南アフリカからも巨額の賄賂を受け取ったほか、自分と家族が経営する会社経由で２００６年のドイツ大会、２０１０年の南アフリカ大会のチケットを転売し不正に利益を得ていたと言われている。[*19]

また、１９９８年以降のワールド・カップのテレビ放映権、２０１０年１月の大地震で被災したハイチに対するＦＩＦＡからの支援金の流用など、数多くの汚職問題に関与したとも言われている。[*20]

日本としては、日韓共催で開催した２００２年大会に関し、日本が不正に関与したのではないかと心配になるが、これについて日本サッカー協会の小倉純二名誉会長は「不正はなかった」と強調した。[*21]

ウォーナー一家の羽振りの良さは地元でも有名で、一家はトリニダード島北東部の大邸宅や商業ビルのほか、海外では米国マイアミのコンドミニアムなど複数の不動産を所有していた。[*22]

ウォーナー氏は、２０１０年５月に公共事業大臣になった後もＦＩＦＡ副会長ポスト及びＣＯＮＣＡＣＡＦ会長ポストを兼任していたが、２０１１年５月にＦＩＦＡ会長選に関わる汚職容疑が浮上すると、その翌月にＦＩＦＡ副会長ポストとＣＯＮＣＡＣＡＦ会長ポストの両方を辞任し、その後は国政に専念した。

数多くの国際的スキャンダルが浮上したにもかかわらず、地元におけるウォーナー氏の人気は衰えることとなかった。同氏は、2013年4月に国家安全保障大臣ポスト及び下院議員ポストを辞職するとともに、当時の与党連合の中核であった統一国民会議（UNC）を離党した。間もなくして独立自由党（ILP）を結成し、同年7月の下院議員補欠選挙で再選を果たし、10月の地方選でも大健闘した（4章3(2)）。高い知名度や実行力のほか、出所が不透明とはいえ資金が豊富な点も有権者には魅力と映ったのであろう。

ウォーナー氏は、米司法当局から起訴されて間もない2015年5月末にTT司法当局によって逮捕され、一晩刑務所で過ごした後保釈された。米政府は、同氏の身柄引き渡しを要求しているが、TT国内の手続きが難航し、3年半以上経過した現在も本件は未解決である。

3　劣悪なカスタマーサービスと人材開発の必要性

(1) トリニダード・トバゴ滞在初日からカスタマーサービスの問題に直面

私は、トリニダード・トバゴ（TT）に着任した日から2日間、ポート・オブ・スペインのダウンタウン近いゲストハウスに宿泊した。重いスーツケース2個と2つの箱、計4つの荷物を抱えていたが、案内された部屋は2階でエレベーターがなかった。同ゲストハウスは朝食付きだったものの、翌朝身支度を整えて食堂に行っても誰も何も出てこなかった。出勤時間が迫っていたため、受付の女性を急かすと、20分近く経過した後に朝食が出てきた。メニューはトースト1枚とオレンジジュースのみであった。

翌日には、同じ受付の女性に朝食の支度が間に合わなかったと一方的に言われ朝食抜きになった。その際、彼女に荷物の運搬を手伝ってほしいと言ったところ、近くにいた男性スタッフが手伝いに向かうとの返事が返ってきた。

ところが、10分以上待っても来ない。男性スタッフは、確かに近くにはいたが、一向に私の部屋に来ないのである。職場からの迎えが来る時間が近づき、しびれを切らした私はとうとう自力で全ての荷物を2階から移動させた。私が汗にまみれて荷物を引きずるように階段を下りていた際、受付の女性は見て見ぬふりをしていた。

なんてサービスの悪い場所なのだろうと憤慨したが、これは始まりにしか過ぎなかった。

以降、離任するまでの6年2か月、スーパーマーケットでもレストランでも、語学学校でも医療機関でも、銀行でも公的機関でも、ホテルでも旅行会社でも、私は生活全般でＴＴの劣悪なカスタマーサービスに悩まされることになった。

スーパーマーケットで無愛想なレジ担当の店員が、まだ会計を済ませていない商品を乱暴にバーコードに通したり、釣銭を投げるように渡したりする。銀行や公的機関、教育機関の手続きに行くと、客が長時間待たされ疲労の色を浮かべていても、職員はそれを尻目に昼休みや休憩に入り、あるいは帰宅してしまい、最悪の場合客側は半日近くを費やす羽目になる。空港のチェックイン・カウンターや入国審査でこちらが邪険な扱いをされたことで腹を立てても職員は決して謝罪しない。レストランで注文した料理が1時間以上経った後に出てくる。こうしたことはＴＴの生活には付き物だと分かっていても、怒りや苛立ち、失望感が沸き起こるのを止めることは難しい。

今となっては笑い話であるが、私は、レベルが合わず途中でキャンセルした語学学校の残りの授業料を返還してもらうのに9か月要した。また、ファースト・フードのケンタッキー・フライドチキンで注文するまでに1時間近く列に並んだこともあった（当時は夜で、周りに営業している飲食店はなく、空腹を満たすためにはやむを得なかった）。2013年5月に西インド諸島大学（UWI）セント・オーガスティン校で、スペイン文科省が実施するスペイン語検定試験（DELE）を受検した際には、スペイン語ネイティブの試験官が試験の運営方法をほとんど把握していなかった。にもかかわらず、UWI職員は試験官に非協力的であり、結局、私が試験を受けながらスペイン語で試験官に段取りを説明するという前代未聞の出来事も体験した（幸いにも試験にはギリギリの点数で合格したが）。

「お客様第一」で接客マナーを叩き込まれ、スピーディーなサービスの提供が当然の環境で生まれ育った日本人にとって、TTのこうした状況は大きなカルチャー・ショック、ストレスになる。

今振り返ると、私のTT生活は、この劣悪なカスタマーサービスとの闘いであったと言っても過言ではない。教育機関や旅行会社には苦情の手紙を書くまでに至り、空港のチェックイン・カウンターや公的機関では何度も職員との間で口論に発展した。「TTで一番嫌なことは何か」と聞かれたら、「カスタマーサービスの酷さ」と即答するであろう。

(2) 地元住民も在住する外国人特権階級も被害者

劣悪なカスタマーサービスは地元住民でさえも不満を高めている問題で、新聞でカスタマーサービスの改善を訴える読者投稿、SNSで無礼な対応をした店員の悪口を並べ立てる投稿を目にすることは珍しくない。

実は、劣悪なカスタマーサービスには、一般のトリニダード・トバゴ（TT）人、外国人観光客だけではなく、比較的恵まれた地位にある外国人駐在員や外交官も悩まされている。その一例として、ピアルコ国際空港の入国審査ブースで職員に無礼な扱いを受けたとして、その体験を公にしたマレイ・ミシュラ駐TTインド高等弁務官（当時）の例がある。同高等弁務官は、TT外務省を通じて苦情を申し立てるとともに、地元の新聞で本件を報告した。[*23] これに、アーサー・スネル駐TT英国高等弁務官（当時）が同調し、元々悪名高かった入国管理官の対応に対する批判の声が相次いだ。

TTのカスタマーサービスに問題が見られる背景には、周辺のカリブ諸国とは異なり、エネルギー部門を基盤とした経済構造を持つことが大きいと考えられる。市場が小さく企業間競争がそれほど激しくないことから、マナーや身だしなみに気を遣い、顧客対応を改善し優位性を高めるという意識が薄い。急速に国が発展し、成金的な傲慢な態度が身に付いたことも考えられる。民間企業にしても、公的部門にしても、コスト削減のために社員教育をないがしろにしている可能性がある。また、歴史的な経緯により、他人を信用するのに時間を要するというTT人の国民性もあると思われる。そして、多くの国民が、幼少の頃から、自分が下手に出ることや相手を立てること、相手に気を遣うことよりも、いかにして自分を魅力的に見せるか、いかにして自分の地位を高めるかを重視する価値観の中で育ってきたことも影響していると考えられる。

とはいえ、劣悪なカスタマーサービスは経済活動の大きな支障になっており、特に海外からの融資、観光客の呼び込みに負の影響を及ぼしている。各種手続きや協議を進める上で想定外のコストや時間、労力がかかることが原因となって、海外企業がTTへの進出や投資継続を断念した例は少なくない。現在、国内ではエネルギー部門依存からの脱却の一環として、サービス業や観光業拡大のニーズが高まっているが、カスタマーサービスを早急に向上させる必要があることは言うまでもない。

4　医療サービスの質低下

(1)「医療費無料」のカラクリ

トリニダード・トバゴ（TT）では、基本的に公的医療機関での診察・治療を無料で受けることができる。医療費3割負担が原則の日本人の我々にとって、一見恵まれた環境に映る。

しかし、これにはカラクリがある。

確かに公的医療機関での診察・治療費は無料だが、診察までの待ち時間が長い、自分が希望する医師の予約を取るのが困難、医師・看護師の質が低い、医薬品を入手する手続きが面倒、医療設備が老朽化しているといった問題に直面せねばならない。医師が公的機関に従事する傍ら民間部門の医療活動に従事することも可能で、大半の医師は高収入が見込める私立病院での予約を優先しがちである。これに対し、国民からは批判の声も出ているが、規制に向けた動きは見られない。

私のTT人の元同僚は、私立病院で婦人科系の手術を受けた。当然ながら診察費・手術費は自己負担であった。公立病院での検査の結果、手術が必要な婦人科系疾患が判明したため、同病院で手術を受けようとしたが、担当医のスケジュールが数か月後まで埋まっており、一刻も早く同じ担当医の執刀で手術を済ませるために私立病院での手術を選択せねばならない状況だったという。

運良く公立病院での手術のチャンスを手にすることができたとしても、当然ながら成功する保証はない。どのような手術でも成功しないリスクを考慮しなければならないが、TTの場合は、プラスアルファのリスクも覚悟する必要がある。

中でも、医師及び看護師の質、能力の問題は避けて通れない。高度な知識・技術が必要な難病のケースに対応できる医師が見つからない、見つかっても満足のいく対応ができない可能性を考慮しなければならない。医療人材不足問題は、看護師に焦点が当たりがちだが、熟練医師不足も深刻な問題である。TTの公立と私立の両方での勤務経験を持つフィリピン人の看護師の友人ポール（仮名）は、「公立病院では、未熟な研修医が難易度の高い手術を担当していることもある」と述べていた。

残念ながら、公立病院での医療事故は後を絶たない。帝王切開の手術後の不十分な処置により、それまで健康であった女性が死亡するケース、生まれたばかりの乳児が死亡するケースも散見される。

(2) 私立病院でも劣悪な医療サービス

私立病院も安泰とは言えない。

実は、私は2013年3月に、本章4(1)で紹介した元同僚と同じ私立病院で虫垂炎の手術を受けたことがある。イースター休暇直前の出来事であった。

右下腹部に異変を感じ、外科医による診察を受けたところ、初期段階の虫垂炎であることが判明した。私は、その翌々日から海外旅行に行くことになっていたが、医師には「直ちに手術を行い、炎症を起こした虫垂を切除しなければならない。旅行は認められない」と告げられた。

職場の上司との相談を経て、私は即日の手術・入院を決断した。医師のスケジュールに合わせたため、手術・入院費のための現金を銀行に引き出しに行く時間も、寝間着や下着、その他必要なものを自宅に取りに行く時間もなかった。日本の家族に電話したり、旅行会社に旅行を取りやめたいと連絡したりする時間もなかった。

手術は数十分で終了、目覚めると私は病室のベッドの上にいた。

ここから私は、TTの医療の実態を目の当たりにすることになる。

看護師は病室の利用方法について何も説明してくれず、ナースコールを何度鳴らしてもなかなか来なかった。手術中に預けていた貴重品入りのバッグを取り返すのに数時間を要した。また、大ぶりのピアスと強い香水、ネイルアートを施した長い爪と、とても医療行為に従事している者とは思えない身だしなみで現れた看護師もいた。さらに、男性看護師が一度に大量の点滴を無理やり投入したため、私の血管は腫れ、元通りになるのに数か月要した。

極めつけは、病院側が請求した手術・入院費が非常に高額に上ったことである。私の友人の一人が当時精神病院にエンジニアとして勤務していたことから、国内の医療機関の内情に精通しており、私が請求を受けた金額があまりにも高すぎるとして、私の代わりに、内訳を明らかにするよう病院側に訴えてくれた。病院側は点滴代や手術費の内訳を明らかにしたものの、最も高額であった「医師診察料（Doctor's Fee)」という項目の内訳については説明しなかった。

私が職場に復帰すると、TT人の男性の同僚から、彼の妻も虫垂炎にかかり、私と同じ外科医の執刀のもとで腹腹腔鏡手術を受けたが、高額の医療費の支払いを求められた挙句、手術は失敗に終わり、その後別の病院で開腹手術を受ける羽目になったという驚愕の事実を告げられた。

周囲に相談したところ、病院側は、私が大使館に勤務している日本人で保険に加入していたことに目をつけ、過剰請求したのだろうという結論に至った。

後に、本章4(1)で紹介したフィリピン人看護師の友人ポール（仮名）にこの体験を話したところ、「医師診察料は、医師が自分の都合で設定できるものである。患者が富裕層や外国人であることが分かると額が吊り上がる。残念だが、TT人の医師の中には、そうやって金儲けに走る人が多い」とのことであった。

日本人の上司や元同僚の中にもTTの医療機関で不快な体験をし、地元の医療サービスの問題を目の当たりにした者が少なくない。頭を打ち出血を伴う大けがをしたにもかかわらず、受付で1時間以上も待たされた、幼い娘が頭を打って額に大きな切り傷を負ったため手当をしてもらったところ法外な医療費を請求された、妻が結核と誤診され危うく隔離されそうになったなど、枚挙にいとまがない。

実は、TT人自身も自国の医療を信用していない。リスクを減らすため、できるだけ家族や友人に紹介してもらった医者に診察・治療を受ける。経済的に余裕がある層は、技術が高く医療設備も整っている米国やカナダに手術を受けに行く。

(3) 医療人材不足で悲鳴を上げる現場

残念ながら、勤務時間が不規則で体力的にもハードな看護師を目指す国民は多くない。本章3のカスタマーサービスの問題にもつながるが、過去には看護師の多くがクリスマス休暇に有給休暇を取得し、現場が混乱に陥るという事態も発生し、看護師の質やプロ意識が問題視されたこともあった。

看護師の慢性的不足はたびたび問題視されており、メディアでは数千人単位で不足していると毎年のように報じられている。看護師向けの国家試験の合格基準を緩和すべきとして、パサード＝ビセッサー前政権時には、試験撤廃を定めた法案が議会を通過した。[*24]

政府は、カリブ共同体（カリコム）単一市場・経済（ＣＳＭＥ）や政府間取り決めのもと、周辺のカリブ諸国、キューバ及びフィリピンなどから看護師を受け入れているが、それでも不足は解消されていない。

医療は国民の生活に直結するため、医療体制、医療サービスの見直しを早急に実施すべきと考える者は多い。２０１５年３月の世論調査では、回答者の65パーセントが「政府の医療への対応に満足していない」と述べた。[*25] このほか、中国も海軍病院船や医師団の派遣を通じて、地元住民の診察・手術を実施してきた（6章4⑵）。

トリニダード・トバゴ（ＴＴ）は、国民の肥満率、ＨＩＶウイルス感染率が高い国として知られている。汎米保健機構（ＰＡＨＯ）によれば、ＴＴにおける肥満率は31パーセントに上る。[*26] 私の周りのＴＴ人の間でも肥満が原因で糖尿病を発症した、胃バイパス手術を受けたという話があった。

ＨＩＶ／エイズに関しては、２０１６年現在のＨＩＶウイルス感染者数は１万１０００人であり、15〜49歳までの羅漢率は1・2パーセントに上った。[*27] 日本では、２０１４年末のＨＩＶウィルス感染者数は１万６９０３人、エイズ患者数は７６５８人を記録した。[*28] こうしてみると、日本の１００

分の1の人口のTTは、日本よりもHIV/エイズの脅威にさらされていることが分かる。

また、蚊を媒介としたデング熱やチクングニア熱もTTで猛威をふるっており、政府は雨季がくるたびに蚊の駆除に追われている。2016年にはこれらに加え、ジカウイルス感染症の感染者も増加し大騒ぎとなった。

他方、近年の経済不況で財政が逼迫する中、政府が感染症の予防対策を講じる余裕、人材を確保するとともに設備投資する余裕はなくなってきている。

これまで何度も取り上げてきたように、パサード=ビセッサー前政権の一大プロジェクトであったクーバ児童病院は完成後放置されたままであった。2018年になってローリー現政権が前政権時のものとは異なる運営計画を発表し、物議を醸した。

そして、ここ数年においては、公立病院で人件費削減の動きが本格的に見られるようになっており、外国人が雇止めを告げられるケースが増えている。

看護師として公立病院で働くグレナダ人の友人は、2017年6月、病院側から「契約を更新できるかどうか分からない」と告げられ、私立病院に転職した。彼の同僚のフィリピン人も同じ説明を受けたという。また、別のフィリピン人の友人も、突然「2018年2月をもって契約を終了する」と病院側に一方的に告げられたと嘆いていた。

公立病院に勤務する外国人医師・看護師が雇止めとなれば、医療人材不足、医療サービス低下という負のスパイラルが加速することは免れない。この状況が続けば、現行の公的医療機関での医療費無料という仕組みが維持できず、国民の健康悪化にもつながりかねない。

5　広がる所得・地域格差

(1) 国際機関の指標では比較的好成績を収めているトリニダード・トバゴ

トリニダード・トバゴ（ＴＴ）は、独立から50年しか経過していないにもかかわらず、エネルギー資源を基に発展を遂げ、現在国際機関のカテゴリーでは、「高所得国」に位置付けられている。

１９９０～２０１５年の統計を見ると、平均寿命、期待教育年数（5歳児が正規の学校に在籍すると予想される平均年数で、5歳以降の各年齢の就学率を加算して求める）、成人が過去に受けた教育年数、人間開発指数（ＨＤＩ）、一人当たり国民総所得（ＧＮＩ）の全てで改善されていることが読み取れる（表2）。平均寿命は、１９９０年の68歳から２０１５年には70・5歳に延びた。成人が過去に受けた教育年数に関しては、１９９０年が7・9年であったのが、２０１５年には10・9年と3年増加した。一人当たりＧＮＩについては、１９９０年の１万８５４米ドルから２０１５年には２万８０４９米ドルに増え、15年の間で2・5倍以上になった。

ジャマイカやバハマ、ラテンアメリカ・カリブ地域全体やＨＤＩが高い国と比較すると、ＴＴの一人当たりＧＮＩが突出していることが分かる（表3）。ラテンアメリカ・カリブ諸国平均の１万４０２８米ドル、ＨＤＩが高い国の平均の１万３８４４米ドルを大幅に上回っている。その一方、平均寿命は他の国々が75歳を超えているのに対し、最も低い。期待教育年数、成人が過去に受けた教育年数は、それぞれ12・7年、10・9年と、共にバハマと同じ数値である。期待教育年数は、ラテンアメリカ・カリブ諸国平均及びＨＤＩが高い国の平均を下回っているものの、成人が過去に

表2　人間開発指数（1990～2015年）

	平均寿命	期待教育年数	成人が過去に受けた教育年数	人間開発指数	一人当たりGNI（米ドル）
1990年	68.0	11.2	7.9	0.670	10,854
1995年	68.3	11.2	8.5	0.682	11,402
2000年	68.5	11.8	9.2	0.715	16,567
2005年	68.9	12.3	10.0	0.751	24,440
2010年	69.8	12.6	10.8	0.774	28,336
2011年	69.9	12.6	10.8	0.772	26,017
2012年	70.1	12.7	10.8	0.773	25,789
2013年	70.3	12.7	10.9	0.778	27,702
2014年	70.4	12.7	10.9	0.779	27,760
2015年	70.5	12.7	10.9	0.780	28,049

出典：国連開発計画 “Human Development Report 2016”, p.3より筆者作成。

表3　特定の国・グループとの人間開発指数及びその他指標の比較（2015年）

	HDI	HDI順位	平均寿命	期待教育年数	成人が過去に受けた教育年数	一人当たりGNI
トリニダード・トバゴ	0.780	65	70.5	12.7	10.9	28,049
バハマ	0.792	58	75.6	12.7	10.9	21,565
ジャマイカ	0.730	94	75.8	12.8	8.6	8,350
ラテンアメリカ・カリブ諸国	0.751	—	75.2	14.1	8.3	14,028
HDIが高い国	0.746	—	75.5	13.8	8.1	13,844

出典：国連開発計画 “Human Development Report 2016”, p.4より筆者作成。

受けた教育年数に関しては、バハマと共に10・9年であり、他の国々を2年以上上回っている。ＨＤＩに関しては、バハマの0・792に次ぎ、0・780を記録し、他の国々よりも高い。

ジェンダーに焦点を当てると、労働力率は男性52・6パーセント、女性73・6パーセントとなっており、男性は最も低く、バハマの69・4パーセントと大きな差がある（表4）。女性は、ジャマイカの72・2パーセントに次いで低い。

10万人当たりの妊産婦死亡率は63人でＨＤＩが高い国（36人）の約2倍である

表4　特定の国・グループとのジェンダー不平等指数の比較（2015年）

	10万人当たりの妊産婦死亡率（人）	思春期の若者の出産率(1,000人当たり)(人)	議会における女性の割合(%)	少なくとも中等教育を修了した者の割合（%）		労働力率(%)	
				男性	女性	男性	女性
トリニダード・トバゴ	63	31.5	31.5	70.6	68.4	52.6	73.6
バハマ	80	29.6	16.7	87.4	87.6	69.4	79.1
ジャマイカ	89	59.7	16.7	67.1	59.4	57.7	72.2
ラテンアメリカ・カリブ諸国	67	64.3	28.1	57.8	58.1	52.8	78.6
HDIが高い国	36	27.4	21.6	66.9	74.0	56.5	77.1

出典：国連開発計画“Human Development Report 2016”, p.6より筆者作成。

が、ジャマイカの89人、バハマの80人を下回っている。

1000人当たりの思春期の若者の出生率は31・5人で、ラテンアメリカ・カリブ諸国の平均64・3人の半分であり、バハマ（29・6人）に次いで低い。しかし、HDIが高い国の27・4人よりも多い。

中等教育修了者の割合は男性70・6パーセント、女性68・4パーセントで、男性の方が多い。男性については、バハマの87・4パーセントを大幅に下回るものの、他の国々を上回っている。女性については、バハマの87・6パーセント、HDIが高い国の平均74パーセントよりも下に位置するものの、ジャマイカ（59・4パーセント）やラテンアメリカ・カリブ諸国の平均（58・1パーセント）よりも高い。

注目すべきは、議会における女性の割合31・5パーセントに上り、バハマ（16・7パーセント）やジャマイカ（16・7パーセント）の約2倍であるとともに、HDIが高い国（21・6パーセント）及びラテンアメリカ・カリブ諸国（28・1パーセント）を上回っている点である。これは、パサード＝ビセッサー氏がTT初の女性首相に就任したこと、同政権下においても現ローリー政権においても、エネルギー大臣や観光大臣など要職に女性が登用されてきたことからも明らかである。

(2) 統計では見えない格差

トリニダード・トバゴ（TT）内部では、国際機関の指標では見えない格差が広がっている。

2011年1月のガーディアン紙の報道によれば、貧困ライン以下の暮らしを送る人口の割合は1992年の34パーセントから2011年には17パーセントと半減したが、就労者の6割は月収3999TTドル（約6万4000円）以下、このうち37パーセントは月収1999TTドル（約3万2000円）以下であることが判明した。[*29]

2015年3月、同紙は、「中間層は増加しているが、人口の42・9パーセントの所得は平均以下、8・5パーセントは平均所得の2倍以上の額を得ている」という、ロ

開発途上地域のトリニダード島南部（2015年4月12日、トリニダード島南部、筆者撮影）

ジャー・ホセイン西インド諸島大学（UWI）セント・オーガスティン校講師の見方を紹介した。[*30]

オックスフォード大学貧困・人間開発イニシアティブ（OPHI）が開発した多次元貧困指標（MPI）[*31]に基づくTT国内の貧困状況を見ると、都市部よりも人口の8割以上が住む農村部の方がMPIが高く、地域別ではトリニダード島北西部のMPIが突出している（表5）。また、トリニダード島南西部は、MPI貧困層の不平等指数が全国で最も高いことも読み取れる。

表5　サブ・ナショナルな地域における多次元貧困指数

	MPI	MPI貧困層の間の不平等指数	全人口に占める割合
トリニダード・トバゴ全体	0.020	0.015	100.0%
都市部	0.018	—	16.6%
農村部	0.020	—	83.4%
トリニダード島南西部	0.016	0.030	25.8%
トバゴ島	0.019	0.004	3.7%
トリニダード島北中央部	0.020	0.006	38.3%
トリニダード島北西部	0.023	0.014	24.2%
トリニダード島東部	0.026	0.022	7.9%

出典：オックスフォード大学貧困・人間開発イニシアティブ“OPHI Country Briefing 2017: Trinidad and Tobago”, June 2017, p.5より筆者作成。

ＴＴの主要な道路、建物を見る限り、その発展ぶりが印象づけられる。その一方で、富裕層と貧困層の格差が歴然としていることは海外からは見えにくい。

富裕層は、一般的に高台に豪邸を構え、一家で複数の高級車を所有し、会費が高額なイベントに最先端の流行の服に身を包んで参加する余裕がある。生まれた時から教育機会に恵まれ、複数のイベントや習い事を通じて自分の能力や社会的地位を高め、人脈も広げ、人生の選択肢をさらに拡大していく。就職も比較的有利で、病気・ケガをしても国内の私立病院あるいは海外で治療を受けることができる。

これに対し、貧困層は、都市部や農村部のインフラが劣悪な地域、治安上のリスクが高い地域での生活を余儀なくされる。公立病院での医療費が無料であることに加え、高齢者向けの年金、光熱費支援プログラム、失業対策プログラム、政府による授業料支援（ＧＡＴＥ）プログラムなどの社会福祉プログラム、教育プログラムにより最低限のものは確保できるが、質とスピードは妥協せざるを得ず、実際の手続きにかかる労力、その他の経費も念頭に入れなければならない。自分と同じ社会階層に属する隣人との付き合いが中心になると、

開発途上地域のラ・ブレーの家（2010年12月26日、トリニダード島ラ・ブレー、筆者撮影）

富裕層が多く住むポート・オブ・スペイン郊外（2012年7月22日、ポート・オブ・スペイン、筆者撮影）

就職その他の機会を拡大させることは難しくなる。

1章、2章では、人種やエスニック集団間の緊張についても言及したが、近年は国民の高学歴化や中産階級の増加が進み、人種やエスニック集団に基づいた格差や対立よりも、階級や地域間の格差の方が顕著になってきている。

いずれの政権も国内のインフラ開発に注力しているが、その恩恵を受けるのは、都市部か都市部に近い地域になる傾向が強い。マニング政権時代に変貌を遂げたポート・オブ・スペイン、パサード＝ビセッサー前政権時代に舗装されたソロモン・ホッチョイ高速道路、その脇に建設されたクーバ児童病院、水中競技場などがその例として挙げられる。その一方、トリニダード島東部や南西部、トバゴ島北東部は開発が遅れており、水道が整備されていない地域もあると言われている。こうした地域が自然災害に脆弱であることは言うまでもない。

また、政府は、社会福祉プログラムや教育プログラムの拡充により貧困対策を進めてきたが、選挙対策としての意味合いが強く、持続可能性という観点から見ると疑問符が残る。貧困層の自立を妨げる原因にもなっている。

加えて、政府が国として必要な統計を整備しておらず、各階層・地域を取り巻く状況を把握していないばかりか、こうした情報が国民にも伝わらないという点も問題である。

今後、この階級、地域間の格差解消がTT社会の発展を考える上での鍵となっていくであろう。

〔注〕

＊1 UN data, "International homicide, number and rate per 100,000 population", http://data.un.org/Data.aspx?d=UNODC&f=tableCode%3A1

＊2 同ウェブサイト。

＊3 警察庁（２０１７）『平成28年の犯罪情勢』、12ページ。

＊4 US Embassy in Trinidad and Tobago "January 2017 Crime Statistics", https://tt.usembassy.gov/wp-content/uploads/sites/114/2017/03/January-2017-Crime-Statistics.pdf

＊5 米国務省外交保安局、"Trinidad and Tobago 2018 Crime & Safety Report", https://www.osac.gov/pages/ContentReportDetails.aspx?cid=23202

＊6 "Confidence remains dismal PNM Govt first anniversary poll", *Express*, September 11, 2016, http://www.trinidadexpress.com/20160911/news/confidence-remains-dismal

＊7 *Express*, September 11, 2016, 同記事。

＊8 "Williams: Hot spots are growing cold", *Express*, March 27, 2017, http://www.trinidadexpress.com/20170327/news/williams-hotspots-are-growing-cold

＊9 "Time for Safety Policy from Gangs", *Guardian*, Aug. 24, 2016, http://www.guardian.co.tt/news/2016-08-23/time-safety-policy-gangs

＊10 "Trini ISIS Blown Up", *Newsday*, July 1, 2016, http://www.newsday.co.tt/news/0,229936.html

＊11 "I'm no ISIS Point Man", *Trinidad Express*, October 14, 2014, http://www.trinidadexpress.com/news/IM-

NO-ISIS--POINT-MAN-279688692.htm
"Trinis Flee ISIS", *Newsday*, November 1, 2014, http://www.newsday.co.tt/news/0,202320.html
"89 Trinis Join Fighters", *Guardian*, November 16, 2015. http://www.guardian.co.tt/news/2015-11-16/89-trinis-join-isis-fighters

＊12 "Mother of ISIS fighter: He is never coming home", *Express*, August 4, 2016, http://www.trinidadexpress.com/20160803/news/he-is-never-coming-home

＊13 公務員と政治家がどの程度腐敗していると認識されるか、その度合を国際比較し、国別にランキングしたもの。指数は、最も清潔な状態を意味する10から、最も腐敗していることを示す0までの範囲で採点されている。順位が低い国ほど腐敗度が高い。

＊14 Transparency International, "Corruption Perceptions Index 2017", February 21, 2018, https://www.transparency.org/news/feature/corruption_perceptions_index_2017

＊15 同ウェブサイト。

＊16 Transparency International, 前掲ウェブサイト。

＊17 Transparency International, 前掲ウェブサイト。

＊18 Transparency International, "Trinidad and Tobago Transparency Institute: Results of 2011Corruption Perceptions Index", November 30, 2011", https://www.transparency.org/news/pressrelease/20111130_cpi_tt

＊19 「起訴のワーナー元副会長が「雪崩のような暴露」を約束　ブラッター会長と遺恨を晴らす腹づもりか?」『産経新聞』、２０１５年６月６日、http://www.sankei.com/world/news/150606/wor1506060006-n2.html
"FIFA Chief's World Cup Ticket Scam", *Dailymail*, September 12, 2006, http://www.dailymail.co.uk/sport/football/article-404756/FIFA-chiefs-World-Cup-ticket-scam.html

＊20 "Former FIFA official Jack Warner 'made an £11million profit' from World Cup television rights", *Mirror*, September 1, 2015, http://www.mirror.co.uk/sport/football/news/former-fifa-official-jack-warner-6437063

＊21 「ＦＩＦＡ汚職事件　会長選の行方は…?」『日テレＮＥＷＳ24』２０１５年５月29日、http://www.news24.jp/articles/2015/05/29/10276077.html

＊22 "Son-disgraced-soccer-boss-Jack-Warner-admits-scalped-World-Cup-tickets-substantial-profit-multi-million-dollar-scam", *Daily Mail*, June 5, 2015, http://www.dailymail.co.uk/news/article-3112655/Son-disgraced-soccer-boss-Jack-Warner-admits-scalped-World-Cup-tickets-substantial-profit-multi-million-dollar-scam.html

＊23 "Indian High Commissioner insulted at Piarco", *Guardian*, May 3, 2013, http://www.guardian.co.tt/news/2013-05-05/indian-high-commissioner-insulted-piarco

＊24 "Gov't to remove nursing exam", *Express*, July 2, 2012. http://www.trinidadexpress.com/news/Govt_to_remove_nursing_exam-161173715.html

＊25 "65 % not happy with Gov't management of healthcare", *Guardian*, March 15th, 2015, http://www.guardian.co.tt/news/2015-03-15/65-not-happy-govt-management-healthcare

＊26 Pan American Health Organization, "Overweight affects almost half the population of all countries in Latin America and the Caribbean except for Haiti", Jan. 19, 2017, http://www.paho.org/trt/index.php?option=com_content&view=article&id=232:overweight-affects-almost-half-the-population-of-all-countries-in-la-c&Itemid=310

＊27 国連合同エイズ計画 "HIV and AIDS estimates (2016)", http://www.unaids.org/en/regionscountries/countries/trinidadandtobago

＊28 国連合同エイズ計画 "Reports to UNAIDS HIV/AIDS Trends in Japan" April 2016, p.1. http://www.unaids.org/sites/default/files/country/documents/JPN_narrative_report_2016.pdf

＊29 "Curbing escalating poverty in rich T&T", *Guardian*, January 16, 2011, http://www.guardian.co.tt/commentary/2011/01/16/curbing-escalating-poverty-rich-t-t

＊30 "Latest data shows T&T's middle class growing", *Guardian*, March 16, 2015, http://www.guardian.co.tt/business/2015-03-16/latest-data-shows-tt%E2%80%99s-middle-class-growing

＊31 ＭＰＩは、保健、教育、所得というＨＤＩの３つの要素に関して、世帯レベルで複数の形態の貧困がどの程度重なり合っているかを表す指標。詳細は、国連開発計画のウェブサイトに掲載。http://www.jp. undp.org/content/tokyo/ja/home/library/human_development/human_development1/hdr_2011/QA_HDR3.html

コラム⑮ 筆者が観たトリニダード・トバゴ人

高い美意識とミスコン文化

トリニダード・トバゴ（TT）には男女共に容姿に恵まれた者、外見に気を遣う者が多い。目を引くほどの美貌を備えた女性、モデルのように手足が長い女性を見かけることも珍しくない。特に、カーニバルの時期になると、関連イベントやカーニバル当日に、普段の生活では見かけないようなエキゾチックかつ性的魅力に溢れた美女が会場に現れる。

意外と知られていないが、TTは、1977年のミス・ユニバース、1986年のミス・ワールドで優勝を果たしており、ミスコンに対する国民の関心は高い。

ミスコンの様子が主要紙の1面を飾ることも多く、別冊で特集記事を組まれることもある。地元レベルでもアフリカ系やインド系といった人種やエスニック集団別のミスコン、地域別のミスコンなどが開催されている。

ミス・トリニダード・トバゴ・ユニバース2012（2012年10月21日、ポート・オブ・スペイン、筆者撮影）

私は、仕事で1986年のミス・ワールドの優勝者ジゼル・ラロンド＝ウェストと会ったことがある。彼女は、現在ラム酒製造会社として有名なアンゴストゥーラ社に務める傍ら知名度を活かしてモデル業も続けている。非常に人当たりが良く、外国人とのコミュニケーションに慣れていると感じた。それもそのはずで、彼女は日本の武術を習っているほか、スティール・パン関係の日本人ともつながっており、訪日経験がある。日本を訪問した時に日本人の友人と撮影した茶目っ気溢れた自撮り写真を嬉しそうに見せてくれたのが印象的であった。

最近のミスコン出場者の中では、2008年のミス・ユニバースに出場した中国系のアンヤ・アヨン・チーが有名である。

彼女は、当時恋人との間で撮影したセックス・ビデオがインターネット上で流出し、国内外から「TTの恥」だとして猛烈な批判を浴び嘲笑の的となった。しかし、その後その屈辱をバネにアパレル関係の知識・技術を磨き、2012年に米国のデザイナー発掘番組「プロジェクト・ランウェイ」のシーズン9に出演し優勝を果たすという快挙を成し遂げた。本人にとって名誉挽回となった瞬間であった。現在は、デザイナーとしてカーニバル・バンドのコスチュームなどのデザインを手がけている。

私は、イベントで何度もアンヤを見かけたことがある。個性的な外見だが気さくで、周りからの

自身の野外ファッションショーに登場したアンヤ・アヨン・チー（2013年1月31日、ポート・オブ・スペイン、筆者撮影）

写真撮影のリクエストにも気軽に応じていた。また、私が通っていたアクアビクス（プールの中でやるエアロビクス）のインストラクターであるエリー（仮名）は、以前小学校の教師を務めていたのだが、アンヤは彼女の教え子だったという。アンヤがスキャンダルを起こして周囲から好奇の目で見られていたことに対し複雑な気持ちを抱いていたので、彼女が「プロジェクト・ランウェイ」に出演していた時は毎週テレビに釘付けで優勝した時は本当に嬉しかったと言っていた。

一度、エリーに連れられて、大通りを封鎖して行われたアンヤの無料ファッションショーに足を運んだことがある。開放的なリゾートファッションを基本とした色とりどりの服をまとったモデルたちに囲まれた彼女にはデザイナーしての貫禄が漂っていた。

TTでは、一般的に明るい色の服が好まれる。人口の8割を占めるアフリカ系とインド系の多くは肌が暗めであり、明るい色の方が映えるのだ。男性がピンクや黄緑、赤や紫のシャツやネクタイを着用することも珍しいことではない。婦人服店でも紳士服店でも、ブラウスやドレス、シャツやネクタイの色のバリエーションが豊かだ。女性の場合は、ボディラインが出て露出の多いセックス・アピールの強い服が好まれる傾向にある。夜間のイベントでは、日本や他の先進国の普段の生活では見かけることのない、目のやり場に困るような服を着る女性も多い。体の線や体型をカバーするふわふわした服、黒、白、紺、パステルカラーを好む日本人女性のファッションとは対照的である。

また、TTの国旗の色である赤、白、黒は人気色で、独立記念日の8月31日やスポーツ観戦時には赤、白、黒の服を着た人々で溢れる。

アクセサリーは大ぶりで派手なデザインのものが好まれる。男性にもアクセサリー好きな者が多く、鎖型のネックレスや複数のファッションリングを身に付けている。シルバーよりもゴールドを選ぶことが多い。

化粧もまた明るい色が好まれ、アイシャドーは厚めに塗るか、数色をグラデーションにして塗るのが基本で、日本女性の間で一般的なナチュラルメイクや薄付きメイクは地味過ぎると感じるようだ。口紅は必須アイテムで、最近は赤やピンクのほかに、緑や紫、青の口紅をつける人も増えてきた。バルバドス出身の世界的スーパースター、リアーナの影響と思われる。まつげにはマスカラだけでなく、つけまつげをつける人も多く、つけまつげの種類が豊富である。

髪型は、それぞれ個性的で、これといった流行はないように思える。ただ、アフリカ系の場合は縮毛の人が多いので、直毛に対する憧れが強いようだ。女性の場合は、ストレートパーマをかけたり、ウィッグをかぶったりするなどして変化を楽しむ。男性の場合は、坊主刈りにするか、ドレッドヘアにするかで分かれている。インド系や混血の場合は、縮毛と直毛の人が混在している。インド系や混血の男性の方が、アフリカ系の男性よりも髪型の選択肢が多いようで、インド系の若い男性の中にはモヒカン刈りやスポーツ刈りを選ぶ者が多い。インド系や混血の女性は、長髪のストレートか巻髪を好む。ショートカットやパーマヘアはそれほど流行っていない。それよりも、髪の色をブロンドに染めたり、髪にハイライトを入れたりする方が人気である。これもまた米国の文化の影響なのか、最近は、髪を赤や青、グラデーションに染める女性も増えている。日本人のようにヘアアクセサリーを使った凝ったヘアアレンジを楽しむ女性はほとんどいない。

女性の間ではマニキュアやネイルアートが大人気で、マニキュアやネイルアート・シールの種類も豊富である。日本では、職種や業種によっては、マニキュアやネイルアートを禁止する、派手な色を控えるように言われることもあるが、TTでは、医療分野であれサービス業であれ厳しく言われることはあまりないようだ。

このほかに人気なのはタトゥーで、複数入れている者も多い。タトゥーを入れたからといって日本のように白い目で見られることはないため、例えば小学校の教師でもピアスの穴を開けるような感覚でタトゥーを入れている。

香水も人気で男女共にふんだんに香水をつけていることが多い。ボディクリームにしても香りが強いものが好まれる。

このようなオシャレは若者に限ったことではない。TTでは、大柄であっても結婚していても年をとっても身だしなみに気を遣い、自分を最大限魅力的に見せようと努力している人が多い。大柄な女性がボディラインがくっきり見えた服、ショートパンツを着用していても、誰も好奇の目で見ることはなく、逆に性的魅力に溢れていると考える。中高年の女性であっても露出度の高いキャミソール型トップスやショートパンツを着ている。結婚・出産を経た女性であっても、母親としての役目を務めつつも、女性であることを忘れることはない。日本では、「年相応の服装をすべきだ」「結婚した女性が肌の露出度が高い服、若々しい服を着るのはみっともない」「体の線がはっきり出た服が似合うのはスタイルがいい人だけだ」といった見方が強いが、TT人にはそのような考えは通用しない。逆に、年齢差別、性差別、体型差別だと反発されるであろう。

ショートパンツ姿の女性（2016年7月24日、ポート・オブ・スペイン、筆者撮影）

主要参考文献

1　単行本

(1) 日本語

石塚道子編（１９９１）『カリブ海世界』世界思想社
石橋純（２００２）『熱帯の祭りと宴――カリブ海域音楽紀行』第1版、つげ書房新社
石橋純（２０１０）『中南米の音楽――歌・踊り・祝宴を生きる人々』東京堂出版
伊高浩昭（２０１５）『われらのアメリカ万華鏡』立教大学ラテンアメリカ叢書第Ⅱ巻、立教大学ラテンアメリカ研究所
今福龍太（２００３）『クレオール主義』第1刷、ちくま学芸文庫、株式会社筑摩書房
ウィリアムズ、エリック（１９９１）川北稔訳『コロンブスからカストロまでⅠ　カリブ海域史、１４９２－１９６９』第三刷、岩波現代選書
ウィリアムズ、エリック（１９９１）川北稔訳『コロンブスからカストロまでⅡ　カリブ海域史、１４９２－１９６９』第三刷、岩波現代選書
加茂雄三（１９９６）『地中海からカリブ海へ』平凡社
北原靖明（２０１２）『カリブ海に浮かぶ島　トリニダード・トバゴ――歴史・社会・文化の考察』大阪大学出版会

国本伊代編著（２０１７）『カリブ海世界を知るための70章』明石書店
小池康弘編（２００８）『現代中米・カリブを読む　政治・経済・国際関係』山川出版社
ジェームズ、C・L・R（２０１５）　木村哲也訳　『境界を越えて』月曜社
冨田晃（２００５）『祝祭と暴力――スティール・パンとカーニヴァルの文化政治』二宮書店
ナイポール、V・S（２００２）永川玲二／大工原彌太郎　『神秘な指圧師』草思社
ナイポール、V・S（２００５）小沢自然／小野正嗣『ミゲル・ストリート』岩波書店
平井雅／長嶺修共編（１９９５）『カリブ海の音楽』第１刷、（資）冨山房

(2) 英語

La Guerre, John Gaffer, Bissessar, Ann Marie, eds. (2005) Calcutta to Caroni and the Indian Diaspora, the Universities of the West Indies, St. Augustine.
Narine, Dhanpaul, Gosine, Mahin (2005) The New Indenture: Indo-Caribbean People in America, Windsor Press, New York.
Samaroo, Brinsley, Bissessar, Ann Marie (2004) The Construction of an Indo-Caribbean Diaspora, the University of the West Indies, St. Augustine.

2　論文・レポート

(1) 日本語

伊藤みちる（２０１０）「33カ国リレー通信（第12回）トリニダード・トバゴ　日本とトリニダード・トバゴの二国間関係」『ラテンアメリカ時報』２０１０年秋号№１３９２、一般社団法人ラテンアメリカ協会、49－51ページ。

川崎タルつぶら（２０１１）「アニメファンから日本語学習者へ――トリニダード・トバゴの学習者の事例研究」

『日本語教育方法研究会誌』Vol. 18、No. 1、32－33ページ。

鈴木（安間）美香（２０１２）「ラテンアメリカ諸国との関係拡大を図るトリニダード・トバゴ」『ラテンアメリカ時報』２０１２年夏号No. １３９９、一般社団法人ラテンアメリカ協会29－33ページ。

鈴木（安間）美香（２０１４）「カリコム諸国について――東カリブ諸国を中心に」『ラテンアメリカ研究所報』第42号（２０１３年度）、立教大学ラテンアメリカ研究所、33－42ページ。

鈴木（安間）美香（２０１５）「移民の送り出し国と受け入れ国を兼ねるトリニダード・トバゴ」『ラテンアメリカ時報』２０１５年夏号No. １４１１、一般社団法人ラテンアメリカ協会、41－43ページ。

鈴木（安間）美香（２０１６）「トリニダード・トバゴのフィリピン人移民――現状と今後の展望」『ラテンアメリカ・カリブ研究』第23号、1－21ページ。

鈴木美香（２０１７）「カリブ共同体（カリコム）とキューバ――カリブ地域における強力な同盟国」『ラテンアメリカ時報』２０１７年春号No. １４１８、一般社団法人ラテンアメリカ協会、43－45ページ。

辻輝之（２０１１）「「改宗」の政治：南アジア系ディアスポラとペンテコステ派キリスト教」『関西学院大学先端社会研究所紀要』5、関西学院大学先端社会研究所、37－45ページ。

冨田晃（２０１１）「Pan in Japan：日本におけるスティールパンの受容と普及」『ポピュラー音楽研究』Vol. 5。

冨田晃（２０１４）「パラン：トリニダードのクリスマス音楽」『弘前大学教育学部紀要』（１１２）、63－69ページ。

松本八重子（１９９９）「西インド諸島の脱植民地化と地域主義」『ラテンアメリカ・カリブ研究』第6号、43－50ページ。

(2) 英語

Anatol, Marlon, Kirton, Raymond Mark, Nanan, Nia (2013) *Becoming An Immigration Magnet: Migrant's Profiles and the Impact of Migration on Human Development in Trinidad and Tobago*, Research Report ACPOBS/2013/PUB15.

Francis, Anselm (2007) "Stadium Diplomacy: China- CARICOM Relations", *The World Today*, Institute of International Relations, the Universities of the West Indies.

Kairi Consultants Ltd. (2013) *Human Mobility in the Caribbean: Circulation of skills and immigration from the South*, Research Report ACPOBS/2013/PIB16.

Lewis, Vaughan A., (2007) "The China-Taiwan Tussle in the Caribbean", *The World Today*, Institute of International Relations, the Universities of the West Indies.

Lewis, Vaughan A., (2007) "The Chinese and Taiwan in the Caribbean- Part Two: The Tussle for St. Lucia", *The World Today*, Institute of International Relations, the Universities of the West Indies.

Mahabir, Raghunath (2007) "China or Taiwan? Diplomatic Rivalry in the Caribbean", *The World Today*, Institute of International Relations, the Universities of the West Indies.

三吉美加（２０１６）「トリニダードのカーニバルにおけるアフリカ系文化遺産の表象（Representation of African Heritage in Trinidad Carnival)」『紀要』、多摩大学グローバルスタディーズ学部、83－95ページ。

Wenner, Mark D., Clarke, Dillon (2016) *Chinese Rise in the Caribbean: What Does It Mean for Caribbean Stakeholders?*, Inter-American Development Bank.

Waldropt-Bonair, Leigh-Ann, Foster, Juliana Sherma, Gray Gerard, Alfonso, Susan, Seales, Torshia (2013) *Invisible Immigrants: A Profile of Irregular Migration, Smuggling of Migrants and Trafficking in Persons in Trinidad and Tobago*, Research Report ACPOBS/2013/PUB11.

3　インターネット

(1) 日本語

外務省「トリニダード・トバゴ共和国」　http://www.mofa.go.jp/mofaj/area/trinidad/index.html

在トリニダード・トバゴ日本国大使館　http://www.tt.emb-japan.go.jp/index_japan.htm

(2) 英語

英連邦ウェブサイト「トリニダード・トバゴ」　http://thecommonwealth.org/our-member-countries/trinidad-and-tobago
カリブ共同体（カリコム）　http://caricom.org/
国際通貨基金（IMF）　http://www.imf.org/external/index.htm
世界銀行　http://www.worldbank.org/
トリニダード・トバゴ　エネルギー省　http://www.energy.gov.tt/
トリニダード・トバゴ外務・カリコム担当省　https://foreign.gov.tt/
トリニダード・トバゴ観光省　http://tourism.gov.tt/
トリニダード・トバゴ警察　http://www.ttps.gov.tt/
トリニダード・トバゴ国家安全保障省　http://nationalsecurity.gov.tt/
トリニダード・トバゴ国立図書館・情報システム局　http://www.nalis.gov.tt/
トリニダード・トバゴ首相府　http://www.opm.gov.tt/
トリニダード・トバゴ政府ニュース　http://www.news.gov.tt/
トリニダード・トバゴ大統領府　https://otp.tt/
トリニダード・トバゴ中央統計局　http://cso.gov.tt/
トリニダード・トバゴ貿易・投資省　http://tradeind.gov.tt/

著者に際立つ「快活な作風」

——解説に代えて

世界には190を超える独立国がある。日本人の平均寿命は女性87年、男性81年で、運が良ければ1世紀に到達するのも可能だ。しかし100年生きるとしても、1か国に1年ずつ滞在しようと企図すれば、寿命が倍の200年近くないと、その望みは叶わない。私たちは長生きしても、一生のうち1年以上住む国は外交官、商社員、冒険者らであっても多くて10か国前後であり、普通は母国を含めて、せいぜい数か国だろう。

本書の著者鈴木美香のこれからの人生は依然長いが、トリニダード・トバゴ（TT）に住み暮らした6年が、著者の人生にとって極めて重要にして貴重な歳月であったのは疑いない。

TT首都ポート・オブ・スペインの日本大使館に専門調査員という準外交官的立場で勤務し、外交任務を果たす機会を得た著者は、着任と同時に大使館員としてだけでなく、異邦人の観察者、生活者として野心的に活動を開始した。その成果が本書である。

TTはカリブ海、つまり米州の一角にある。米州は米加両大国が占める北米と、メキシコ、キューバ、バハマを結ぶ線から南米大陸南端までの「広義の南米」に分かれる。「広義の南米」はメキシコ、中米、カリブ、大陸南米の4地域で構成される。通常、この4地域をまとめて「ラテンアメリカ（ラ米）・カリブ」（LAC）地域と呼ぶ。LACは33か国で、北米両国と合わせ、米州全体で35か国となる。

「広義の南米」33か国は、4地域にまたがるラ米20か国、カリブ沿岸および周辺の英連邦12か国、南米北部のスリナムから成る。TTは、英連邦12か国に含まれる。ラ米に属すキューバ、ハイチ、ドミニカ共和国の3国はカリブ海にあるため、カリブ諸国でもある。因みに、LAC33か国を包含する機構に、2011年12月発足した「ラ米・カリブ諸国共同体」（CELAC）がある。

私たちは、このように巨視的に米州や「広義の南米」であるLACを鳥瞰するのに慣れている。このマクロの見方では、小さな島国などは「独立国の一つ」として数えることしかできない。とくに英連邦12か国を微視的に眺めることなど、よほどの機会に恵まれないかぎり難しい。

本書は、大西洋本洋およびメキシコ湾とカリブ海の境界として連なるアンティージャス諸島の東南端に位置するTTをミクロに分析しており、そこにまず価値がある。微視的とは、全体の小さな部分に大きな虫眼鏡を当てて細かく観察すること。この本はTTを拡大し、そこに生きる万物の生態系を万華鏡のように映し出している。

特筆すべきは、日比両民族の混血であることによるところが大きい著者の観察眼の鋭さである。著者は「あとがき」に、「異例な選択、行動を取り続け周囲の人々の度肝を抜いたことと思うが、独自路線を貫いたことで、他の人々とは異なる視点から物を見ることができたのではないか」と記し、率直に自負している。無意味なへりくだり方をしない大らかな姿勢と作風が良いのだ。

私はTTを2度目に訪れた2011年、現地で著者に再会した。著者が着任して数か月しか経っていなかったころのことだが、首都散策を数時間共にして、著者が「快活な作風」を早くも発揮しているのを感知した。

アジア大陸東端沖の太平洋西部に浮かぶ日本およびフィリピン、南米大陸北岸沖にあって大西洋西端カリブ海の波洗うTTの、これら3つの島国を結ぶ遠大な三角形には文化的、社会的、人種的、歴史的、政経的なアイデンティティーの繊細にして深い落差がある。著者は、そこに切り込んだのである。

長期滞在者として現地社会に異化と同化の探知波を放ち、時に風変わり、時に難解に映る対象を理解するための咀嚼作用を繰り返して、自分自身のTT像を築き上げた。著者の複眼性はTT生活によって一層多角的、多面的に鍛えられたと言えるだろう。外国人であっても局外者になりえない「地球市民」ならではの重層的感性はさらに膨らんだ。多民族国家TTは、著者にとって恰好な観察のフィールドとなった。

本書の内容はむろんTTが中心で大部分を占めるが、著者の兼轄地だった近隣の英連邦諸国、対米・対欧関係、対日関係なども触れられている。TT国内で存在感を増しつつある中国系社会や、著者の出自につながるフィリピン系市民も紹介されている。アフリカ系と並ぶ多数派であるインド系社会のヒンドゥー教文化をめぐる記述も興味深い。

2001年にノーベル文学賞を受賞したインド系TT人で在英作家のナイポールや、初代首相で歴史家でもあったエリック・ウィリアムズも登場する。「カリプソ」、「ソカ」など音楽ジャンル、TT生まれの打楽器スティール・パン、一大祭典カーニバルなどは、熱心な観賞や参加・実践を通じて描かれている。そして何よりも、TT人の物の見方・考え方が細かく綴られている。

2014年7月、安倍首相夫妻がTTを訪れた。著者は、この訪問にはTTやカリブ地域への進出が著しい中国への「対抗意識」があると指摘する。しかし、前年のジョセフ・バイデン米副大統領（当時）と習近平中国主席の来訪時、地元紙は米中両大国の影響力争いと絡めて分析記事を掲載したが、これと比べると安倍首相訪問時の報道はあっさりしていたという。著者は、そんな印象を書くのを忘れない。

TTとカリブ地域を深く知る著者のような若手の研究者、書き手が出現したのは心強い。著者が今後、カリブ、ラ米、米州、あるいは世界の他の地域に取り組み、第2、第3の著作を著すのを期待したい。機械文明、消費文明、虚像・虚偽文明が高度に発展した日米欧や、そこに近づきつつある中国のような国々でなく、厳しい現実にもまれながらも豊かな人間性があふれている「第三世界」、「南の国々」を書き続けてほしい。

読者は、必ずやTTに親しみを感じることになるだろう。同時に、日本人にない価値観、人生観など、学ぶべきことを少なからず見出すに違いない。多くの日本人が本書を読み、多文化的・多民族的な価値観に開眼するのを願いたい。

2018年7月9日　東京にて

伊高　浩昭（ジャーナリスト）

あとがき

「なぜトリニダード・トバゴ（TT）行きを決めたのか？」――これは私が今でも頻繁に受ける質問の一つである。

私は、日本人の父親とフィリピン人の母親のもとに生まれたが、学部時代からフィリピンではなくラテンアメリカ・カリブ地域を専門としてきた。理由は単純で、自分の好きな歌手であるグロリア・エステファンがキューバからの亡命者で、歌詞の背景を知りたいと考えたためである。学生時代は部活や習い事で、ポップスや映画音楽、合唱曲などを人前で披露してきたが、グロリアの曲も含めスペイン語の曲もうまく歌えるようになりたいと考えていた。また、フィリピンもスペイン領時代を経験し、今でも言語や文化にスペイン時代の名残が見られる。こうした類似点も私にとっては興味深いものに映った。キューバに始まり、メキシコや中米、南米、米国のヒスパニック／ラティーノ系について一通り学んでいく中で、「いつかラテンアメリカ・カリブ諸国に住んでみたい」という思いが膨らんでいった。そのような中で、偶然2010年春にTTにある日本大使館が専門調査員を募集していることを知り、応募を決めたのである。

しかし、財団法人での安定した正職員の身分を捨てて、先の保証がない派遣職員の専門調査員としてTTに赴任することは大きな賭けであった。私も、世界の大半の人々と同様、ラテンアメリカとTTを含むカリブ共同体（カリコム）の国々を同一視していたため、赴任当初は、TTの文化だけではなくTT人の気質や地元の習慣の違いにも戸惑いを覚えることが多かった。小国の島国であるがゆえの閉塞感や排他的雰囲気に葛藤や失望感、怒りを感じることもあった。また、複雑怪奇な人間関係のほか、法外な医療費を請求された手術・入院体験、公的機関・民間機関での各種トラブル、住居関連のトラブルにも悩まされ、振り返ると「壮絶な体験」の数々だった。元上司の「貧乏くじを引いたような状況」という言葉のとおりであった。

このように苦労の絶えない6年2か月であったが、それでもめげず、仕事とプライベートの両方で、様々な人種・エスニック集団、階層の人々と交流し、外国人が立ち入らない地域も含めTT各地を訪問することで地元社会を知るよう努めた。公務でTTに6年も滞在した日比ハーフは恐らく私が初であり、異例な選択、行動を取り続け周囲の人々の度肝を抜いたことと思うが、独自路線を貫いたことで、他の人々とは異なる視点から物を見ることができたのではないかと考える。

私が着任した2010年末のTTは、約15年ぶりの政権交代、史上初の女性首相誕生で国中に高揚感がみなぎっていた。独立50周年を迎えた2012年には、ロンドン五輪で36年ぶりの金メダルを手にし、まさに50周年にふさわしい華やかな年であった。2013年には、バイデン米副大統領に続き習近平中国国家主席までもが来訪し、外交面での注目度も高まった。ところが、その数年後には、相次ぐ政治スキャンダルが祟り、パサード＝ビセッサー政権の支持率が低下、ローリー党首率いる人民国家運動（PNM）が勢いを盛り返し政権を奪取した。私はさらに、経済停滞に伴う大量の失業者の発生、外貨の入手困難、治安の悪化で、街の雰囲気が重々しくなっていく様子も目撃した。

一方、同時期に、日本とTT、ジャマイカの外交関係樹立50周年（2014年）、日本企業によるエネルギー大型投資案件の進展などもあり、特に任期2期目から3期目前半の2013年から2015年は多忙を極めた。日本の総理大臣によるTT、ジャマイカ訪問という大イベントが実施されたのもこの時期であった。私としては、自分の母校の上智大学と西インド諸島大学（UWI）の交流が進んだことも嬉しいニュースであった。

カーニバルや多彩な音楽、宗教やエスニック色の強いイベントを通じて、地元の豊かな文化を堪能することができたのも光栄であった。

こうして見ると、私は、日・TT関係にとっても、TTにとっても重要な時期に現地に滞在し、非常に貴重な経験をしたと言える。

専門調査員としては異例の「同一公館同一ポスト」を3期にわたって務め上げることが出来たのは、私を戦力として受け入れ、そして私の任期延長を希望して下さった元上司・元同僚、外務省関係者の方々によるところが大きい。

私の可能性を信じ、常に的確な助言を与え、そして本の執筆を強く勧めて下さったジャーナリストの伊高浩昭先生には心から感謝を申し上げたい。政治や経済、外交だけではなく、音楽や文学、映画にまで広がる先生のラテンアメリカ・カリブ地域についての知識、好奇心、現場主義の取材姿勢には見習うべきことが多かった。また、伊高先生とともに、私に様々な機会を与え応援して下さった立教大学ラテンアメリカ研究所の職員の方々、私を新たな世界へと導いて下さった同大学ラテンアメリカ講座の講師、受講生の方々の存在も大きい。

私のもう一つの母校である亜細亜大学から、国際関係学部のSNSを通じてTTを含むカリブ共同体（カリコム）の国々を2か月ごとに紹介する機会を与えていただいたことも、日本におけるカリコム地域の知名度を上げるという意味では大きかった。学部時代から私の強力な理解者として見守って下さっている元指導教授の中野達司教授、同SNSをきっかけとしてお世話になった角田宇子教授にも謝意を表する。

そして、私にとっての初めての本の出版を承諾して下さった論創社の森下紀夫社長、松永裕衣子さんにも謝辞を述べなければならない。松永さんには、1年近くにもわたって原稿を辛抱強く待っていただいた。校正作業を担当していただいた小山妙子さんほか、関係者の方々にも感謝を申し上げる。

貴重な写真資料の無料での使用を承諾して下さったトリニダード・ガーディアン紙の関係者の方々にも厚く御礼申し上げる。同紙の写真を挿入したことで、読者の理解の助けにつながったと言える。

突然異国の地に行った家族を失うという耐え難い悲しみを抱えながらも、本書で麻美さんのことを言及することに承諾して下さった長木谷家の皆様、長木谷家の方々との連絡を取り持っていただいた方々にも謝意を述べなくてはならない。麻美さんの死は、当時事件への対応にも携わった私としてもショッキングかつ悲しい出来事であった。改めて一日も早い事件の解決を願う。

さらに、忘れてはならないのは、アップダウンの激しい6年2か月の間、遠いアジアの国から来た外国人の私を受け入れ、そして人種・国籍・言葉の壁を越え相談に乗ってくれたTTの友人、同国在住のフィリピン人コミュニティの存在である。滞在時には、数々のトラブルや理不尽な出来事で、意気消沈したり、周囲の人間に対する警戒心が強まったりしたこともあった。帰国から半年ほどは心身ともに憔悴し、TTでの思い出を振り返ったり、TTに関わるモノやヒトと接したりすることが辛い時期もあった。しかし、彼らは変わらず遠くから私を励まし、温かく見守ってくれた。何人かの友人には本書の執筆に協力してもらった。友人たちと一緒に見た景色、聴いた・踊った音楽、口にした食事に関する思い出は、今も私の一部であり続けている。

遠く離れた世界から、絶えず私の動向を気にしてくれていた日本在住の家族や友人、フィリピンをはじめ世界中に散らばる親戚・友人の存在も大きかった。

改めて、私を支えてくれた皆様に深く感謝申し上げる。

最後に、数多くの本の中から本書を手に取って下さった読者の皆様に心より御礼を述べたい。

鈴木　美香

2018年6月

鈴木 美香（すずき・みか）

1980年、日本人の父親とフィリピン人の母親のもとに生まれる。

2002年3月、亜細亜大学国際関係学部国際関係学科卒業。

2004年3月、上智大学大学院外国語学研究科地域研究専攻博士前期課程（修士課程）修了。

修士課程修了後、日本に来る外国人研修生・技能実習生を支援する財団法人での勤務を経て、2010年10月から2016年12月まで、在トリニダード・トバゴ（ＴＴ）日本国大使館の専門調査員として、カリブ10か国の政治・外交に関する情報収集・分析業務に従事。

2017年12月より、新興国の金融・経済・政治を調査する財団法人に勤務し南米を担当。

2018年４月より、国士舘大学にて非常勤講師も兼務。

これまでに米国のキューバ系難民・移民、ＴＴ事情、カリブ諸国の外交関係等に関し、学術雑誌等に複数のレポートを発表。

また、研究活動の傍ら、日本や海外でのイベントにおける歌・ダンスの披露、旅行等を通じ、自身のルーツである日本とフィリピンだけではなく、ラテンアメリカ・カリブ諸国とのつながりも維持している。

トリニダード・トバゴ——カリブの多文化社会

2018年９月１日　初版第１刷印刷
2018年９月10日　初版第１刷発行

著　者　鈴木美香

発行者　森下紀夫

発売元　論 創 社
〒101-0051 東京都千代田区神田神保町 2-23　北井ビル
tel. 03 (3264) 5254　fax. 03 (3264) 5232
http://www.ronso.co.jp　振替口座 00160-1-155266

装　幀　野村　浩

印刷・製本　中央精版印刷

ISBN978-4-8460-1744-6　©2018 Printed in Japan

落丁・乱丁本はお取り替えいたします。

論　創　社

ボスニアからスペインへ◉伊高浩昭

戦の傷跡をたどる　マドリード列車爆破事件直後、1930年代のスペイン内戦・人民戦線の流れを汲むリベラル政権が復活。スペイン内戦と90年代のボスニア戦争を相互照射させ〈憎悪のイデオロギー〉と日本の歴史問題を浮き彫りにする。　本体2500円

コロンビア内戦◉伊高浩昭

ゲリラと麻薬と殺戮と　ブッシュ米政権の対テロ世界戦略に組み込まれた南米コロンビア。左翼ゲリラ vs 国軍＋極右準軍部隊の戦闘が続き、驕れる麻薬資金が乱れ飛ぶ。40年に及ぶ泥沼の内戦に出口はあるのか？　本体2500円

反核の闘士ヴァヌヌと私のイスラエル体験記◉ガリコ美恵子

25年前、夫の故郷イスラエルに移住した日本人女性の奮闘記。イスラエルでの波瀾に満ちた著者の人生体験をいっそう深化させたのは、ある反核の闘士との出会いだった！　本体1800円

「小さな大国」ニュージーランドの教えるもの◉日本ニュージーランド学会ほか編

世界と日本を先導した南の理想郷　世界に先駆けた反核、行政改革、社会保障・福祉、女性の権利、子どもの保護、犯罪の福祉的処遇……多様なテーマを検証するニュージーランド研究の最先端。　本体2500円

インド探訪◉タゴール暎子

詩聖タゴール生誕150周年記念復刊。変わるインド・変わらないインド、50年間の重層するメモワールを、万感の思いをこめて織り上げた珠玉のエッセイ。50葉余の美しい写真を添え、装いもあらたにお届けする。　本体2200円

追憶のセント・ルイス◉加藤恭子

一九五〇年代アメリカ留学記　内気な女性ベティと過ごした懐かしいあの日々、そして心に残る隣人たち。都会の片隅で暮らす、ごくふつうの人々の姿をかぎりない愛情をこめて描き出す、異色のアメリカ留学記。本体1500円

バオバブのお嫁さま◉川崎奈月

マダガスカルのむかしばなし　マダガスカル、レユニオン島、コモロ諸島──祖父母から孫へ、またその孫へ。南インド洋に浮かぶ島々で代々大切に語り継がれてきた、素朴で味わい深い36話を、美しい挿絵とともに紹介。　本体2400円

好評発売中！